SAÚDE, ORDEM E PROGRESSO

SAÚDE, ORDEM E PROGRESSO

As interfaces da aproximação da medicina e da sociologia paulistas
(o caso da Escola Livre de Sociologia e Política de São Paulo entre 1933 e 1943)

Paulo Silvino Ribeiro

alameda

Grafia atualizada segundo o Acordo Ortográfico da Língua Portuguesa de 1990, que entrou em vigor no Brasil em 2009.

Edição: Haroldo Ceravolo Sereza / Joana Monteleone
Editora assistente: Danielly de Jesus Teles
Projeto gráfico, diagramação e capa: Danielly de Jesus Teles
Assistente acadêmica: Bruna Marques
Revisão: Alexandra Colontini
Imagem de capa: Fotos do Vale do Anhangabaú, São Paulo.

CIP-BRASIL. CATALOGAÇÃO-NA-FONTE
SINDICATO NACIONAL DOS EDITORES DE LIVROS, RJ

R371S

Ribeiro, Paulo Silvino
Saúde, ordem e progresso : as interfaces da aproximação da medicina e da sociologia paulistas (o caso da Escola Livre de Sociologia e Política de São Paulo entre 1933 e 1943) / Paulo Silvino Ribeiro. - 1. ed. - São Paulo : Alameda, 2019.
272 p. ; 23 cm.

Inclui bibliografia

ISBN: 978-85-7939-616-8

1. Fundação Escola de Sociologia e Política de São Paulo - História, 1933-1943. 2. Medicina social - São Paulo. I. Título.

19-57075 CDD: 362.1042098161
CDU: 614.2(815.6)

ALAMEDA CASA EDITORIAL
Rua 13 de Maio, 353 – Bela Vista
CEP 01327-000 – São Paulo, SP
Tel. (11) 3012-2403
www.alamedaeditorial.com.br

Sumário

Prefácio

...não duvidaram um único momento de que a são política é filha da moral e da razão. E assim preferiram esquecer a realidade, feia e desconcertante, para se refugiarem no mundo ideal de onde lhes acenavam os doutrinadores do tempo. Criaram asas para não ver o espetáculo detestável que o país lhes oferecia.

Sérgio Buarque de Holanda, 1936.

O termo "pioneiro", ao se referir ao movimento das elites paulistas, vai além do lugar comum entendido como uma ideia de "primeiro", indicando, em suas entrelinhas, uma intenção de outra ordem, a de "superioridade". Segundo afirmavam seus defensores, teriam sido seus bandeirantes que desenhariam os limites da futura nação, permitindo o grito do Ipiranga, forjando a independência em 1822. Seria de São Paulo que o café se desenvolveria como o primeiro produto a colocar o Brasil em sua posição internacional, vindo de um espírito progressista de homem especial, fruto do cruzamento de brancos corajosos e índios audazes. Nessa narrativa, os negros e mulatos, por serem de uma raça diagnosticada como inferior, estariam fora dessa história, alicerçando um racismo "a paulista" que se desdobraria pelas próximas décadas até os dias atuais.

Tal ideário atrelava-se a crença na viabilidade de um país moderno marcado pela concepção de civilização, aliada à ideia de sociedade moderna e respaldada no crescimento econômico. Nesse sentido, São Paulo despontava como o estado considerado mais preparado para acelerar o fluxo desse desenvolvimento que se deveria atravessar devido sua grandiosidade e a riqueza concentrada. Nessa perspectiva, a organização da sua capital ganhou centralidade por meio da ação de empreendedores privados e pela realização de obras públicas, confluindo numa história linear e progressista desenhada sob o manto do pioneirismo, deixando de fora todas as contradições que se espelhavam no cotidiano de sua gente mais pobre e abandonada, sendo uma estratégia capaz de rebater os números que tentavam representar, antes de tudo, uma ideologia conservadora e reacionária.

Será nessa encruzilhada, entre a sociologia e a medicina, que se encontra o relevante estudo de Paulo Silvino Ribeiro. Resultado de sua tese de doutoramento, o sociólogo se debruçou sobre a criação dos primeiros anos da Escola de Sociologia e Política de São Paulo (ESP) entre 1933-1943, realizando uma intensa pesquisa arquívistica de documentos oficiais, aulas, programas, cursos e obras, remetendo às questões que ora se mostrariam específicas de cada área, com seus temas específicos e ora se aproximariam e se entrecruzariam, assinalando certa direção programática da instituição e dos professores que lá estavam, entre eles, os médicos vindos da Faculdade de Medicina de São Paulo e da Escola Paulista de Medicina.

Aqui parte-se de uma discussão mais alongada da relação entre as dimensões que inscrevem a clínica e a saúde pública, nascidas nos séculos XVIII-XIX, aproximando as tensões vividas entre seus campos de saber, numa complexa rede social, política e cultural. Nesse enquadramento, o estudo de Ribeiro busca em autores clássicos como se constituíram o discurso clínico do indivíduo e da epidemiologia do coletivo em sua esfera social, nunca separados, mas imbricados e sob circunstâncias das mais diversas ordens: corporativas, sociais, políticas e científicas.

Há em São Paulo particularidades regionais em torno dessas tecnologias, que, se nascem de configurações distantes de suas fronteiras, se desenvolvem sob as contingências que envolvem a sua população. O período aqui tratado mereceu atenção particular. Para o autor, seria fundamental compreender o nascimento da ESP, expressando em seu Manifesto as influências norte-americanas sobre a defesa da necessidade de uma intervenção racional sobre a realidade nacional. Para além da guerra civil de 1932, que abalaria os propósitos bandeirantistas de superioridade e mesmo da intervenção de Getúlio Vargas desde 1930, o que se compreende por meio da documentação analisada, era uma escola que nascia de um projeto com idealizações tidas como progressistas para o país e que desaguariam no chamado desenvolvimentismo paulista, contexto que pode ser identificado entre os anos de 1940 até 1960. Seria dessa disposição que esses professores-médicos se farão presentes nos assuntos que interessavam às suas instituições de ensino, pesquisa e assistência, mas envolvendo, igualmente, as esferas de domínio sócio-político.

Desse entrecruzamento, temos o melhor da obra aqui apresentada. O autor conseguiu identificar, com bastante competência, dois grupos de professores-médicos com tecnologias que viriam configurar disposições da mais alta monta. A primeira a que chamou de "biologicista" calcada na influência da biologia, da genética e da eugenia, campos interligados que granjeariam espaço dileto do pensamento médico. Essas proposições tiveram implicações éticas e políticas de longo alcance porque a exclusão dos estados temporários de doença do conceito tradicional de saúde foi assimilado por uma discussão que já estava em curso no âmbito intelectual e político, posto havia um projeto de embranquecimento da população como estratégia de elevação racial. Isso tomou impulso tecnológico nas esferas médicas, de saúde pública e do campo sociológico.

Não obstante, há um segundo grupo de médicos voltados para uma visão mais pragmática e racional de "organização do Estado". Essa presença envolveria a chegada da Fundação Rockefeller em solo paulista a partir de 1916, com suas investidas para garantir influência política e científica em toda a América Latina e na criação do Instituto de Higiene de São Paulo como resultado desses esforços, conformando a tal "excepcionalidade sanitária" ao concorrer para que o projeto estadual fosse independente do governo federal. Com as transformações dos anos 1920, quer no plano urbano, quer nas novas políticas voltadas para o interior, tenta-se implantar um modelo de saúde proposto, adotando a tecnologia da "rede local permanente", que valorizaria a formação de uma rede ambulatorial geral e única de serviços – o Centro de Saúde – administrativamente descentralizada e regionalizada. Seria essa dimensão que apareceria pelas aulas e presença de certos professores que estavam na Escola de Sociologia e Política, cruzando temas como o da pobreza e falta de progresso social às medidas que poderiam ser vistas pelas ações que vinham se dando, mal ou bem, pelos médicos e sanitaristas.

Assim, Paulo Ribeiro vai aproximar tais perspectivas daquelas que vinham sendo discutidas pelos pensadores que tentavam olhar para o Brasil do período e que seriam fundamentais para aquele que quisesse apreender as agruras da nação brasileira: entre eles Sérgio Buarque e Gilberto Freyre. Enfim, aqui temos os esforços de uma reflexão para apresentar os primeiros movimentos da Escola de Sociologia e Política de São Paulo, experiência pioneira e decisiva para a constituição da sociologia brasileira, apresentando, sobretudo, um projeto de nação. Nação cheia de contradições, de permanências e rupturas que não deixariam o Brasil sair do pensamento escravista, mas sempre aliado das mais avançadas tecnologias, inclusive, a médica e sociológica. Como isso pôde se dar? Aqui está *Saúde, Ordem e Progresso*, como uma excelente oportunidade para nos ajudar a refletir.

André Mota
Faculdade de Medicina da Universidade de São Paulo

1. A CONSTRUÇÃO DO DISCURSO E DO PENSAMENTO MÉDICO: PRESCRIÇÕES PARA UM PAÍS EM FORMAÇÃO

Breve discussão sociológica acerca do poder do discurso: uma reflexão sobre o pensamento médico

Ao escolher o objeto de estudo para um trabalho, alguns aspectos são fundamentais. Dentre tais aspectos, está a necessidade de ter em mente uma noção (ou, pelo menos, uma ideia geral) acerca da real natureza daquilo que se busca compreender, desvelar. Outro ponto igualmente digno de nota é compreender de que forma este mesmo objeto pode ser inserido em determinadas áreas de estudo ou linhas de pensamento. Definidos estes itens, pode-se pensar em outro passo importante para a compreensão do objeto e de sua especificidade: a escolha do método. Estas observações revestem-se de certa trivialidade – até mesmo para o cientista menos avisado –, mas o fato é que desconsiderá-las pode ser fatal para o bom desenvolvimento de uma pesquisa. Logo, esta preocupação proeminente é fundamental também para as discussões ainda que de caráter mais epistemológico e menos empírico. Neste sentido, debruçar-se sobre a especificidade do processo (não apenas epistemológico, mas também social) de produção (datada e localizada) de um pensamento médico é empreitada que requer estes cuidados.

A proposta geral desta pesquisa não reside em promover um recorte e um debate focados no âmbito da epistemologia, mas, embora esteja além, desta não pode prescindir. Por isso, entende-se que nesta primeira parte da pesquisa, mais do que apenas definir o que se entende como pensamento médico, é imperativo um exercício de reflexão sobre os agentes, o contexto e o processo de elaboração deste pensamento. As ideias e seus respectivos processos de produção e propagação devem ser analisados, levando-se em consideração vários aspectos: além do conteúdo e daquilo que defendem ou mostram, estão os atores sociais que as produzem, o lugar e o contexto de onde falam e, principalmente, o objetivo último para o qual tais ideias, discursos ou teorias são produzidos.

Esta discussão acerca da produção das ideias ou da formulação de correntes teóricas tem sido feita por vários autores, partindo-se tanto de perspectivas sociológicas como filosóficas ou, em alguns casos, considerando-se ambas, dada a complexidade das discussões de caráter epistemológico. Dentre tais leituras, predominam as que propõem reflexões sobre a produção das ideias como uma forma (dentre tantas outras) de manutenção e extensão de poder (ou de poderes) exercido por pessoas, grupos ou instituições. Isto é, trata-se de reflexões sobre a feitura de ideologias, teorias, pensamentos ou "verdades" que, de certo modo, imperam em determinadas circunstâncias e determinam as relações dos indivíduos entre si e com o meio em que vivem.

Um dos autores considerados clássicos acerca deste tema e de leitura obrigatória é Michel Foucault. Em *Microfísica do poder* (FOUCAULT, 1979), duas discussões importantes, dentre outras, merecem destaque, por contribuírem especificamente com a proposta desta pesquisa. A primeira é um debate sobre os intelectuais e o poder, travado em diálogo registrado nesta obra entre o próprio Foucault e Gilles Deleuze. A segunda diz respeito a uma análise sobre o nascimento da medicina social e suas variações em três países europeus, Alemanha, França e Inglaterra.

No primeiro caso, o que se tem é um importante ponto de partida para pensar o papel do intelectual na criação de teorias (ou "verdades") que podem nortear e organizar a sociedade. No diálogo entre Deleuze e Foucault, um dos pontos evidentes é a preocupação com a legitimidade alcançada pela teoria, bem como a maneira como está a favor do poder. Questiona-se a forma como os teóricos, ao desejarem ser a voz da verdade ao longo da história e do desenvolvimento da sociedade burguesa, colocavam-se, por meio de um julgamento moral, como dignos para falar sobre a realidade pelos outros. Logo, um dos aspectos da crítica apresentada seria pensar sobre certa indignidade daqueles que se apresentavam como porta-vozes de uma realidade, ao mesmo tempo em que reiteravam as formas de poder e dominação. A questão é que nem sempre este mesmo poder mostra-se de forma explícita, mas, muitas vezes, comparece de maneira velada nos próprios discursos que se pretendem como verdades. Ou seja, nem sempre o poder se expõe de forma clara como em algumas instituições, a exemplo das prisões, lugares onde

> [...] o poder não se esconde, não se mascara cinicamente, se mostra como tirania levada aos mais ínfimos detalhes, e, ao mesmo tempo, é puro, é inteiramente "justificado", visto que pode inteiramente se formular no interior de uma moral que serve de adorno a seu exercício: sua tirania brutal aparece então como dominação serena do Bem sobre o Mal, da ordem sobre a desordem (FOUCAULT, 1979, p. 73).

Velados ou não, há muita razão no argumento de que o poder e a repressão estão presentes por toda parte, até mesmo no desempenho de algumas funções profissionais, como aponta Deleuze no referido diálogo com Foucault. Segundo ele, "vários tipos de categorias profissionais vão ser convidados a exercer funções policiais cada vez mais precisas: professores, psiquiatras, educadores de reclusão" (FOUCAULT, 1979, p. 74). Não diferente seria o papel dos médicos, tão profissionais quanto estes outros, amparados sob a égide de uma verdade científica.

Isso significa que todo o esforço para a compreensão do que aqui se convencionou chamar de pensamento médico visa buscar uma reflexão, seja sobre o processo de sua elaboração (enquanto discurso, posicionamento ou verdade), seja sobre os objetivos ocultos ou explícitos deste pensamento. Vale recapitular que o objeto de estudo deste trabalho é o pensamento médico paulista da década de 1930. Por isso mesmo, seus objetivos e interesses (fossem eles de qualquer natureza) devem ser desvelados, principalmente no que diz respeito à forma como um grupo de médicos aproximou-se da primeira Escola de Sociologia no Brasil neste período. Havia algum projeto de poder? Qual poderia (ou teria sido) sua expansão na sociedade? Qual o interesse de fato?

Ainda no citado diálogo entre Foucault e Deleuze, este introduz uma questão muito importante. Aponta que o poder pode ser exercido não em nome do interesse, mas do desejo.

> [...] há investimentos de desejo que explicam que se possa desejar, não contra seu interesse – visto que o interesse é sempre uma decorrência e se encontra onde o desejo o coloca – mas desejar de uma forma mais profunda e mais difusa do que seu interesse (FOUCAULT, 1979, p. 76).

Uma possível intepretação desta afirmação pode apontar não haver um interesse específico daquele grupo de médicos, interesse do ponto de vista particular, grupal, bem definido, claro, arquitetado previamente como um plano. Talvez lhes tenha sido suficiente apenas o mero desejar da expansão (ou manutenção) de um poder já existente, pautado em uma "verdade moral" travestida de ciência: a medicina. Associá-la a ideia de uma moral vigente faz todo sentido, quando se considera principalmente o contexto histórico: entre fins do século XIX e o início do século XX, as transformações sociais ocorrem com rapidez, e a determinação do normal e do patológico (do certo e do errado) cada vez mais faz sentido para esta sociedade que deseja se modernizar e, para tanto, entende que a ciência deve balizar este processo. Logo, o desejo destes médicos estaria em algo mais amplo que a mera distinção social enquanto grupo entre outros: no desenvolvimento de uma racionalidade científica que, naquele momento, era imprescindível para um Brasil que almejava tornar-se moderno.

Aliás, Max Horkheimer, em texto de 1937, discorre sobre a relação direta entre a produção teórica e o contexto social no qual ela é concebida: "Tanto quanto a influência do material sobre a teoria, a aplicação da teoria ao material não é apenas um processo intracientífico, mas também um processo social" (HORKHEIMER, 1975, p. 130). Ou seja, as teorias não são apenas resultado de raciocínios lógicos, aplicação de princípios metodológicos e de esquematizações mentais descoladas da realidade, mas estabelecem uma ligação direta com esta, atendendo suas demandas. Isso significa que "a relação entre hipóteses e fatos não se realiza na cabeça dos cientistas" (HORKHEIMER, 1975, p. 130), mas na realidade. Assim, se no início do século passado havia na sociedade brasileira certo desejo e encantamento pelo progresso, a ciência (a exemplo da medicina) teria público para seu espetáculo e a este mesmo público adequaria sua apresentação.

No entanto, embora a discussão sobre a produção de pensamentos, verdades ou mesmo sobre o funcionamento do campo de produção erudita seja um dos pontos centrais desta pesquisa (e deste debate não se distanciará), é preciso que se retome um ponto de onde se parou. Como foi observado, há um segundo tema na obra de Foucault que aqui se analisava, que também contribui com a proposta da pesquisa que se desenvolve e que diz respeito à análise feita pelo autor quanto ao nascimento e ao objetivo da medicina social, tema que também é um dos focos deste trabalho, e aqui é tomado como resultado e expressão do poder de um discurso ou de um pensamento médico. Logo, tratar da medicina social é também tratar daquilo que está inerente à produção dos discursos: uma microfísica do poder.

Para começar sua discussão, Foucault (1979) sugere esta pergunta: a medicina moderna é ou não coletiva? Admitindo predominar uma leitura que classifica a medicina moderna como de caráter individualista, ele se posiciona de forma contrária e denuncia seu caráter coletivo, isto é, social. Para ele, "a medicina é uma prática social que somente em um de seus aspectos é individualista e valoriza as relações médico-doente" (FOUCAULT, 1979, p. 79). Indo mais além, este autor pondera que não teria sido o capitalismo que individualizou a medicina, mas o contrário. O capitalismo

> socializou um primeiro objeto que foi o corpo enquanto força de produção, força de trabalho [...]. Foi no biológico, no somático, no corporal que, antes de tudo, investiu a sociedade capitalista. O corpo é uma realidade biopolítica. A medicina é uma estratégia biopolítica (FOUCAULT, 1979, p. 80).

O autor destaca que "não foi a princípio como força de produção que o corpo foi atingido pelo poder médico. Não foi o corpo que trabalha, o corpo do proletário que primeiramente foi assumido pela medicina" (FOUCAULT, 1979, p. 80), mas assim o foi apenas em meados do século XIX. Ou seja, apenas na segunda fase da Revolução Industrial é que o corpo e a saúde passam a ser vistos na perspectiva da preocupação com as forças produtivas – logo, em nome do capital. Neste trecho de sua obra, o autor discorre sobre as especificidades de cada época e de cada região da Europa, mostrando as características gerais de cada etapa da formação da medicina social, desde o século XVIII na Alemanha, passando pela França, até chegar à Inglaterra. Esta caracterização de cada experiência é fundamental para a compreensão de sua "moldagem", mas principalmente em termos de rearranjo de seus objetivos e finalidades, os quais legitimavam ações e intervenções médicas em cada conjuntura e contexto. Neste seu desenvolvimento, a medicina social teria as seguintes roupagens: "medicina de Estado, medicina urbana e, finalmente, medicina da força de trabalho" (FOUCAULT, 1979, p. 80). Para cada época, fica claro como a medicina social vai se metamorfoseando, mas sem perder de vista sua especificidade enquanto discurso de cunho normativo, em nome de algum poder.

Por ora, neste momento da discussão, será apenas este o sentido pelo qual vale destacar as observações de Foucault (1979), isto é, a medicina social como resultado de um pensamento normatizador; mais à frente, retoma-se uma discussão mais pontual sobre suas transformações e características gerais. O que interessa destacar é o processo de construção e o sentido de discursos comprometidos com (ou que expressam) o poder e sua realização. Ao falar do processo de produção, remete-se ao modo como alguns atores sociais (a exemplo dos médicos em relação à medicina social) produzem, manuseiam, reiteram e reproduzem suas verdades científicas. Já no que concerne ao sentido destas verdades, considera-se seu objetivo geral, isto é, a natureza de suas proposituras. Se a medicina social foi se transformando a partir do século XVIII, com aponta Foucault (1979), é porque os processos de concepção e os respectivos objetivos também se transformaram. Esta conclusão, ainda que relativamente óbvia, é um dos pontos pelos quais perpassa a discussão acerca de medicina social e do pensamento médico existente em fins do século XIX no Brasil, o qual mais tarde, procurando se institucionalizar, buscaria uma aproximação tanto com o Estado, como com outras áreas acadêmicas.

Neste sentido, debruçar-se sobre estes mecanismos (ou processos) de produção de discursos, ideias ou verdades é um exercício fundamental para que se possa desvelar tantos outros que ocorrem de forma concomitante, porém implícitos, mas ainda assim importantes do ponto de vista da análise sociológica mais ampla sobre um contexto histórico e particular. As disputas entre aqueles que se colocam como porta-vozes destas verdades como aquelas ligadas à ciência ou de alguma natureza erudita, podem ser lidas como claro exemplo destes fenômenos concomitantes. A busca pela aceitação, o reconhecimento e a concorrência internos a grupos são prova disso. Como aponta Bourdieu (2013, p. 105), ao falar do campo da produção erudita, este

> tende a produzir ele mesmo suas normas de produção e critérios de avaliação de seus produtos, e obedece a lei fundamental da concorrência pelo reconhecimento propriamente cultural concedido pelo grupo de pares que são, ao mesmo tempo, clientes privilegiados e concorrentes.

Bourdieu (2013) ainda vai discorrer sobre como um campo de produção erudita pode se fechar em si mesmo, validando-se a si próprio através de seus pares. Ao mesmo tempo em que produz conhecimento, não dialoga com aqueles que "consomem" a produção. Embora o autor não esteja se referindo especificamente à ciência, mas ao campo das artes, sua observação vale em certa medida para pensar a produção intelectual de modo geral (aliás, ele mesmo se refere à produção intelectual neste sentido), a qual, mesmo tendo a realidade, a sociedade, ou o próprio homem como objeto, em nada (ou muito pouco) com eles dialoga.

> Nunca se prestou a devida atenção às consequências ligadas ao fato de que o escritor, o artista e mesmo o erudito escrevem não apenas para um público, mas para um público de pares que são também concorrentes. Afora os artistas e os intelectuais, poucos agentes sociais dependem tanto, no que são e no que fazem, da imagem que têm de si próprios e da imagem que os outros e, em particular, os outros escritores e artistas têm deles e do que eles fazem (BOURDIEU, 2013, p. 108).

Dito de outra forma, no processo de produção de ideias ou de um repertório teórico, a legitimação daquilo que é produzido se daria, em um primeiro momento, entre aqueles que compõem determinado grupo intelectual. No caso da medicina, na produção de um pensamento médico enquanto produto intelectual, a primeira instância de sua legitimação se daria entre os próprios médicos. Ao se ampliar a noção de grupo intelectual para além dos médicos (neste caso), mas considerando-se todos os intelectuais de outras áreas também presentes no Brasil entre o final do século XIX e início do século XX, a disputa pela legitimação, ao que parece, se amplia. Tal acirramento derivaria do fato de que, por serem leigos na medicina, estes outros "pares" (engenheiros, advogados, entre outros) requerem bons argumentos para serem convencidos quanto à importância da especificidade e importância daquilo que dizem os médicos, ao mesmo tempo em que também estão na disputa do campo teórico e defendem suas respectivas áreas e posições. Obviamente, os objetos de estudo e de intervenção são diferentes entre áreas como medicina, direito e engenharia, mas o fato é que o homem está no centro das atenções destas áreas, e por isso tentam, cada uma a seu modo, impor-se como saber imprescindível à vida, à ordem e ao progresso. É neste sentido que se sugere que a disputa se acirrou e, ao mesmo tempo, levou à necessidade de constante delimitação e destaque das fronteiras teóricas e conceituais entre cada área.

Ao falar da esfera cultural, Bourdieu (2013, p. 110) faz uma observação que também vale em boa medida para se compreender a disputa entre as áreas do saber:

> [...] os princípios de diferenciação mais apropriados para serem reconhecidos como pertinentes na esfera cultural [ou pertinentes à determinada áreas, como a medicina] – ou seja, a serem legitimados por um campo que tende a rejeitar toda e qualquer definição externa de sua função –, são aqueles que exprimem de modo mais acabado a especificidade da prática intelectual ou artística, ou melhor, de um tipo determinado desta prática.

No entanto, embora há séculos exista uma definição relativamente clara entre áreas como biológicas, exatas e humanas, o fato é que em determinadas circunstâncias existem situações que possibilitam a confluência de saberes na tentativa de explicar determinado fenômeno. Obviamente, engenheiros não podem explicar com clareza o funcionamento do corpo humano, mas os princípios de física intrínsecos às ciências exatas não podem ser desconhecidos pelo médico, quando este estuda a capacidade de movimento dos homens. Um simples estudo de ortopedia ou fisioterapia sobre o movimento do braço leva em consideração seu funcionamento como alavanca e, como tal, deve ser compreendido também sob a luz de princípios físicos.

Mas esta aproximação não é algo recente quando se avalia a história do desenvolvimento de uma racionalidade médica. Conforme aponta Luz (1988), desde o período renascentista começou-se a esboçar uma ideia do homem como uma grande máquina, um autômato superior cujo funcionamento era preciso conhecer. Ou seja, era preciso estudar "o corpo humano, morfologicamente visto como um grande engenho, cujas peças encaixam-se ordenadamente para fazerem funcionar o mais elevado dos autômatos..." (LUZ, 1988, p. 84). Ainda segundo esta autora, pode-se dizer que

> o mecanicismo será um traço constitutivo da racionalidade médica moderna [e que] as gravuras e os desenhos já do final do século XVI e início do século XVII ilustram com profusão: articulações, próteses, máscaras de madeira, couro ou ferro, sugerindo uma mecanização do corpo, destinada à consertar, ou ortopedizar, partes (ou "peças") danificadas pelas doenças... (LUZ, 1988, p. 84).

Atualmente, o cruzamento da medicina e da engenharia (elétrica, mecatrônica, química, ou quaisquer outras modalidades) também fica evidente quando se constata que o desenvolvimento tecnológico de aparelhos e equipamentos produzidos por engenheiros tem garantido não apenas melhor condição de trabalho para os médicos, mas, acima de tudo, maiores possibilidades de avanço no processo de tratamento e cura das mais diversas moléstias. Obviamente, para tanto, engenheiros precisam ter um contato mínimo com conhecimento das ciências biológicas, para assim realizarem seus projetos.

Os exemplos apresentados apenas ilustram algo já conhecido: a relação direta que as mais diversas áreas do conhecimento podem ter em determinadas circunstâncias. Ainda assim, isso não invalida as especificidades inerentes a cada uma, seja em termos de objeto de estudo, seja em relação ao cabedal teórico que as definem e delimitam. Aliás, conhecedoras de suas especificidades, as ciências, por meio de seus discursos, reivindicam lugares privilegiados, por se considerarem, entre si, umas mais legitimas que outras para a explicação de certos fenômenos.

Esta reivindicação pelo destaque ou legitimidade é um dos aspectos comuns a todo pensamento científico, mas não o único. Outro, também presente em todos e, assim, fundamental, é a busca pela produção de hipóteses, do provável, do possível, pois a projeção da possibilidade de algo ser verdade é um dos motores da ciência, a qual se move em busca da compreensão da realidade. Do ponto de vista epistemológico, toda a ciência, independentemente da área, busca conhecer a realidade e nesta intervir, quando possível. Mas, para tanto, é necessário que desenvolva sua capacidade de produzir teorias que não partam necessariamente da realidade, da experiência, mas da produção de ideias que possam ajudar a compreender o real.

O filósofo alemão Ernst Cassirer, em seu livro *Ensaio sobre o homem*, apresenta breve reflexão sobre uma das principais características do conhecimento humano e, dessa forma, da ciência: ser de "sua própria natureza um conhecimento simbólico" (CASSIRER, 1994, p. 96). Sem a presença do símbolo, não haveria condições de se pensar naquilo que é possível, embora não real. É esta capacidade da ciência que permite a explicação da realidade por um método de caráter indutivo que, *a priori*, prescinde da experiência, do empirismo, mas que certamente lançará mão destes para comprovar sua hipótese. A possibilidade – isto é, a hipótese – está sempre no horizonte e, muitas vezes, pode ganhar ares de utopia. Ainda assim, é cara a todo pensamento científico que quer ampliar sua leitura sobre os fenômenos que considera circunscritos à sua jurisdição. Sobre esta ideia de possibilidade que se assume como utopia, Cassirer (1994, p. 104) observa:

> A grande missão da Utopia é abrir passagem para o possível, no sentido de oposto a uma aquiescência passiva do estado presente real de coisas. É o pensamento simbólico que supera a inércia natural do homem e lhe confere uma nova capacidade, a capacidade de reformular constantemente o seu universo humano.

O fato é que a realidade existe mesmo sem a teoria, é anterior a esta, mas, graças ao desenvolvimento das mais diversas áreas científicas, foi possível conhecê-la cada vez mais. Neste avançar da ciência, multiplicam-se as disputas dos pensamentos simbólicos (científicos) de diversas áreas específicas (como a medicina e a engenharia citadas como exemplo) e, com isso, suas propostas de reformular o universo humano, como pontuou Cassirer (1994). Talvez seja possível pensar nesta noção de reformulação não apenas em termos de releitura da realidade (isto é, explicar por outras vias ou rever verdades existentes até então), mas como possibilidade de intervenção, ou seja, alteração da própria realidade, contanto que capitaneada por determinado cabedal teórico, uma ciência propriamente dita, que reivindique para si legitimidade ímpar, em detrimento de quaisquer outras áreas. Neste último sentido da palavra "reformulação", em termos de intervenção, é que se pode pensar, mais especificamente, na medicina social como saber que se constitui com vistas à normalização de sujeitos, isto é, da sociedade (debate que será mais bem desenvolvido à frente). Por ora, vale pontuar que, a despeito desta disputa entre pensamentos científicos,[1] o que predomina é um ponto comum a todos: a preocupação com a racionalidade científica.

É sabido que a ciência como hoje se conhece tem como berço a filosofia grega, entre pré-socráticos, Sócrates e seus seguidores. A observação, a dúvida e, principalmente, a reflexão tornam-se fundamentais para o desenvolvimento do conhecimento racional acerca do mundo e serão retomadas como base do pensamento humano a partir do Renascimento, movimento no qual, de forma concomitante, via-se o nascimento da Idade Moderna e o desfalecer da Idade Média. Neste processo, as certezas religiosas, aos poucos, davam lugar para a certeza da ciência e sua racionalidade. Como afirma Cassirer (1994, p. 337), "podemos discutir os resultados da ciência ou os seus princípios básicos, mas sua função geral parece ser inquestionável. É a ciência que nos proporciona a garantia de um mundo constante". Para tanto, segundo este mesmo autor, as ciências ou as leituras acerca da realidade constroem uma "linguagem simbólica" (CASSIRER, 1994, p. 349), para que se possa fazer a intepretação. Tal linguagem, ao passo que promove esta racionalidade científica, assegura para si maior

1 Uma disputa não marcada, necessariamente, pelo desejo de extirpar o que estaria fora da circunscrição daquele pensamento, mas, sim, em nome da busca pela legitimidade no "panteão" das verdades científicas.

credibilidade. A sofisticação desta linguagem amplia as possibilidades de análise e de explicação do real, logo, todas as ciências buscam aprimorar suas respectivas sistemáticas enquanto ferramentas para "conceber" a realidade.

Com o desenvolvimento da medicina, também a partir do período renascentista, médicos buscaram erigir um "quadro de verdades conceituais" (LUZ, 1988, p. VII), trazendo à tona noções como normalidade, patologia, equilíbrio, desvio e degenerescência, entre outras, as quais, somadas, constituíram os elementos que formariam seu quadro conceitual. Este, por sua vez, seria fundamental para assegurar à medicina sua legitimidade científica na interpretação e na produção de diagnósticos cada vez "precisos e científicos", assumindo o papel daquilo que Cassirer (1994) definiu como "linguagem simbólica", pautada na racionalidade científica. Esta racionalidade se tornaria imperativa, pois o discurso racional se fortalecerá cada vez mais a partir da Idade Moderna (desenvolvendo-se ainda mais da Contemporânea), diante do processo de secularização do mundo após a reorientação do pensamento ocidental que abandonava o teocentrismo rumo ao antropocentrismo. Aliás, o fortalecimento deste discurso – logo, desta linguagem simbólica – ocorre porque tais sistemas simbólicos (como a ciência) cumprem funções sociais:

> as quais tendem, no limite, a se transformarem em funções políticas na medida em que a lógica de ordenação do mundo subordina-se às funções socialmente diferenciadas de diferenciação social e de legitimação das diferenças [entre grupos e classes] (MICELI, 2013, p. X).

Ou seja, a força – em termos de legitimidade – da racionalidade científica era intensa, ao passo que assumia a função política emanada de uma classe (a burguesia) que se opunha às estruturas da Idade Média.

Neste contexto, a medicina destacou-se por seu pioneirismo no que diz respeito à racionalidade científica. Tal fato só se torna patente quando é possível analisar historicamente seu processo de formação. Retomando aqui um ponto sobre o qual já se discorreu, o processo de produção da especificidade do discurso de certa área (discurso este pautado na racionalidade científica) parte, no primeiro momento, da relação direta com algum outro campo do saber (além, é claro, de certa cumulatividade de conhecimento). Apenas como exemplo, a medicina

> caminhou também apoiada nos avanços da química, que durante os séculos XVII e XVIII fornecem explicações sobre as propriedades e a composição dos "elementos" fundamentais da vida: o sangue, a respiração, o calor, a eletricidade, o magnetismo dos seres vivos (LUZ, 1988, p. 90).

Ainda segundo a mesma autora, tantas outras áreas, como a física, a fisiologia, a botânica, a história natural e a biologia, "oferecem à medicina moderna os elementos teórico-conceituais e os métodos de observação que, juntos aos da anatomia, da patologia e da cirurgia, constituirão o núcleo predominante do saber médico como disciplina das doenças..." (LUZ, 1988, p. 90). A medicina não apenas se apropriou dessas áreas, como os médicos, por meio de estudos e experimentos, também contribuíram para seu desenvolvimento. O fato é que a medicina, ao sistematizar teorias e métodos de uma forma peculiar, de caráter até então inédito em fins da Idade Média e início da Idade Moderna, tornava-se algo muito próximo do que hoje se entende como ciência no século XXI. Assim, criava sua especificidade e se legitimava.

Ainda segundo Luz (1988, p. 91),

> a medicina é, desta forma, duplamente pioneira da racionalidade científica: através de suas teorias e conceitos – ligados ou não ao mecanismo – e através de seus profissionais, os médicos, que mais práticos da arte de curar, serão teóricos da ciência moderna das doenças.

Os médicos teriam assim assumido o papel emblemático do cientista, para o qual, segundo Horkheimer (1975, p. 131), "a tarefa de registro, modificação da forma e racionalização total do saber a respeito dos fatos é sua espontaneidade, é a atividade teórica. O dualismo entre pensar e ser, entendimento e percepção, lhe é natural".

A medicina, ao se desenvolver, delimitando o que seria o corpo doente e o sadio, o normal e o patológico, não apenas sofisticou sua leitura enquanto saber especializado, mas contribuiu (consciente ou inconscientemente) com discursos e projetos políticos normatizantes. Foi além, pois viu no século XIX estes mesmos conceitos que lhe eram tão caros serem tomados de empréstimo pelas incipientes ciências sociais ainda embebidas no positivismo de origem. Era o encontro das ciências da vida com as ciências do homem.

> Se as ciências do homem apareceram no prolongamento das ciências da vida, é talvez porque estavam *biologicamente* fundadas, mas é também porque estavam medicamente; sem dúvida por transferência, importação e, muitas vezes, metáfora, as ciências do homem utilizaram conceitos formados pelos biólogos; mas o objeto que eles se davam (o homem, suas condutas, suas realizações individuais e sociais) constituía, portanto, um campo dividido segundo o princípio do normal e do patológico (FOUCAULT, apud LUZ, 1988, p. 92).

Isso significa que a relação com as ciências humanas, mais especificamente com a sociologia que nascia do positivismo de Comte, é outra faceta desta imbricação da medicina (ou das ciências biológicas) com tantas outras áreas do conhecimento. No entanto, mais como provedora de conceitos e categorias que receptora, a medicina (ou o discurso médico), principalmente em meados do século XIX, viu-se relacionado com as ciências humanas, principalmente por compartilhar com estas, naquele momento, uma "lógica" que classifica a realidade e a divide entre normal e patológica. Logo, seriam ciências que teriam como preocupação compreender a normalidade e o funcionamento dos corpos, seja do indivíduo (pela medicina), seja do coletivo (pela sociologia). Ambas teriam como preocupação a compreensão de um corpo (social ou individual) e seu comportamento (por ser dinâmico, por ter vida) em termos de evolução e progresso.

> Os conceitos de Normal e Patológico ancoram-se na concepção unitária de micro-organismo (individual) e macro-organismo

> (social) que devem, ambos, obedecer às mesmas leis. Mais ainda, subjacente à concepção da Vida (social ou individual) como organismo, isto é, como funcionamento integrado de partes elementares, preexiste a ideia evolutiva desse organismo. Ambas as concepções, tanto da sociedade como organismo, como a do organismo social como ser vivo, em processo da evolução, já estavam presentes no pensamento enciclopedista do século XVIII, tanto nas ciências físicas como nas sociais... (LUZ, 1988, p. 102).

Como se vê, a aproximação destes conceitos já se dava desde o século XVIII, mas será no século XIX, com Auguste Comte,[2] que se consolidará. Considerado como pai do positivismo, a concepção de progresso será uma categoria fundamental em sua teoria, à qual aqueles conceitos estarão relacionados. Obviamente, o processo de transplantação conceitual, por conta de uma "solidariedade nominal" (LUZ, 1988, 106), não significa que as noções de normal e patológico terão a mesma função que na medicina, pois pensamento médico e pensamento social são disciplinas diferentes. O fato é que neste momento, no qual nascia a sociologia, uma ciência social, as explicações quanto ao corpo social – ao tomá-lo como algo vivo e dinâmico – não poderiam prescindir de uma série de conceitos e categorias utilizados para pensar a vida, a morte, a saúde e a doença.

Isso é o que se vê na obra de Emile Durkheim, influenciado pelo pensamento de Comte, ao propor o estudo da sociedade como organismo dotado de uma solidariedade de caráter mecânico ou orgânico e ao analisar que seriam as normalidades e as patologias sociais. Assim, a racionalidade científica que teria nascido na medicina seria transplantada para outra área, uma ciência humana, a qual também carecia desta mesma racionalidade para se legitimar. Bourdieu (2013), como se viu, chama a atenção para a forma como os intelectuais, na produção de seus discursos, necessitam de princípios técnicos ou estilísticos para se

2 O que se deve considerar é o papel fundamental de Comte, não apenas no processo de formação das ciências sociais, mas como um dos grandes responsáveis, senão o maior, pela ligação do pensamento social como o pensamento médico no século XIX. No início deste século, entre as décadas de 1810 e 1820, Comte seguiu cursos de medicina, quando teve contato com os conceitos e as categorias das ciências biológicas.

legitimar, como aqui se nota na proximidade entre medicina e ciência social em fins do século XIX. A legitimação seria cada vez mais evidente e assegurada, ao se promover uma aproximação com a racionalidade científica.

Esta racionalidade tão cara à ciência que despontava como teoria moderna sempre esteve envolta por um rótulo de neutra, imparcial, objetiva e, assim, insuspeita e sinônima da verdade. No entanto, há muita fragilidade nesta interpretação e nesta classificação da razão científica, que perduraram por séculos e foram a base do discurso positivista. Esta ciência, que se apoia sobre uma teoria tradicional (resultante seja por meio da indução, seja pela dedução), coloca-se como lei e tenta enquadrar ou subordinar a realidade.

> Tem-se sempre, de um lado, o saber formulado intelectualmente e, de outro, um fato concreto (*Sachverhalt*) que deve ser subsumido por esse saber subsumir, isto é, este estabelecer a relação entre a mera percepção ou constatação do fato concreto e a ordem conceitual do nosso saber chama-se explicação teórica (HORKHEIMER, 1975, p. 128).

Neste sentido é que se assenta a racionalidade científica da qual se falava. Ou seja, trata-se de uma certeza pautada pela lógica de forma a reivindicar para si legitimidade e exclusividade em termos de explicação da realidade (ou de uma parte desta), a exemplo de uma ciência como a medicina. Assim, neste estudo quanto ao pensamento médico, pressupõe-se que este é expressão desta forma de teoria tradicional. Tal classificação ocorre não apenas em termos do período histórico em que a medicina foi desenvolvida, mas, acima de tudo, pela forma como se filiou e reproduziu esta crença na racionalidade científica, para qual se tenta trazer luz quanto a sua frágil neutralidade. Em outras palavras, ao se levar em consideração o processo de elaboração das teorias, seja do ponto de vista de quem as elabora, seja em relação ao contexto em que são elaboradas, o fato é que a imparcialidade reivindicada não possui lastro. A teoria tradicional, que impulsionou e foi impulsionada pelas revoluções burguesas, não é pura, mas ideológica.

> Na medida em que o conceito de teoria é independentizado, como que saindo da essência interna da gnose (*Erkenntnis*), ou possuindo uma fundamentação a-histórica, ele se transforma em uma categoria coisificada (*verdinglichte*) e, por isso, ideológica (HORKHEIMER, 1975, p. 129).

Ainda segundo Horkheimer, tanto o objeto de estudo quanto a teoria que tenta explicá-lo estariam comprometidos, enviesados, ainda que não de forma consciente pelo homem. É neste sentido que o autor contrapõe à teoria tradicional a teoria crítica, reveladora da alienação que a primeira não apenas produz, mas da qual também é fruto. Logo, seria apenas por meio da crítica que se desconstruiria o mito.

Mas este mito em torno da ciência, esta teoria tradicional que se coloca como verdade, é aquela que caracterizou o positivismo com suas crenças nas benesses do progresso científico, como aqui já se discutiu. Aliás, foi por acreditar e defender esta razão contida na teoria tradicional que Comte, ao pensar em uma ciência da sociedade, agregou-lhe conceitos e categorias que instrumentalizavam um saber que, cada vez mais, era emblemático enquanto discurso científico, ou seja, a própria medicina.

Mas, se em algum momento o desenvolvimento das ciências humanas, da sociologia propriamente dita, foi tributário da medicina ou das ciências biológicas, por ter tomado de empréstimo seus conceitos e categorias, o desenvolvimento da medicina social fez o caminho inverso. Buscou nas ciências humanas as respostas para os determinantes sociais da saúde e, dessa forma, permitiu o desenvolvimento da medicina social. Aliás, embora não predominante entre as várias facetas da medicina, a medicina social, ao buscar compreender os determinantes sociais da doença e, ao mesmo tempo, ao propor mudanças na sociedade, promoverá teorias que visam à normalização de grupos e classes sociais. Daí a importância da reflexão quanto aos desdobramentos, na sociedade, de teorias como estas. Ademais, é preciso refletir de mesmo modo acerca de seus artífices e defensores. Enquanto teóricos, os médicos são atores sociais que produzem seus discursos e que, em certa medida, ao defender seus pensamentos podem se comprometer com questões para além da defesa da racionalidade científica (equivocada ou não), como se discutiu anteriormente, ao considerar tanto a perspectiva de Foucault como a de Bourdieu. Além disso, interessam à análise da produção de um pensamento não apenas aqueles fatores que desempenharam papéis enquanto estimuladores ou promotores deste, mas também as consequências de sua construção enquanto verdade científica, seja do ponto de vista propriamente da ciência, seja do ponto de vista político e social. Contudo, por ora, para não se perder de vista a discussão quanto à produção de um pensamento – neste caso, o pensamento médico, a medicina social e suas consequências serão melhores discutidas em outro momento mais a frente.

Deste modo, percebe-se que a discussão acerca da produção de um pensamento – ou, mais especificamente, sobre o desenvolvimento de um pensamento científico propriamente dito – é de fato algo complexo, e que a mera leitura das produções destas áreas ou o domínio de seu cabedal teórico e/ou linguagem simbólica parece não ser suficiente. Por isso mesmo, nesta empreitada, Mannheim (1968) destaca pontos importantes para a compreensão deste processo, que constituiria o objeto de uma Sociologia do Conhecimento, cuja principal tese seria a ideia de que "existem modos de pensamento que não podem ser compreendidos adequadamente enquanto se mantiverem obscuras suas origens sociais" (MANNHEIM, 1968, p. 30). Ou seja, compreender a gênese de um pensamento ou de um modo de pensar implica a tarefa obrigatória da compreensão de um contexto social, cultural e político. Partindo desta premissa, é evidente a importância de se debruçar sobre uma leitura razoável acerca do Brasil do século XIX, para poder perscrutar as raízes deste pensamento médico ou medicina social, que não apenas atravessou esse século, mas, ao que tudo indica, chegaria às primeiras décadas do século XX. Ao discorrer sobre o método de compreensão da produção de um pensamento, o autor indica, do ponto de vista metodológico, um caminho para esta empreitada, deixando claro que apenas buscar a lógica ou coerência de determinado pensamento muito pouco contribui para de fato conhecê-lo em sua essência. Logo, a pura e simples leitura dos registros do pensamento médico no período aqui considerado não permite a compreensão mais ampla de seu sentido, mas apenas conduz a uma percepção de natureza superficial.

Assim, a Sociologia do Conhecimento deveria considerar em sua análise *a priori* que os homens não estão sozinhos, vivem em grupo e, ao mesmo tempo, são produto e produtores da cultura, logo, do pensamento.

> O primeiro ponto a ser por nós enfatizado é que, intencionalmente, a abordagem da Sociologia do Conhecimento não parte do indivíduo isolado e de seu pensar a fim de, à maneira do filósofo, prosseguir então diretamente até às alturas abstratas do "pensamento em si". Ao contrário, a Sociologia do conhecimento busca compreender o pensamento no contexto concreto de uma situação histórico-social, de onde só muito gradativamente emerge o pensamento individualmente diferenciado. Assim, quem pensa não são os homens em geral, nem tampouco indivíduos isolados, mas os homens em certos grupos que tenham desenvolvido um estilo de pensamento particular em uma interminável série de respostas a certas situações típicas, características de sua posição comum (MANNHEIM, 1968, p. 31).

É exatamente desta perspectiva mannheimiana acerca de um pensamento particular, o qual tem respostas específicas e que brotam de um grupo de homens que falam do mesmo lugar, da qual aqui se parte para a análise do pensamento médico no Brasil entre os séculos XIX e XX. A especificidade deste grupo, neste caso, não se daria apenas pelas condições de distinção social por serem eles (os médicos) representantes também, em grande medida, de uma elite. Mais do que homens ricos (ao menos a grande maioria era oriunda de famílias abastadas), eram homens da ciência, a qual, por sua vez, reiterava ao mesmo tempo a marca da distinção e a legitimidade do discurso.

Esta dupla legitimação seria, dessa forma, uma marca importante deste grupo, o que significa que o discurso produzido de forma individual por qualquer um de seus componentes já estaria carimbado, ainda mais em uma sociedade composta predominantemente por pobres e analfabetos. Mas do ponto de vista da Sociologia do Conhecimento, como propõe Mannheim, não apenas este aspecto do pensamento deve ser considerado para compreensão de sua origem. É importante conhecer o processo de sua constituição – e, para isso, é fundamental analisar o contexto e o grupo que produz tal pensamento; por outro lado, é imprescindível conhecer os objetivos deste mesmo pensamento, objetivos estes em termos de ação e da prática em relação à realidade.

> A segunda característica do método da Sociologia do Conhecimento é não separar os modos de pensamento concretamente existentes do contexto de ação coletiva por meio do qual, em um sentido intelectual, descobrimos inicialmente o mundo. Homens vivendo em grupos não apenas coexistem fisicamente enquanto indivíduos distintos [...]. Pelo contrário, agem com ou contra os outros, em grupos diversamente organizados, e, enquanto agem, pensam com ou contra os outros. *Estas pessoas, reunidas em grupos, ou bem se empenham, de acordo com o caráter e a posição dos grupos a que pertencem, em transformar o mundo da natureza e da sociedade a sua volta, ou então, tentam mantê-lo em uma dada situação*. A direção dessa vontade da atividade coletiva de transformar ou manter é que produz o fio orientador para a emergência de seus problemas, seus conceitos e suas formas de pensamento (MANNHEIM, 1968, p. 31; grifo nosso).

Seja para transformar a sociedade, seja para manter o *status quo*, a organização, a disseminação e a defesa de um pensamento teria sempre um (ou alguns) objetivo (objetivos) e um compromisso com a ação. Este seria um dos pontos mais importantes existentes no argumento construído por Mannheim quanto à importância da análise de como os pensamentos são produzidos. Ao tratar do objetivo existente no pensamento ou da forma como os que o produzem escolhem os objetos para ler a realidade (visando a uma ação), o autor discorre quanto ao modo impulsivo (ou valorativo) como as escolhas e filiações dos grupos podem ser feitas. Este caráter impulsivo estaria presente em várias áreas, como nas ciências sociais.

> [...] nas Ciências Sociais, assim como em qualquer parte, vai encontrar-se o último critério de verdade ou de falsidade na investi-

> gação do objeto [...]. Mas o exame do objeto não é um ato isolado; ocorre num contexto permeado por valores e impulsos volitivos do inconsciente coletivo. Nas Ciências Sociais é este interesse intelectual, orientado por uma matriz de atividade coletiva, que proporciona não apenas as questões gerais, mas as hipóteses de pesquisa concretas e os modelos de pensamento para a ordenação da experiência (MANNHEIM, 1968, p. 33).

A partir daí, vai revelando o problema central de seu livro: a preocupação com a definição de um fundamento às ciências sociais e "a possibilidade de orientação científica para a vida política" (MANNHEIM, 1968, p. 33). Tal orientação seria possível a partir do melhor conhecimento das entranhas do pensamento erigido por essas ciências, conhecimento este que possibilitaria o controle das motivações que alicerçariam este mesmo pensamento.

> Somente na medida em que conseguimos trazer à área de observação consciente e explícita os vários pontos de partida e de abordagem dos fatos correntes tanto na discussão científica, como na popular, é que podemos esperar, no correr do tempo, controlar as motivações e pressupostos inconscientes que, em última análise, deram existência a esses modelos de pensamento (MANNHEIM, 1968, p. 33; grifo nosso).

Esta conclusão reitera um dos aspectos mais importantes de sua obra, isto é, a defesa de uma Sociologia Aplicada de caráter intervencionista. Se a promoção da intervenção requer planificação e planejamento adequado para o fim que se almeja, é faz necessário, *a priori*, controle destes pressupostos inconscientes motivadores do pensamento para garantir certa objetividade nas ações.

Mas esta não é a questão fulcral desta discussão, pois o foco não está apenas nas ciências sociais, mas, fundamentalmente, no pensamento médico e no diálogo que com estas construiu. Do ponto de vista metodológico, a mesma reflexão que Mannheim faz acerca de quais seriam os pressupostos inconscientes ou as motivações no caso das ciências sociais deve também valer para se compreender o pensamento médico. Dito de outra forma, o exercício proposto pelo autor para a compreensão da produção de um pensamento vale para todo ato de pensar uma teoria, seja na produção de uma verdade científica, seja para a medicina enquanto prática.

No caso do pensamento médico paulista não seria diferente. É preciso perscrutar quais seriam suas motivações primeiras para a reprodução de um modelo de prática profissional que, como registra a história, aproximou-se das discussões nas ciências sociais. Em outras palavras, é preciso iluminar o ponto (ou pontos) de partida de um caminhar rumo à elaboração de uma perspectiva que agora consideraria a necessidade de um olhar mais apurado quanto à realidade social. O possível pragmatismo das perspectivas de natureza apenas biologicista na leitura etiológica das doenças daria espaço (embora não por completo) a outras explicações que considerariam a importância dos determinantes sociais da relação saúde/doença, principalmente naquele contexto do início do século XX, quando o Brasil parecia entrar em importante momento de modernização e de transformação social.

No entanto, se é bem verdade que a proposta de Mannheim é fundamental para se estudar o que se chamou aqui de pensamento médico, também é fato que, para alcançar a origem deste pensamento em termos de suas orientações e motivações iniciais, é necessário se debruçar sobre as ações, filiações, escolhas e trajetórias desses médicos, em especial os que fizeram parte da comunidade acadêmica da Escola Livre de Sociologia e Política de São Paulo (ELSP) nos anos 1930. Do ponto de vista metodológico, para o desenvolvimento deste trabalho, compreende-se que é pela análise de suas obras, produções e atividades em geral que se pode alcançar uma noção mais definida de quais seriam estas motivações primeiras que alicerçavam este pensamento médico. Ou seja, por meio de uma análise dedutiva, vai se percorrer o caminho contrário àquele do processo de realização das obras, partindo-se destas para alcançar o sentido da ação destes atores sociais.

Essa escolha metodológica não desvalida ou contradiz o que afirma Mannheim (1968) quanto à importância da compreensão da produção de um pensamento. Ao contrário, não apenas reitera tal constatação, como, ao mesmo tempo, nesta se embasa e justifica. Além disso, compreender as motivações primeiras desses médicos é apenas uma parte do que se busca neste trabalho, pois tão importante quanto é pensar nos resultados das ações levadas a cabo por essas mesmas motivações.

Por ora, a única evidência existente é a aproximação destes médicos com outra área de saber que não a medicina. Resta compreender, no caso da medicina paulista, tanto as justificativas quanto os objetivos desta aproximação, embora tantas hipóteses possam ser levantadas. Uma, e talvez a mais imperante, é o desejo de intervenção social por este grupo de médicos. Neste sentido, mais uma vez a obra de Mannheim traz elementos importantes para a reflexão, principalmente ao discorrer sobre o problema sociológico da "*intelligentsia*" (MANNHEIM, 1968, p. 178). Seu posicionamento é semelhante ao que se pode perceber em Bourdieu e Foucault no que diz respeito à formulação de um pensamento, quando apontam que os expositores da síntese (uma explicação, posicionamento, busca pela transformação, intervenção) sempre representam estratos sociais definidos. Nestes estratos, há indivíduos portadores de um pensamento político, o qual "está sempre vinculado a uma posição na ordem social"; por isso, acredita-se ser "coerente supor que a tendência a uma síntese total deva estar incorporada na vontade de um grupo social" (MANNHEIM, 1968, p. 179). Esta mesma síntese deve estar, dessa forma, baseada numa posição política de seus portadores e, mais especificamente, em uma "que venha a constituir um desenvolvimento progressivo, no sentido de reter e utilizar boa parte das aquisições culturais e energias sociais acumuladas na época anterior" (MANNHEIM, 1968, p. 179). Justifica-se, pois, a tese de que a preocupação de médicos paulistas no início do século XX com os determinantes sociais da doença tem como lastro um posicionamento político que, por sua vez, encontra-se comprometido com algumas ideias ainda muito vagas e esparsas de progresso presentes na sociedade naquela época.

> Esta posição requer uma especial vigilância para com a realidade histórica do presente. O "aqui" espacial e o "agora" temporal de cada situação devem ser considerados no sentido histórico e social, e sempre lembrados a fim de, em cada caso, se determinar o que já não é necessário e o que ainda não é possível (MANNHEIM, 1968, p. 179).

Mais à frente, ainda nesta mesma obra, o autor trata do que chama de um "estrato desamarrado" (MANNHEIM, 1968, p. 180) de uma classe específica: os intelectuais. Estes, mais ricos ou mais pobres, mais ou menos vinculados ao processo econômico, estariam ligados pela educação; para Mannheim (1968, p. 180), "a participação em uma herança cultural comum tende progressivamente a suprimir as diferenças de nascimento, status, profissão e riqueza, e a unir os indivíduos instruídos com base na educação recebida". Esta observação de Mannheim pode ajudar na compreensão dos médicos paulistas enquanto grupo na década de 1930.

Eles fazem parte de uma classe social mais abastada, mas não são, necessariamente, grandes fazendeiros, empresários ou industriais, embora em muito estivessem ligados a estes. São profissionais que dominam uma técnica, um conhecimento específico e que, ao se considerar suas reflexões reproduzidas em suas diversas publicações,[3] ao que tudo indica eram acima de tudo intelectuais, e não apenas práticos de uma profissão. De fato, em sua maioria eram bem nascidos, mas o que os unia não era uma ideologia de classe, mas o convencimento quanto ao papel da medicina como um dos mais importantes e transformadores saberes para a vida dos homens.

Assim, o que os ligava eram um objetivo e um pensamento comuns em torno do desenvolvimento e da institucionalização de um saber científico elaborado que, enquanto tal, buscava delimitar sua área de atuação e justificar sua necessidade. Essa ambição não era exclusividade (ou criação) dos médicos da primeira metade do século XX em São Paulo, mas já se fazia presente desde a segunda metade do século XIX. Seja no Brasil Império, seja na Primeira República, seja ainda no primeiro governo Getúlio, alguns médicos eminentes colocavam-se como "missionários do progresso", expressão utilizada por Herschmann (1996) para intitular sua obra sobre o papel de médicos, engenheiros e educadores no processo de modernização do país entre 1870 e 1937.

3 Muitos publicavam em jornais de grande circulação, revistas científicas e em livros, e expressavam não apenas ideias de caráter científico, mas impressões mais gerais acerca da realidade e do comportamento dos indivíduos, entre outras coisas.

Este mesmo autor fala da importância em se compreender a recepção, na sociedade brasileira, do que ele chama de "discurso médico moderno". Para tanto, atenta para a necessidade de se ter em mente o que de fato possibilitaria classificar um discurso médico como moderno. Para Herschmann (1996, p. 30), a partir de uma leitura de Foucault, um discurso poderia ser classificado como "médico" caso apresentasse as seguintes características:

> os temas centrais são vida e morte, escolhas éticas, decisões terapêuticas e regulamentações institucionais; o estilo é quase sempre descritivo, minucioso e moralista; as regras que lhe dão base são cálculos matemáticos, experiências em laboratório e medições testadas por instrumentos; o raciocínio é quase sempre encaminhado a partir de pares opostos como sujo/limpo, doente/sadio e assim por diante e finalmente, almejavam fazer parte da elite dirigente, ou melhor, elaboravam um novo tipo de "identidade" para o intelectual, tentando fundar uma nova "tradição" intelectual que passaria necessariamente pela instrumentalização da ciência.

Logo, o discurso médico seria moderno ao reunir em si as características já apresentadas como fundamentais ao crivo da ciência, a exemplo da própria noção da racionalidade, do cálculo, da experiência – isto é, aspectos que lhe asseguram uma cientificidade de cunho positivista, sob a qual se pavimentariam as bases da permanente dicotomia entre normal e patológico, noções imprescindíveis ao processo de modernização que se entendia como urgente.

Ao se tornar porta-vozes deste discurso, os médicos estariam imbuídos de um poder e de uma distinção social de natureza *sui generis*. Esta modernidade contida no discurso médico, no caso brasileiro, importava seu cabedal teórico principalmente da Europa, epicentro da produção científica ao longo de séculos, fundamentalmente da medicina ocidental. Aliás, é fato que, desde o século XIX, e já com a chegada da família real, os valores burgueses e liberais faziam-se presentes no imaginário da classe letrada do país, o que determinaria não apenas os contornos da medicina nacional, mas em especial da política, dos arranjos institucionais do Estado e da própria economia.

Importados, tais valores eram exteriores à realidade nacional. Dessa forma, tratava-se de "ideias fora do lugar", nas palavras de Schwarz (1988). Ainda assim, balizariam, a partir do século XIX, uma preocupação que cada vez mais se consolidava: a construção da identidade nacional. Aliás, o próprio discurso médico esteve atrelado a esta questão, pois um dos pilares (talvez o principal) desta discussão em torno da sociedade brasileira era o debate do ponto de vista da miscigenação racial, trazendo à tona as teorias raciológicas. Ao partir de princípios evolucionistas do darwinismo social, tais teorias admitiam a existência de raças diferentes e classificadas de maneira hierárquica, obviamente com a supremacia dos brancos. Tais teorias nascem em meados do século XIX, aproximando medicina e antropologia. "O momento científico é de fundação de uma antropologia profissional que se volta para os estudos anatômicos e craniológicos, procurando assim responder às indagações a respeito das diferenças entre os homens" (ORTIZ, 2012, p. 28).

Dentre os expoentes destas teorias do racismo biológico no Brasil, está um dos médicos mais importantes como intelectual na segunda metade do século XIX: Raimundo Nina Rodrigues.

Por meio de seus estudos, Nina Rodrigues desenvolveu a medicina legal brasileira, ao mesmo tempo em que contribuiu para o desenvolvimento dos primeiros estudos de natureza antropológica, sempre evidenciando a filiação ao racismo biológico e a suas influências. Se, por um lado, tal influência é marcante (tanto em suas produções como na de médicos e intelectuais de outras áreas), por outro, porém, é possível dizer que estas mesmas ideias não mais balizavam com o vigor de outrora as discussões na Europa. Ou seja, não eram a "última moda" ou mesmo uma imposição. Aliás, "no momento em que as teorias raciológicas entram em declínio na Europa, elas se apresentam como hegemônicas no Brasil" (ORTIZ, 2012, p. 29). Nessas circunstâncias, seria preciso rever a expressão "ideias fora do lugar" de Roberto Schwarz.

> O processo de "importação" pressupõe, portanto, uma escolha da parte daqueles que consomem os produtos culturais. A elite intelectual brasileira, ao se orientar para a escolha de escritores como Gobineau, Agassiz, Broca, Quatrefages, na verdade, não está

> passivamente consumindo teorias estrangeiras. Essas teorias são demandas a partir das necessidades internas brasileiras, a escolha se faz, assim, "naturalmente". O dilema dos intelectuais do final do século é o de construir uma identidade nacional. Para tanto é necessário se reportar às condições reais da existência do país (ORTIZ, 2012, p. 30).

Modismo ou não, as teorias raciais, plenamente em diálogo com a medicina legal, predominavam entre as explicações acerca do Brasil e o brasileiro. Ao destacar o tema da construção da identidade nacional, é possível trazer à tona como o discurso ou o pensamento médico (aqui tomados como sinônimos) foi se legitimando científica e politicamente na sociedade brasileira.

Assim, a despeito de todas as idiossincrasias que possam ser inerentes ao pensamento médico, parte-se neste trabalho da mesma perspectiva exposta já na introdução de Antunes (1999). Busca-se compreender (ou trazer um pouco mais de luz sobre) algo que, do ponto de vista não apenas da história da medicina, mas das ciências sociais, nunca foi plenamente esclarecido ou reconhecido:[4] a constituição do pensamento médico como "paradigma para o desenvolvimento da reflexão social no Brasil" (ANTUNES, 1999, p. 11).

Muitos são os registros destes discursos médicos e desta reflexão, em meios como jornais, revistas científicas, livros e atas de assembleias, entre outros do-

---

4 As leituras mais tradicionais acerca do processo de institucionalização das ciências sociais no Brasil fazem um corte cronológico a partir dos anos 1930, com a fundação da Universidade de São Paulo, e, partir daí, classificam as produções anteriores como de natureza ensaística e, por isso, ilegítimas, pois esvaziadas dos rigores científicos tão valorizados naquele momento A questão é pensar em que medida esta escolha relegou ao segundo plano outras leituras sobre o Brasil, como as produções de alguns médicos paulistas, à exemplo do psiquiatra Francisco Franco da Rocha (1864-1934). No entanto, em 1959, no artigo "A sociologia no Brasil", Antônio Candido empreendeu uma análise sobre o processo de formação das ciências sociais, debruçando-se sobre o período compreendido entre o final do século XIX e a década de 1950. Nesse texto (CANDIDO, 2006, p. 272), chamava a atenção para as primeiras produções no país com certo viés sociológico, elaboradas pelo que ele chamou de "tríade dominante da inteligência brasileira", composta por médicos, juristas e engenheiros.

cumentos. Há trabalhos, como os de Schwarcz (1993), Silva (2003b) e Correa (2013), entre outros, para além dos já citados até o momento, que sistematizaram e analisaram estes dados, permitindo um avanço dos trabalhos nesta seara, e, por isso, se tornaram referência obrigatória.

Mas o que se propõe enquanto caráter inédito nesta pesquisa que aqui se desenvolve não é, necessariamente, a natureza das fontes que serão analisadas. Afinal, também serão privilegiados registros escritos como estes. O ineditismo que se reivindica está no levantamento e na análise mais profundos dos registros das falas de médicos presentes (professores, principalmente) ao longo dos primeiros 10 anos de existência da ELSP, isto é, entre 1933 e 1943. Se a proposta é tomar o pensamento médico como contribuição para a reflexão social no Brasil, nada mais pertinente que a análise de materiais produzidos por aqueles que – direta ou indiretamente, enquanto médicos – estiveram ligados à ELSP, instituição pioneira no processo de institucionalização das ciências sociais no Brasil. Há materiais (como transcrição de aulas, livros publicados e atas de reuniões, entre outros) que podem dar pistas para se compreender o pensamento médico como:

> [...] foro organizado de reflexão sobre a vida social. Um ramo de atividade cognitiva distinto das escolas correntes que conhecemos posteriormente no âmbito das ciências sociais; um espaço de produção de conhecimento sobre fenômenos morais. Uma área do saber dotada de suas próprias peculiaridades, suas características específicas [...] (ANTUNES, 1999, p. 12).

Trata-se de ver a medicina como uma ciência que naquele momento, ao se debruçar sobre a dimensão da vida coletiva, isto é, ao tentar entender, a seu modo, os fenômenos da vida em sociedade, teria assumido um caráter também social. Assim, as preocupações de caráter raciológico que permeavam as discussões sobre a identidade nacional, as discussões de natureza moral sobre o normal e o desviante, a questão do combate a epidemias e doenças tropicais que assolavam o país, enfim, são todos aspectos que inseriam o pensamento médico em uma esfera que transcendia os muros da medicina apenas prática.

Assim, o gênero destas discussões nas quais os médicos envolviam-se permite uma interpretação do pensamento médico como "uma primeira matriz do pensamento social no Brasil, anterior até mesmo à criação de instituições especificamente dedicadas ao desenvolvimento e ensino das ciências sociais no país, parâmetro tradicionalmente reconhecido como marco inicial da reflexão sociológica brasileira" (ANTUNES, 1999, p. 13). Ter-se-ia, neste sentido, o pensamento médico como protociência social. Isto é, embora sem deixar sua essência como conhecimento de natureza biológica, a medicina ensaiava cada vez mais suas eventuais explicações para os fenômenos de natureza social.

Embora seja uma visão possível quanto ao pensamento médico no Brasil, a hipótese que aqui se levanta está embasada na evidente relação deste pensamento com outras áreas, como a história, a sociologia e a medicina legal.[5] A leitura feita por autores como Antunes (1999) dá ênfase ao objeto sobre o qual este pensamento médico predominou: os fatos morais. Por conta disso, a medicina teria se transformado, na virada do século XIX para o século XX, na verdadeira ciência do social, "algo bem próximo daquilo que Comte queria fazer da sociologia: uma ciência da moral" (ANTUNES, 1999, p. 18). Mas, como se verá mais adiante, ao se discutir a relação das instituições médicas com o Estado, embora as questões de cunho moral fossem fundamentais, não eram as únicas. A preocupação estava em intervir em uma sociedade que, ao passo que se transformava, ficava cada vez mais suscetível a epidemias e toda sorte de doenças resultantes da vida urbana.

A manifestação deste pensamento médico marcado pela preocupação de cunho social e normatizador, interessado no funcionamento do "corpo e do organismo social" segundo uma visão durkheimiana, não é exclusividade brasileira; assim como a medicina social, foi algo universal. No entanto, se o fenômeno não é exclusivo, a especificidade de sua manifestação é dada pelo contexto no qual se desenvolve. A realidade brasileira do final do século XIX possibilitou o surgimento de determinado discurso médico que elegeu seus temas principais

5 Neste interesse pela sociedade, o pensamento médico no Brasil terá forte ligação com a medicina legal, por meio de expoentes como Nina Rodrigues e Afrânio Peixoto. Aliás, a medicina legal é importante corrente do pensamento médico brasileiro – é, de fato, uma tradição.

de inquérito. No caso brasileiro, estavam em pauta a normatização, as epidemias, a reforma urbana, a eugenia, a miscigenação, o higienismo, a questão das raças, do meio, da pobreza, a superação do atraso econômico, da imoralidade, entre outros assuntos. Assim, no avançar de suas investigações, os médicos perscrutavam e indagavam a realidade social.

Nessas condições, tem sentido propor-se que seja feito o caminho inverso ao tomado por aqueles que, como se apontou, relegaram a segundo plano a contribuição do pensamento médico no registro da história das reflexões sociais acerca do Brasil. Logo, é preciso tomar o pensamento médico como fonte para a investigação sobre a produção de conhecimento da realidade brasileira de fins do século XIX e início do século XX. Ao considerar os debates da medicina legal brasileira entre 1870 e 1930 como expressão deste pensamento médico, Antunes (1999, p. 28) os considera como

> [...] uma forma singular de abordar aspectos e fenômenos da vida coletiva. Uma forma de conhecimento social fortemente marcada pelo movimento de definição do diagnóstico e da terapêutica, essa lógica intrínseca do pensamento médico que não deixará de permear a produção sociológica posterior.

De fato, ainda que breves, algumas conclusões auxiliam na reflexão quanto às características gerais, não apenas do processo de elaboração de um discurso enquanto verdade científica, mas também do pensamento médico em si, isto é, enquanto discurso desta natureza. Mesmo assim, é temeroso acreditar que se tenha chegado nestas páginas iniciais a uma definição mais bem acabada deste pensamento, suficiente para se aprofundar, a partir daí, o debate sobre os médicos que estiveram na ELSP em meados de 1930. Isso caracterizaria um equívoco, uma vez que, diante de sua complexidade e da especificidade do contexto no qual foi produzido tal pensamento, predominam consensos e controvérsias que impedem, no primeiro momento, a defesa da existência de linearidade em sua produção como discurso científico, teoria ou escola. Ou seja, pensar na produção e no desenvolvimento do pensamento médico não significa imputar a obrigação de encontrar uma trajetória linear em sua evolução. Aliás, a própria noção de evolução, neste caso, deve levar em conta apenas a perspectiva temporal, que aceita as diferentes roupagens que este pensamento vai assumindo, mas que, não necessariamente, considere-as como que etapas ou fases do ponto de vista hierárquico.

Foucault (1972) faz ponderações desta mesma natureza ao discorrer de forma crítica sobre como os historiadores sempre viam a história, buscando nesta uma coerência que encobria ou remetia ao segundo plano as descontinuidades inerentes ao desenrolar dos períodos e aos fatos históricos. Ao falar da necessidade em se reconhecer o papel do descontínuo, daquilo que foge à leitura que busca o encadeamento dos acontecimentos, Foucault (1972, p. 12) demonstra a necessidade de outra leitura:

> [...] o problemas não é mais da tradição e do rastro, mas do recorte e do limite; não é mais o do fundamento que se perpetua e sim o das transformações que valem como o fundar e renovar das fundações. [...] Em suma, a história do pensamento, dos conhecimentos, da filosofia, da literatura, parece multiplicar as rupturas e buscar todos os arrepios da continuidade, enquanto que a história propriamente dita, história *tout court*, parece apagar, benefício das estruturas sem labilidade, a irrupção dos acontecimentos.

Assim, levando em consideração tais ponderações é que se buscará compreender os caminhos e descaminhos deste pensamento médico desde o final do Império brasileiro, passando pela Proclamação da República, até chegar à Era Vargas. Com ênfase neste último período da história do país, tomar-se-á o pensamento médico aí presente como apenas uma das facetas existentes, a qual guardou maior ou menor relação com as expressões anteriores. Se, na virada do século XIX para o século XX a questão das epidemias, das cidades sem planejamento e da predominância de mestiços na sociedade eram o foco da atenção médica, nos anos 1930 as preocupações com a saúde pública adentraram as discussões de um Brasil moderno, no contexto inicial do nacional-desenvolvimentismo.

Nessas condições, a proposta é não tomar o pensamento médico como bloco indivisível, que apenas evoluiria em escala ascendente conforme o desenvolvimento da medicina enquanto saber, mas como resultado também das transformações sociais pelas quais passavam a sociedade. "A sociedade modela a medicina e não vice-versa, ainda que se reconheça a interferência mútua das influências recíprocas" (ANTUNES, 1996, p. 275).[6]

Assim, de fato, no pensamento médico não teria existido um "padrão racional uniforme", como bem ponderou Antunes (1999). Mas esta uniformidade não poderia ser esperada, pois este consenso generalizado entre os homens de uma época, ligados a determinada classe, categoria ou grupo, pressupõe certa utopia. Obviamente, o que os distingue como grupo ou o que define, minimamente, um pensamento são determinadas características, logo, a presença de certa continuidade entre um ou outro aspecto, que, embora presente, não é predominante.

Do ponto de vista metodológico, são fundamentais estas observações quanto a continuidade e descontinuidade dos fatos na história, assim como nos pensamentos e na produção de conhecimento. Por isso, devem ser consideradas no tratamento dos documentos nos quais estão registrados os posicionamentos destes atores sociais representantes do pensamento médico. E assim, nesta leitura que busca decifrar o conteúdo, é preciso levar em conta (e adotar o mesmo princípio) o que Foucault (1972, p. 13) afirma sobre a posição que história teria passado a considerar:

> [...] ela [a história] se dá por tarefa primeira, nem tanto interpretá-lo [o documento], nem tanto determinar se diz a verdade e qual é o seu valor expressivo, mas sim trabalhá-lo no interior e elaborá-lo: ela o organiza recorta-o, distribuí-o, ordena-o, reparte-o em níveis, estabelece séries, distingue o que é pertinente do que não é, delimita elemento, define unidades, descreve relações. O documento, pois, não é mais para a história essa matéria inerte através da qual ela tenta reconstituir o que os homens fizeram ou disseram, o que é passado e do qual apenas permanece o rastro:

6 Ainda que a intervenção social tenha sido um dos principais objetivos das instituições médicas e de seus representantes, o que Antunes (1999) pondera é a influência das transformações sociais na própria concepção da medicina.

> ela procura definir, no próprio tecido documental das unidades, conjuntos, séries, relações.

Adotar-se-á este mesmo caminho para se empreender uma leitura mais específica do que aqui se chamou de pensamento médico, buscando-se compreender suas tensões na conformação de uma perspectiva acerca do papel da medicina e do profissional médico. De todo modo, vale a pena reiterar que a grande questão deste trabalho não está em se traçar uma leitura epistemológica sobre o pensamento médico, mas levar em consideração o *modus operandi* do processo de elaboração desta peculiar reflexão sobre a vida social.

Aliás, talvez nem mesmo os próprios médicos neste período da história brasileira fossem clarividentes deste processo (do qual eram artífices), de seus contornos e das consequências dele resultantes. Esta hipótese não os toma como ingênuos, alienados ou destituídos de quaisquer conhecimentos quanto a seus objetivos; apenas pontua que, neste exercício de reflexão quanto ao pensamento médico, ao considerá-lo simplesmente como resultado final de um trabalho consciente, sem contradições, há o risco de reproduzir e sistematizar uma explicação que pode estar descolada da realidade dos fatos. Além disso, sempre existe o risco de explicar de forma ordenada um fenômeno (ou um conjunto de fenômenos) que tenha ocorrido de forma eventual, aleatoriamente. Daí a importância, do ponto de vista epistemológico, de que, para compreensão do processo, haja uma leitura mais atenta, que não faça a sombra se passar pela realidade, como na alegoria da caverna de Sócrates e Platão.

Mas, a despeito dos riscos, é preciso fazer escolhas e estabelecer alguns nortes para balizar a discussão acerca da produção das ideias e, neste caso, do discurso médico. Sendo assim, parte-se da ideia de que entre fins do século XIX e as primeiras décadas do século XX, o pensamento médico que se deseja conhecer constituiu uma reorientação da medicina, isto é "um deslocamento de seu foco preferencial de observação e análise. Das doenças de nossa constituição biológica para os males de nossa conformação moral; da medicina stricto sensu para o direito; da biologia para a sociologia" (ANTUNES, 1999 p. 274). Esta inflexão no interesse dos médicos teria ensejado que suas propostas fossem então classificadas como ações para a "medicalização da sociedade", embora seja melhor pensar em "socialização" ou "humanização da medicina" (ANTUNES, 1999, p. 274), para destacar sua aproximação com as ciências sociais. Evidentemente, esta humanização não necessariamente se filia a uma visão de caráter humanitário, mas diz respeito à busca de melhor compreensão das relações humanas.

Doravante, partindo desta definição quanto à natureza e o sentido do pensamento médico e destacando o fato de sua aproximação às ciências humanas, tem-se uma introdução necessária à leitura mais profunda da presença de alguns médicos como coparticipantes do processo de fundação da ELSP ao longo da década de 1930 do século passado. A reflexão sobre a produção do discurso médico e suas características vai balizar, a partir daqui, a análise que se segue. Esta primeira problematização quanto ao tema, seja de natureza epistemológica, seja de natureza política (uma vez que a reflexão privilegia não apenas o processo, mas o papel social de quem produz o discurso e para que o faz), deve se somar a breves apresentações sequenciais acerca do desenvolvimento da medicina social na Europa e no Brasil. Acredita-se que, desta maneira, situa-se de forma razoável o objeto de estudo deste trabalho: o pensamento médico paulista e sua imbricação com as ciências sociais no início do século XX.

O desenvolvimento da medicina social nos séculos XVIII e XIX

A experiência europeia no contexto das revoluções burguesas

A medicina social teria assumido, desde o século XVII até o século XIX, várias facetas, promovendo projetos de cunho conservador, como os de natureza higienista, e de caráter mais reformista, como os projetos sanitaristas, ou ainda de caráter revolucionário, o que pressupõe uma reforma médico-social (LUZ, 1988).

No entanto, independentemente de sua natureza, a medicina social, ao se desenvolver, vai sendo vista como discurso disciplinar voltado para o Estado ou como ciência propriamente dita do Estado. E se este, enquanto instituição, pode ser visto como de essência burguesa, a medicina social, enquanto seu instrumento, também estará, ao longo da história, a favor do discurso da classe dominante. Ao se levar em consideração a preocupação da racionalidade científica da medicina em compreender as questões que giravam em torno da vida, da morte, da saúde e da doença (mas que tinham o corpo do indivíduo como foco, isto é, uma preocupação muito mais fisiológica), a medicina social, ao propor um olhar coletivo, desviava-se da ciência e se tornava um discurso explicitamente político (LUZ, 1988).

A forma como o discurso médico, isto é, a medicina, torna-se cada vez mais inerente a interesses de natureza política ao longo da história é um dos objetos de estudo de Michel Foucault, como já se apontou neste capítulo no item anterior. Em sua obra *Microfísica do poder* (FOUCAULT, 1979), o autor discorre sobre pelo menos três momentos em que a medicina social manifestou-se, ao mesmo tempo, cientifica e politicamente. Segundo Foucault (1979), seria possível falar em uma medicina de Estado, uma medicina urbana e outra da força de trabalho, tendo cada uma destas se manifestado em um lugar específico: Alemanha, França e Inglaterra, respectivamente.

Na Alemanha do século XVIII, momento no qual a unificação nacional ainda nao era uma realidade, viu-se surgir a medicina de Estado. Diferentemente de outros lugares, antes de uma medicina clínica (individual), surge uma medicina plenamente estatizada. Havia um propósito de fortalecimento do Estado naquele contexto e, para tanto, a medicina seria utilizada como instrumento. Deveria agir não para o aperfeiçoamento da força de trabalho, como no caso inglês, mas da força estatal.

> Não é o corpo que trabalha, o corpo do proletário que é assumido por essa administração estatal da saúde, mas o próprio corpo dos indivíduos enquanto constituem globalmente o Estado: é a força, não do trabalho, mas estatal, a força do Estado [...] É essa força estatal que a medicina deve aperfeiçoar e desenvolver. Há uma espécie de solidariedade econômico-política nesta preocupação da medicina de Estado (FOUCAULT, 1979, p. 84).

Um Estado mais forte – logo, mais presente – conseguiria maior êxito na promoção da ideia de unidade nacional. Assim, a saúde colocada como questão coletiva seria um dos pretextos para maior intervenção, a qual seria materializada na ação médica. Isso significa que a medicina social iniciada na Alemanha estava plenamente ligada a interesses de Estado e, logo, políticos.

Outra vertente, surgida na França, seria aquela do desenvolvimento da medicina urbana. Com a evolução do capitalismo e do comércio, importantes transformações sociais ocorrem na França, dentre as quais um intenso processo de urbanização. O crescimento das cidades traria problemas de todas as ordens, principalmente ligados à falta de saneamento. A proliferação de doenças acarretaria consigo o medo urbano, o medo da cidade e, deste modo, algumas medidas se impuseram. "Este pânico urbano é característico deste cuidado, desta inquietude político-sanitária que se forma à medida que se desenvolve o tecido urbano" (FOUCAULT, 1979, p. 87). No primeiro momento, para enfrentar tais problemas – e principalmente o medo –, a burguesia adotou o esquema da quarentena, substituído no século XVIII pela medicina urbana. Esta, por sua vez, como método de vigilância e hospitalização, será um aperfeiçoamento da quarentena. Dentre os objetivos da medicina social francesa naquele momento, estariam a análise e o cuidado com as regiões de amontoamento de cadáveres, além do controle e do estabelecimento de boa circulação de água e ar (preocupação com os miasmas), bem como a organização da distribuição de água e captação dos esgotos.

Em 1789, "quando começa a Revolução Francesa, a cidade de Paris já tinha estabelecido o fio diretor do que uma verdadeira organização de saúde da cidade deveria realizar" (FOUCAULT, 1979, p. 89). Assim, a medicina urbana será uma medicina das condições de vida e do meio de existência. Neste caso, aponta o autor, a medicina não teria passado da análise do organismo à do ambiente; faria o caminho contrário, tentando compreender os efeitos do meio sobre o organismo e, finalmente, a análise do próprio organismo. Neste processo, ao passo que se tornava cada vez mais socializada, urbana, social de fato, constituía-se como saber científico. As noções de salubridade e insalubridade tornavam-se cada vez mais presentes – assim como a de higiene pública, essencial à medicina social (urbana) francesa, uma vez que, por meio da higienização, promovia-se o controle político-científico do meio.

Por último, Foucault discorre sobre o que seria a medicina social da perspectiva inglesa. Esta seria a medicina da força de trabalho, tendo como objeto a classe proletária, os mais pobres. Era preciso torná-los mais aptos ao trabalho e menos perigosos às classes mais ricas. Porém, a princípio, os mais pobres não eram vistos como perigo ao longo do século XVIII, mas como necessários para o funcionamento da vida urbana, por conta das funções que desempenhavam. Será apenas no segundo terço do século XIX que os mais pobres começam ser vistos como ameaça à saúde dos mais ricos; logo, tornam-se alvo de preocupação da medicina. Mas não apenas por isso, pois as pressões das classes menos abastadas também existiram, pois o proletário começa a se organizar como ator político. Uma característica da medicina social inglesa seria seu caráter ambíguo: ao mesmo tempo em que prestava assistência aos pobres, tinha por objetivo proteger os ricos, impedindo que estes entrassem em contato com aqueles.

> Um cordão sanitário autoritário é estendido no interior das cidades entre ricos e pobres: os pobres encontrando a possibilidade de se tratarem gratuitamente ou sem grande despesa e os ricos garantindo não serem vítimas de fenômenos originários da classe pobre (FOUCAULT, 1979, p. 95).

Devido à Revolução Industrial, a medicina social inglesa foi motivada por fatores diferentes da alemã ou da francesa. Seu principal objetivo era atender aos mais pobres, por serem eles a mão de obra necessária à produção industrial. Para tanto, assumiria um caráter intervencionista, controlador, contra o qual houve reações e resistências da população.

Dentre as três formas apresentadas, todas guardam em comum o fato de estar presentes em sociedades nas quais ocorreram revoluções burguesas, desenvolvimento do capitalismo e fortalecimento do Estado. Independentemente da natureza de motivações primeiras, todas buscaram equacionar objetivos científicos e políticos, com destaque para estes. De Estado, urbana ou para a força de trabalho, a medicina social foi uma medicalização autoritária, tendo por caráter intrínseco o intervencionismo e normatização do corpo, da vida e da sociedade. Ao passo que as sociedades burguesas tornavam-se cada vez mais complexas, a necessidade da intervenção (de uma perspectiva médica) ampliava-se e, com esta, o interesse de médicos na compreensão da lógica das transformações sociais.

Segundo Rosen (1980), foi apenas no século XIX que surgiu, como esforço para a compreensão da articulação entre condições sociais e saúde, a ideia de medicina social, que teve na figura do médico alemão Rudolf Virchow um de seus pioneiros e que pressupunha a necessidade de articulação ou incorporação de aspectos das ciências sociais. Dessa articulação nascia, por exemplo, a constatação de que as causas de doenças e surtos epidêmicos não eram apenas naturais (mudanças de estação e de temperatura, entre outras), mas também não naturais. Isto é, as causas das moléstias humanas eram também resultado do modo de organização da vida social: "as epidemias artificiais seriam indicativas de defeitos produzidos pela organização política e social e consequentemente afetariam, predominantemente, aquelas classes que não participavam dos benefícios da cultura" (VIRCHOW apud ROSEN, 1980, p. 84).

Assim sendo, seria preciso considerar a medicina social como instrumento de intervenção contra os males consequentes do processo de industrialização e modernização das cidades (como se viu nas vertentes apontadas por Foucault). Dentre seus princípios, estaria a preocupação com a saúde pública, vista então como responsabilidade que deveria ser assumida pelo Estado, o qual, por sua vez, desenvolveria ações que, em seu conjunto, significariam a elaboração de uma política para a saúde pública.

> Em outras palavras, ao longo de dois séculos (XVIII e XIX) serão incluídas na razão médica, subordinadamente, é verdade, e não sem muita luta, as intervenções sobre as *coisas*, a *natureza* e as *instituições* (como o casamento, a maternidade, a escola, as casernas, os bordéis etc.) no sentido do *controle das doenças* e da constituição de *sujeitos sadios*, de acordo com os princípios da normalidade médica (LUZ, 1988, p. 95).

Os primeiros escritos de que se tem notícia sobre essa questão, elaborados no século XIX por alemães, franceses, ingleses e belgas, apontavam as preocupações com as condições insalubres de trabalho a que estavam submetidos os trabalhadores das classes mais pobres, principalmente no tocante à falta de higiene. Trata-se de escritos que se aproximam das preocupações que teriam pautado de início a medicina social francesa (urbana) e a inglesa (para a força de trabalho). Visto de maneira superficial, a apologia à higiene poderia se passar por mera prescrição médica, se não se desdobrasse, ao mesmo tempo, em preocupação com a estabilidade da organização social, política e econômica. E é por essa razão que se poderia dizer que

> a higiene, que é baseada no conhecimento das causas mórbidas, um dia constituirá a base de toda a ciência social, tanto porque a saúde pública sempre será a primeira riqueza de um povo, quanto porque a economia nacional logo se acharia em posição de inferioridade em relação aos outros países se a força física de suas classes trabalhadoras estivesse seriamente afetada. A higiene um dia se tornará guia do administrador, assim como do legislador; e a economia política, ao invés de se devotar exclusivamente à investigação da riqueza nacional, tomará a situação sanitária das populações como ponto de partida de suas doutrinas (MEYNNE apud ROSEN, 1980, p. 103).

Ainda segundo Rosen (1980), a partir desses primeiros escritos houve um desenvolvimento cada vez maior da medicina social enquanto teoria sistemática que não se limitava aos aspectos físico-biológicos, mas caminhava no sentido de se constituir em uma análise social. Para exemplificar esse fato, tome-se a contribuição de Alfred Grotjanh, citado por Rosen (1980), quando reconhece que o homem, como ser social, não poderia ser menosprezado, indicando que um dos principais problemas da higiene social[7] – da medicina social – seria a degeneração física e social, enfatizando assim a importância de um programa de eugenia. Além disso, a higiene não se limitaria ao âmbito físico da contaminação (seja qual fosse a dimensão, artificial ou natural), mas se estenderia ao âmbito do comportamento

7 Ao longo da obra de George Rosen, é possível perceber a "evolução" do termo "higiene social", o qual, com o passar do tempo, foi associado ou compreendido por tantos intelectuais como sinônimo de medicina social. Ao citar Eduard Reich (1836-1919), Rosen sublinha que "a higiene social diz respeito ao bem-estar da sociedade. Baseando-se na estatística, ela acompanha os acontecimentos da vida social, vigia a população em seus vários estados [e] deve examinar criticamente as manifestações da vida social" (REICH apud ROSEN, 1980, p. 110).

(o que se pode ver em recorrentes menções à higiene moral), no sentido dos transtornos psíquicos. Os problemas estariam na configuração da sociedade, em sua estrutura e, dessa forma, para a medicina social, a intervenção do médico no corpo do paciente não seria suficiente para a promoção da saúde.

> Creditando à estrutura da sociedade o surgimento e a manutenção das doenças, que passam a ser vistas como efeito ou expressão dos costumes, moralidade, da economia ou da estrutura de classes, a medicina social, contrariamente à clínica, na teoria e na prática, não entende que a intervenção médica no corpo dos indivíduos ou do coletivo social seja suficiente para estabelecer (ou restabelecer) um estado de saúde deteriorado e espoliado pela própria estrutura social. Para haver *Saúde* é necessário que se mude a sociedade. Pois são de fato as condições sociais e econômicas que explicam o surgimento das doenças. Onde o homem é livre, próspero, educado e democrata, não há doenças (LUZ, 1988, p. 93).

Ainda segundo esta autora, "os médicos sociais foram, desde então [século XIX], reformadores ou revolucionários sociais, muito mais do que médicos, no sentido da racionalidade [científica]..." (LUZ, 1988, p. 94). Desta afirmação, depreende-se que não é o fato da inexistência de preocupação com o caráter científico das ações e medidas a serem tomadas, mas algo além, ou seja, de caráter político. A medicina social é uma parte ou uma dimensão da medicina e, portanto, trata-se de um conhecimento científico. No entanto, ao se sugerir a reforma e a intervenção social (conservadora ou não), trata-se inevitavelmente de uma proposta de natureza política, pois se faz uma crítica à realidade e à ordenação social como causadora das patologias. Mas seu objetivo político não anularia sua natureza científica. Ao contrário, a hipótese que se levanta é a de que exatamente devido a natureza científica da medicina social é que se legitimariam politicamente as ações de intervenção, porque o peso do discurso racional científico seria o argumento mais legítimo que o Estado poderia ter.

A medicina e o Estado brasileiro na Primeira República: os projetos sanitaristas contra os males da nação

Ainda que o foco deste trabalho seja o pensamento médico presente nos anos 30 do século XX, é imprescindível uma reflexão, mesmo que breve, quanto ao processo de institucionalização da medicina na passagem do Império para a Primeira República. Tal observação é justificada por se compreender que o objeto de estudo é, em boa medida, consequência direta do desdobramento de uma época e de um fenômeno que o precedeu, isto é, o desenvolvimento de um pensamento médico que, aos poucos, se interessava pela etiologia social das doenças desde a segunda metade do século XIX. Ou seja, é preciso que se traga luz, minimamente, aos meandros que percorreu uma medicina social brasileira neste período, para que se possa também compreender as interfaces entre medicina e ciências sociais na primeira metade do século XX. Não se trata de afirmar e provar a existência de uma linearidade conceitual, histórica ou apenas de admitir a existência de um processo pautado em uma relação de causa e efeito entre eventos e épocas. Ao contrário, trata-se de compreender também as contradições, inflexões e mudanças ocorridas na ótica médica voltada à compreensão do social, no que diz respeito à forma de pensar – sem desconsiderar, para tanto, as similaridades com um passado nem tampouco as proximidades com certas correntes e temáticas outrora constituídas. Dito de outro modo, não se trata de aplanar as diferenças entre o pensamento médico do século XIX e do século XX, muito menos de negar as continuidades em termos de discussões e debates. Afinal, este foi um processo complexo e, como tal, guarda seus consensos e controvérsias.

Neste sentido, inicia-se por um questionamento necessário: como se deu o processo de constituição e institucionalização da medicina social no Brasil? Em que medida as considerações de Rosen (1980) e Foucault (1979), vistas aqui acerca da medicina social europeia, podem valer para a compreensão do caso brasileiro? Para pensar em possíveis respostas a estas questões, parte-se de algumas considerações elaboradas por Machado (1978) quanto às práticas médicas ao longo da formação social brasileira:

> Quando se investiga [no Brasil] a Medicina do século passado [XIX] – em seus textos teóricos, regulamentos e instituições – se delineia, cada vez com mais clareza, um projeto de medicalização da sociedade. A Medicina investe sobre a cidade, disputando um lugar entre as instâncias de controle da vida social. Possuindo o saber sobre a doença e a saúde dos indivíduos, o médico compreende que a ele deve corresponder um poder capaz de planificar as medidas necessárias à manutenção da saúde. O conhecimento de uma etiologia social da doença corresponde ao esquadrinhamento do espaço da sociedade com o objetivo de localizar e transformar objetos e elementos responsáveis pela deterioração do estado de saúde das populações (MACHADO, 1978, p. 18).

As transformações políticas e econômicas no Brasil no século XIX foram acompanhadas por uma reconfiguração da prática médica que teve início, embora não de imediato, já no projeto republicano. Ao longo da implantação da República, portanto, ocorre no âmbito da elite a valorização da instrução educacional e da saúde pública, como mecanismos de inserção do país numa agenda progressista segundo os moldes do pensamento positivista em voga.

Três pontos são importantes para pensar a relação entre a ciência e o ideário republicano: discutir a implantação da ciência, de forma geral, e da medicina republicana, no Brasil; refletir sobre a forma como a medicina buscou uma aproximação com o Estado, para erigir sua legitimidade; e discutir os paradoxos ideológicos existentes no âmbito do próprio ideário republicano, paradoxos estes marcados pela ideia de uma modernização conservadora.

Dessa forma, no primeiro momento, deve-se pensar a relação entre a ciência e o ideário republicano; é necessário abrir parênteses quanto à história da implantação da ciência no país como um todo, antes mesmo de discorrer de forma mais pontual sobre a medicina republicana.

No Brasil do século XIX, "a ciência penetra primeiro como moda e só muito tempo depois como prática e produção" (SCHWARCZ, 1993, p. 30). Adentram, em primeira instância, as produções literárias, como os romances, invadidos por um cientificismo embasado em teorias como o determinismo e o evolucionismo de Darwin. Segundo Schwarcz (1993 p. 34), "na ausência de uma especulação e de uma produção propriamente científica no país, era um cientificismo retórico [...] que se difundia sobretudo no senso comum".

Ao longo de boa parte do século XIX, o país aproximava-se do discurso científico apenas por aquilo que este representava aqui e no resto do mundo: o progresso positivista. Apesar da já existência de algumas faculdades de Direito e de Medicina no Brasil do Império (além de outras instituições como museus e institutos históricos e geográficos), a produção científica nacional era irrisória ou inexistente, e a aceitação e a reprodução sem grande margem crítica das teorias e pensamentos europeus era uma constante.[8] Pode-se afirmar que as discussões acerca da ciência tinham um caráter menos prático que ilustrado, restrito aos poucos bacharéis que entre seus interlocutores disputavam por prestígio e notoriedade. Estes intelectuais, segundo Corrêa (2013, p. 29), "com a publicação de suas discussões e polêmicas criaram também uma espécie de opinião pública restrita e se organizaram em grupo, 'igrejinhas' e 'escolas'".

Mas, se por um lado os debates eram restritos e de interesse para poucos, as temáticas e objetos – como a identidade nacional, a questão da raça e a saúde, para citar apenas alguns – diziam respeito a toda a sociedade. Destes, ligados

8 No entanto, ao se referir às teorias raciais dessa época, Schwarcz (1993) faz ressalvas no sentido de que, embora essas ideias tenham sido importadas de uma elite político-intelectual europeia e hegemônica, a elite pensante brasileira lhes teria adicionado seu tom, permitindo seu uso como instrumento justificador das políticas de uma época: "Se é possível pensar nas teorias desses cientistas enquanto resultado de um momento específico, é preciso, também, entendê-las em seu movimento singular e criador, enfatizando-se os usos que essas ideias tiveram em território nacional. Afinal chamar tais modelos de 'pré-científicos' [como alguns estudiosos do período] significa cair em certo reducionismo, deixando de lado a atuação de intelectuais reconhecidos na época, e mesmo desconhecer a importância de um momento em que a correlação entre produção científica e movimento social aparece de forma bastante evidenciada [...] O que se pode dizer é que as elites intelectuais locais não só consumiram esse tipo de literatura, como a adotaram de forma original. Diferentes eram os modelos, diversas eram as decorrências teóricas. Em meio a um contexto caracterizado pelo enfraquecimento e final da escravidão, e pela realização de um novo projeto político para o país, as teorias raciais se apresentavam enquanto modelo teórico viável na justificação do complicado jogo de interesses que se montava" (SCHWARCZ, 1993, p. 17).

principalmente pelo diapasão da biologia, destacam-se dois: a raça e a saúde. Vale pensar como os médicos viam-se como responsáveis por um momento divisor de águas entre um passado sinônimo do atraso e um presente que iniciava um momento promissor. Mais do que isso, um momento no qual tinham de enfrentar a seguinte questão, como bem formulou Schwarcz (1987, p. 39): "Como então pensar na formação dessa 'nação' brasileira, já que nesse momento os conceitos de raça e nação pareciam profundamente associados?" A preocupação com a saúde da raça era uma constante na fala dos médicos (ainda em meados da primeira metade do século XX), No entanto, havia um problema: aquilo que poderia distinguir o brasileiro enquanto raça, ou seja, ser resultado da miscigenação, era ao mesmo tempo sua pior característica, segundo os discursos defensores do racismo biológico. Ao final do século XIX, o "discurso científico procurará dar conta também da condição negra, já que a partir desse momento esse elemento será, na visão da época, antes de tudo 'um objeto de ciência'" (SCHWARCZ, 1987, p. 39). Citando Thomas Skidmore, a autora afirma que "o pensamento racial teve seu auge entre 1890 e 1920, quando as ideias de hierarquização das raças e da superioridade da raça branca adquirem foros de legitimidade científica" (SCHWARCZ, 1987, p. 39). Neste período, constata-se o florescer das teorias raciais ao absorver as teorias de natureza determinista, as quais tomavam por sinônimo (para não dizer como a mesma coisa) os conceitos de raça, cultura, nação e tribo. Dessa forma, dada a importância da construção de uma identidade nacional, isto é, de uma especificidade brasileira, as preocupações científicas cada vez mais se aproximariam de interesses políticos – logo, de Estado –, como se verá mais a frente.

Somando-se à questão da identidade nacional, estava, obviamente, a saúde, a qual, nesta sociedade que se transformava cada vez mais (gerando uma massa de pobres e desvalidos), tornava-se uma temática capital. Se o debate sobre temas da saúde outrora se dava de maneira retórica, a realidade impôs aos intelectuais – à medicina, mais especificamente – nova postura voltada à preocupação maior com a ação, com a intervenção, com um pragmatismo do ponto de vista da busca por soluções. Logo, ao se debruçar sobre um tema de interesse geral e, ao mesmo tempo, compreendendo ser necessária a implantação de algumas medidas, os médicos buscarão apoio no Estado, ou seja, entre a classe dominante. E, dessa maneira,

> talvez a melhor maneira de perceber a emergência dessa camada intelectual de profissionais no seio das classes dominantes seja observando a forma pela qual ela delimitava seu campo de atuação, as questões que colocava como relevantes e como definia, nomeando-os, os seus objetos de análise (CORRÊA, 2013, p. 33).

Assim, chega-se ao segundo ponto para a compreensão da relação entre ciência e ideário republicano. Para tanto, parte-se aqui de Luz (1982). Segundo esta autora, será na segunda metade do XIX, mais precisamente em um contexto de importantes mudanças, com o advento da Proclamação da República, que um grupo de médicos vê no "Estado centralizador um agente fundamental na prestação e na extensão dos serviços de saúde" (LUZ, 1982, p. 77), principalmente no momento em que a valorização da higienização ganhava eco. Epidemias e doenças diversas assolavam a população, mas não havia políticas públicas nem se tratava de um problema de Estado antes do período republicano. Assim, o poder do Estado se torna o objetivo primeiro desta classe de médicos:

> Podemos observar, da parte dos médicos, que na segunda metade do século XIX há esforço, até certo ponto deliberado, de aproximação das instituições médicas do aparelho de Estado. A todo momento as relações com o Estado são citadas em seus pronunciamentos e em editoriais da Academia Imperial de Medicina. De certo modo, percebe-se nestes textos uma frustração pelo papel que o Estado lhes destinava (LUZ, 1982, p. 75).

Assim, vale ponderar que, se é fato que neste momento a relação entre Estado e instituições médicas ficará mais estreita, por outro lado isso não foi resultado de um processo sem embates. No entanto, não se tratava de uma discussão quanto à essência ou natureza do Estado, mas, fundamentalmente, quanto ao tamanho do espaço de poder permitido ao "saber médico, impedindo assim maior intervenção e organização frente ao conjunto da sociedade" (LUZ, 1982, p. 75). Logo, aproximando-se do modelo de medicina urbana francesa apresentado por Foucault (1979), os médicos defensores da transformação do meio acreditavam na urgente necessidade de transformar as cidades e se voltaram para o Estado como "se esta fosse a única maneira de sobrevivência" (LUZ, 1982, p. 76) diante das epidemias e doenças que se alastravam. Este interesse da classe médica revela o caráter autoritário dos projetos que propunham, representando a defesa do estabelecimento de formas centrais de controle da população por meio do Estado, o qual assumiria, dessa maneira, um caráter sanitarista.

Contudo, os embates citados, entre interesses políticos e científicos,[9] não tratavam da plena desvalorização da ciência, mas da maior valorização da política. Será o recrudescimento das crises epidêmicas que levará o Estado a adotar medidas que iam ao encontro dos interesses médicos, o que permitirá o surgimento de várias instituições de saúde pública: o Instituto Bacteriológico de São Paulo, criado em 1892, o Instituto Soroterápico de Manguinhos, no Rio de Janeiro, e o Instituto Butantã, em São Paulo, os dois últimos fundados em 1899.[10] "Desta forma, também a atenção médica curativa ambulatorial e os hospitais públicos, inicialmente municipais, nascem em momentos críticos da saúde da população" (LUZ, 1982, p. 94).

Isso significa que, em dado momento, o discurso médico consegue adentrar o Estado e, dessa forma, alcançar a legitimidade necessária para suas intervenções. Certamente, esta relativa vitória pode ser atribuída a pelo menos dois fatores: primeiro, às circunstâncias da segunda metade do século XIX, quando,

---

9 Apenas como observação, deve-se ponderar que no Brasil, ao final do século XIX, muitos médicos eram também políticos, com cargos de deputado, por exemplo. Por isso, embora aqui se parta do princípio de certa oposição entre ciência e política, o fato é que, em muitos momentos, tais interesses estão imbricados, pois muitos médicos, na condição de homens públicos, buscavam defender sua classe e seu saber. No entanto, no jogo político, havia outros interesses, principalmente de uma aristocracia latifundiária, que certamente não tinha maiores preocupações de cunho científico, por desconhecimento ou desinteresse. Neste sentido, pode-se sugerir que o embate fosse mais acirrado entre os médicos (políticos ou não).

10 Embora não tenha sido uma instituição de mesma natureza que as citadas, o Hospital Psiquiátrico do Juquery foi fundado em São Paulo pelo médico Francisco Franco da Rocha em 1898. Tal registro cabe ao se considerar as preocupações da época com outro tipo de higiene, isto é, aquela ligada ao caráter, que tinha como foco os transtornos psíquicos ou comportamentos considerados desviantes.

como se apontou, as epidemias alastravam-se rapidamente; segundo, porque os projetos de medicina social exprimiam os interesses das oligarquias exportadoras e da parte industrial da burguesia, uma vez que estes dois grupos começavam a sofrer pressões de outros países – com os quais possuíam relações comerciais –, por conta das condições dos portos brasileiros. Dependentes do comércio exterior, as oligarquias dirigentes do Estado associariam as questões da saúde a seus interesses econômicos. Isso abriria espaço para a intervenção da medicina para o controle social.

Este controle, por sua vez, buscava se justificar por uma realidade na qual o processo de urbanização acelerava-se. Como consequência deste processo, ampliavam-se os problemas de saúde outrora inexistentes, tornando-se cada vez mais explícitas as condições de precariedade de vida e trabalho. O Estado vai intervir, promovendo as reformas urbanas que julgava necessárias. Soma-se a isso uma série de intervenções, como aquelas encabeçadas por Oswaldo Cruz na campanha contra a varíola em 1904, o que fez eclodir várias revoltas e contestações entre a população, dentre as quais a mais a famosa foi a Revolta da Vacina. De todo modo, ainda que menos pela importância do desenvolvimento da ciência e da saúde pública que por questões de natureza econômica, deve-se destacar que no período republicano é que a medicina conseguirá avançar. Ainda assim, não se pode desconsiderar o importante papel político que uma ideologia modernizadora assumiu neste contexto, junto à valorização da ciência como sinônimo do progresso que o país necessitava. A despeito das contradições em torno dos ideais liberais e modernizantes, o positivismo presente entre os defensores da república era um fato, e a prova maior seria o lema estampado na bandeira nacional.

Esta observação introduz o terceiro ponto a ser considerado, o qual diz respeito aos paradoxos entre liberalismo e conservadorismo, modernidade e tradição, que acompanharam a implantação da República. As próprias bases desse novo regime eram contraditórias com a modernidade, tais como os seguintes aspectos: o sistema econômico alicerçado na produção agrário-exportadora; a grande propriedade como materialização das desigualdades sociais e do poder nas mãos de uma oligarquia agrária; a presença da sociedade patriarcal, ainda pautada por um reminiscente molde escravocrata; o coronelismo no âmbito das relações sociais e políticas; a forte valorização da família e da ordem privada, tão presente na formação da sociedade brasileira, em detrimento do Estado e da ordem pública;[11] em suma, todos estes fatores estariam em descompasso com os valores necessários à constituição da democracia para um regime republicano. É preciso atentar que o próprio advento da República não se deu por meio de uma revolução erigida por levante de determinada classe social completamente antagônica ao Império, mas foi antes um movimento de cima para baixo, sem a participação popular, guiado pela elite que via na República (e no controle do Estado propriamente dito) um meio de atender a seus interesses de forma mais eficaz. Valores como a cidadania foram trazidos à tona, mas não estendidos a toda a população, principalmente no sentido da garantia dos direitos sociais, políticos e civis.

> No Brasil, não houvera a revolução prévia. Apesar da abolição da escravidão, a sociedade caracterizava-se por desigualdades profundas e pela concentração do poder. Nessas circunstâncias, o liberalismo adquiria um caráter de consagração da desigualdade, de sanção da lei do mais forte. Acoplado ao presidencialismo, o darwinismo republicano tinha em mãos os instrumentos ideológicos e políticos para estabelecer um regime profundamente autoritário (CARVALHO, 2006, p. 25).

Apesar desse caráter tacanho do projeto republicano, havia, sim, um esforço para criar uma imagem de distanciamento daquilo que fora o Império, por meio da construção de uma versão oficial dos fatos e da ampliação, ao máximo, do papel dos atores principais, reduzindo-se, na mesma proporção, o "acaso dos acontecimentos" (CARVALHO, 2006, p. 35). Mas o distanciamento almejado não se deu apenas no âmbito da criação de mitos fundantes, da bandeira e do hino nacionais, mas também na forma como se estreitou o diálogo entre Estado e ciência, ponto fulcral para a discussão que aqui se apresenta. Tanto a República

11 Esse entrelaçamento da ordem pública com a privada é muito bem discutido Duarte (1966), bem como em Faoro (2007).

como a ciência estavam sob a égide do ideário positivista, o que certamente permitiu o estreitamento da relação entre os homens do poder e os cientistas (como os médicos). Dessa forma, a ideia de progresso e de modernidade presente no ensaísmo da época torna-se intrínseca à República, a qual terá na ciência um mundo de possibilidades. Se no Brasil de d. Pedro II a ciência já era presente, na República ganha o sentido de valor absoluto de progresso, um dos lemas dos idealizadores. Assim, no âmbito da medicina, "o 15 de novembro de 1889 trouxera [...] ideias e práticas médico-institucionais novas" (LUZ, 1982, p. 89).

Nesse projeto de modernização e civilização do país, mesmo que em descompasso com a reminiscência de valores do passado avessos ao liberalismo a que se propunha a República, eram imprescindíveis políticas públicas com vistas à luta contra a doença e a ignorância do povo (SILVA, 2003a). Criaram-se condições para o avanço científico da medicina, concomitantemente à implantação do novo regime. Silva (2003a, p. 37) ressalta que,

> com a mobilização de aliados científicos em favor das instâncias de poder político e econômico, e de aliados com influência e autoridade política em favor dos polos científicos, foi possível constituir uma rede profissional nova com grande potencial de crescimento.

Ainda segundo esta autora, a partir daí o conhecimento médico foi mobilizado para explicar o mundo e tornar possível esclarecer diferentes aspectos, problemas e decisões também da esfera política. Cada vez mais, as doenças foram sendo associadas a problemas sociais, como saneamento e falta de infraestrutura, como no caso da varíola no Rio de Janeiro, a febre amarela que assolava a capital paulista e a cidade portuária de Santos, bem como outras importantes cidades do interior paulista.

Deste modo, devem ser considerados estes três pontos – a implantação da ciência e da medicina republicana, a aproximação da medicina com o Estado em busca de sua legitimidade e os paradoxos ideológicos que caracterizaram uma modernização conservadora –, para que se possa compreender os caminhos pelos quais foi construída a relação simbiótica entre a ciência (medicina) e a política, ou seja, entre um projeto de cunho científico (médico) e outro ligado aos interesses do Estado. Neste sentido, destaca-se a aceleração da abertura de frentes para o desenvolvimento científico do país nos primórdios do período republicano, impulsionado, sobretudo, pela contribuição do progresso da medicina. Em pleno advento da República, a ânsia pela criação de um país orientado pelo lema da "ordem e progresso" reproduzia-se nesses discursos pautados por um cientificismo tão em voga na Europa nesse momento, como já apontado. Uma sociedade "doente" necessitava ter sua realidade esmiuçada e, assim, receber seu diagnóstico e tratamento. Era a medicina empenhando-se contra os males da nação, o que sugere que, em meados do final do século XIX, a medicina social brasileira seria germinada.

Um dos aspectos que devem balizar uma discussão sobre a medicina social no Brasil é aquela mesma classificação feita por Foucault (1979) acerca das fases na formação da medicina social em alguns países europeus, como foi apresentado. Obviamente, se em cada um dos países apresentados por Foucault a medicina social teve determinado objetivo, devido ao contexto no qual se desenvolvia, no Brasil também terá sua peculiaridade.

As especificidades do processo histórico de formação da sociedade brasileira são muitas e, como se sabe, estão presentes em vários outros processos, como o de conformação política, de institucionalização dos valores burgueses, do próprio capitalismo e, certamente, da medicina. Por isso, se a história do Brasil tem sua particularidade e difere da Europa, tem-se como hipótese que nenhuma das três categorias analíticas construídas por Foucault (1979) seja suficiente, se tomadas de maneira isolada, para explicar a constituição da medicina social que aqui se desenvolveu. Esta ressalva é necessária, mas não exclui a importância da leitura de Foucault (1979) sobre cada uma das realidades sobre as quais discorre. Ao contrário, deve-se considerar que, no Brasil, o resultado foi a confluência das três etapas ou categorias explicadas pelo autor.

Para se compreender esta confluência, basta levar em conta que, ao final do século XIX, a recém-criada República brasileira ainda almejava o fortalecimento de seus símbolos e sua imagem e, acima de tudo, pelo fortalecimento da figura do Estado e do poder a este inerente. Como já apontado, os ideais liberais e positivistas que predominavam nas mentes da classe dominante certamente viam na ciência – logo, na medicina – importante apoio para a legitimação de suas ações. No Brasil,

> a construção do Estado/nação no início da República se vinculava, de maneira profunda, ao processo de constituição de ferramentas de controle da população e da cidadania [...]. Instituições asilares e hospitalares – com sua congênere ideológica, a instituição prisional – teriam, dessa forma, passado por amplo processo de ressignificação social, ressurgindo como braços cientificizados do controle estatal (SILVA, 2014, p. 9).

A premissa de um país doente por natureza[12] e carente de ações profiláticas servia como justificativa para um Estado que deveria intervir em nome da saúde, do branqueamento, da ordem, e da luta contra o atraso. O final do século XIX é o "momento em que a 'ciência' e a 'racionalidade' são incorporadas à ação do Estado" (SCHWARCZ, 1987, p. 46). Os médicos, como grupo, assumiam o papel de articuladores da modernização da sociedade e de operadores dos ideais de progresso, como explica Herschmann (1996). Assim, os problemas de saúde, considerados de modo coletivo, bem como um Estado que toma a dianteira do processo de assistência da saúde de todos, são dois aspectos que se relacionam ao desenvolvimento da medicina no Brasil e que se assemelham ao que se viu na Alemanha no século XVIII, como descreveu Foucault (1979). Mas será também neste contexto de institucionalização do Estado republicano que se fará presente um processo de urbanização de algumas das principais cidades brasileiras, a exemplo do Rio de Janeiro e São Paulo. As epidemias aqui já descritas eram resultado das novas aglomerações populacionais e, portanto, na visão do Estado, urgiam medidas e intervenções de caráter médico, para contê-las. A bandeira da higiene e do sanitarismo era levantada por médicos e governantes, todos (ou pelo menos a maioria) em comum acordo quanto à premência de ações tais como re-

12 Tal premissa manifestava-se nas discussões não apenas quanto à insalubridade da vida nos trópicos, mas também às consequências da miscigenação racial, vista como problema pelas teorias do racismo biológico da época.

formas urbanas, vacinações compulsórias e extermínio de pragas, entre outras. Inicia-se um processo de valorização da medicina como instrumento de ação do Estado para a promoção da higienização, da salubridade. "A medicina apossava-se então do espaço urbano, interferindo em locais públicos e privados: matos, pântanos, rios, almerijos, esgotos, água, ar, cemitérios, quartéis, escolas, prostíbulos, fábricas, matadouros, e casas" (SCHWARCZ, 1987, p. 46). Novamente, outra similaridade com um contexto europeu, mais especificamente com a sociedade francesa, na qual a medicina urbana teria se desenvolvido. Mas, como se vê, no Brasil, na constituição de uma medicina social, sobrepunham-se interesses de Estado (de cunho político) e da luta contra a deterioração das cidades (que, em certa medida, confundiam-se com os interesses do Estado).

No entanto, além destes dois aspectos, não se pode desconsiderar a preocupação da medicina social brasileira com o desempenho do trabalho naquele contexto. O Brasil da virada do século ingressava em nova fase do capitalismo, embora ainda sentisse os efeitos do sentido da colonização, que, como ensina Prado Jr. (2011), era uma produção agrária voltada e atrelada aos interesses de fora. O fim da escravidão demandava cada vez mais mão de obra para o aumento da produção. Logo, cada vez mais haveria a preocupação não apenas com o aumento do contingente de trabalhadores, mas com o disciplinamento dos indivíduos para o trabalho, bem como com sua saúde. Para Ribeiro (1993), seria possível vincular as políticas de saúde pública ao desenvolvimento capitalista existente, mostrando que tais políticas eram voltadas para o tratamento de epidemias. Segundo esta autora, "o Código Sanitário Rural de 1917 significou a tentativa de valorizar as condições de vida de trabalho da população rural, de fixar o trabalhador no campo e de recuperar o trabalhador nacional – o Jeca – para o mercado de trabalho" (RIBEIRO, 1993, p. 270). Assim, aqui também compareceu a medicina social voltada ao trabalho (como categorizada nas fases apontadas por Foucault, 1979). Ao que parece, a medicina social no Brasil não poderia ter outra roupagem que não esta representada pela confluência daquelas três nascidas na Europa. Afinal, dentre os males da nação a serem atacados estavam os problemas ligados à necessidade da construção do Estado (e da identidade nacional), ao crescimento urbano (sem planejamento) e ao aumento da produtividade do trabalho.

Desse modo, se é possível reconhecer e justificar as características mais gerais da medicina social no Brasil, também é pertinente afirmar que seu desenvolvimento deu-se com o protagonismo assumido pela figura de alguns médicos convencidos de que sua profissão tinha caráter excepcional, imprescindível ao país. Isso significa que, para se compreender os meandros da medicina social brasileira e do sanitarismo como alvo de políticas públicas na passagem do século XIX para o século XX, um ponto importante é considerar como os médicos reivindicavam para si o lugar de uma categoria social especial, particular.

> Compartilhando a intenção de intervir diretamente nos destinos da nação e de assumir os cargos e funções dirigentes da vida publica, eles pleiteavam a condição de portadores da vocação e da missão de "regenerar" o país; através de seu discurso reformador, contribuíram assim decisivamente para a legitimação do modelo de sociedade que então se implementava (HERSCHMANN, 1996, p. 8).

No entanto, mesmo diante deste papel assumido pela classe médica à frente do processo de reforma social, um questionamento se faz importante: em que medida os interesses de cunho político sobrepuseram, para a classe médica, aqueles de natureza científica? Como possível resposta a esta pergunta, é possível dizer que, a despeito do forte caráter político presente no processo de institucionalização e desenvolvimento da medicina no Brasil, ao que parece, esta politização não teria conseguido se sobrepor à mais relevante característica do pensamento médico: "a racionalidade da ciência das doenças" (LUZ, 1988, p. 95).

> [...] para o núcleo central e dominante da racionalidade da disciplina das doenças, a medicina tem por objeto o conhecimento, e por objetivo o combate às doenças, individuais ou coletivas, e não a reforma da sociedade. A razão médica moderna é social [...]: a medicina social, seja em seu projeto higienista (conservador), seja em seu projeto sanitarista (reformista), seja seu projeto de reforma médico-social (revolucionário), será, da segunda metade do século XVII (com início da organização da Polícia Médica) ao

> século XIX (com o projeto da reforma médica e depois com os projetos higienista e epidemiologista), uma "razão" subordinada, em face da razão médica mais imbricada à racionalidade científica moderna, que é a da disciplina das doenças, e da anatomoclínica a ela ligada (LUZ, 1988, p. 95).

O objeto e foco da ação médica eram os corpos, vetores e incubadores das doenças. Ao higienizar e defender as políticas sanitaristas, bem como as medidas profiláticas, principalmente nas regiões e áreas mais insalubres, onde a população mais pobre se concentrava (em cortiços, por exemplo), não necessariamente havia preocupação com a saúde dos menos abastados do ponto de vista político da ação, mas, sim, em tornar o país mais civilizado segundo os preceitos da ciência, viabilizadora do progresso. Apenas como exemplo, a preocupação com a miscigenação racial – tão mal vista pelas teorias raciais em voga e, por conseguinte, com o urgente branqueamento que se propunha como necessário – justificava-se pela crença equivocada de que indivíduos mulatos, híbridos, seriam mais propensos à doença. Se em sua maioria a população brasileira era negra ou parda, isso significaria, segundo os preceitos da medicina enquanto ciência da doença, que o Brasil era um país atrasado por causa de sua genética inferior (como se lê em produções de autores como Nina Rodrigues).

Contudo, é preciso deixar claro que esta observação quanto a maior preocupação com a ciência, por parte dos médicos, não diminui a dimensão das consequências políticas das ações da classe médica, ao serem eles promotores da medicina social junto ao Estado. Não se trata de construir uma oposição entre interesses políticos e científicos (mesmo porque poderiam se confundir em dados momentos), mas de destacar algo que parecia ser a força motriz de suas ações: a valorização da ciência. De todo modo, como se discutiu ao início deste capítulo, são muitos os consensos e as controvérsias acerca da construção de um pensamento por uma categoria ou grupo de intelectuais, predominando apenas uma certeza: o que existe é uma busca pela legitimação do discurso, para que este possa garantir seu poder.

No caso dos médicos, seja pela maior motivação científica para institucionalização de sua área, seja por interesses de cunho político propriamente dito, foram os principais artífices desta medicina social com múltiplos objetivos (ou pelo menos três, ao se levar em consideração a já mencionada classificação de Foucault). Foram fundamentais na introdução e na propagação de valores presentes no ideário de um Brasil que almejava a modernização.

> O discurso desses intelectuais-cientistas, portanto, constitui-se também em um objeto de estudo privilegiado para o exame da gênese da modernidade brasileira, capaz de trazer indícios do conjunto de valores e códigos sociais que passaram a orientar os indivíduos em direção a um cotidiano "civilizado", ou, ainda, permite-nos repensar como foram construídas e veiculadas problemáticas obrigatórias como: nação, identidade nacional, raça e sexualidade (HERSCHMANN, 1996, p. 14).

De toda forma, ainda que houvesse defesa do novo e do moderno, a já conhecida contradição da mudança conservadora que acompanha a história da formação da sociedade brasileira também estava presente na fala e nas ações da classe médica. "A ideia de progresso, ainda que pretendendo apontar a materialização de um conjunto de novidades e para a superação do passado, recolocava, como sua própria condição de viabilidade, a reprodução da ordem" (HERSCHMANN, 1996, p. 9). Assim, ao passo que os ideais progressistas estavam nas mentes de médicos, engenheiros e outros profissionais ilustrados, suas ações, contraditoriamente, reiteravam o *status quo* da ordem social.

Mesmo diante desta ambiguidade, é preciso refletir sobre o discurso médico como um dos pilares deste paradigma de Brasil moderno, pois o cientificismo inerente a tal discurso estava entre os mais importantes balizadores da ideia de progresso. Obviamente, cabe considerar que, ao longo dos primeiros anos de República, este discurso médico foi se refazendo e, já em meados dos anos 30 do século passado, boa parte das teorias raciais, por exemplo, já não fazia muito sentido. Mas, em que medida ainda persistiam, naquele período, as contradições citadas entre arcaico e moderno? Esta questão é apenas uma dentre outras que se apresentam ao se pensar em uma periodização e uma conformação do pensamento médico ao longo do processo de modernização do país.

Nesta perspectiva é que o objeto de estudo desta pesquisa se destaca, pois propõe a análise das circunstâncias, das premissas e das consequências da aproximação de médicos paulistas com a primeira instituição de ensino de ciências sociais no Brasil, compreendendo-se que este fato não se resume a dado histórico, mas é fundamental para entender um dos períodos mais determinantes em termos de transformações sociais. Logo, outra pergunta se impõe: até que ponto é possível constatar uma inflexão no *modus operandi* do discurso médico na década de 1930 (mais especificamente entre aqueles médicos presentes na Escola Livre de Sociologia e Política de São Paulo), ao compará-lo com o que era no auge das políticas sanitaristas da virada do século?

Nos próximos capítulos, reúnem-se elementos que possibilitem algumas conclusões, ainda que provisórias, acerca da medicina social brasileira da primeira metade do século XX e de suas relações com a sociologia aqui ainda incipiente. Assim, busca-se contribuir não apenas com a análise e a compreensão da institucionalização destas áreas de conhecimento (ciências sociais e medicina), mas, sobretudo, com a reflexão acerca deste período intitulado Brasil moderno.

2. Novos tempos de um Brasil moderno: instituições, ciência e progresso

A realização de projetos institucionais na construção de uma nação moderna

A institucionalização da medicina paulista: formações da Faculdade de Medicina de São Paulo e da Escola Paulista de Medicina

Após breve discussão sobre a construção do que seria um pensamento médico brasileiro ou, mais especificamente, paulista, encerrou-se o capítulo anterior com algumas questões importantes à compreensão da relação entre medicina e sociologia no Brasil ao longo da década de 1930. Já neste capítulo que aqui se inicia, o que se propõe é trazer refletir quanto aos registros históricos dos processos de fundação não apenas das principais instituições paulistas de ensino e pesquisa em medicina – a Faculdade de Medicina de São Paulo e a Escola Paulista de Medicina –, mas também da Escola Livre de Sociologia e Política de São Paulo (ELSP). Afinal, será em torno destas instituições que os principais atores intelectuais objeto deste estudo – os médicos – iriam transitar profissionalmente. A leitura dos processos de institucionalização de cada uma daquelas instituições parece indicar mútuos pontos de contato, contato este que se dá por aspectos como o contexto de valorização da produção científica com vistas ao momento ímpar de busca pela modernização do estado e do país, o fortalecimento do ensino superior em São Paulo; a busca comum pela defesa do profissionalismo e, logo, da legitimidade destas profissões desempenhadas por indivíduos convictos de seus papéis na construção da nação e o trânsito de intelectuais entre estas instituições, entre outros.

Assim, apenas como escolha metodológica para o desenvolvimento do trabalho, adotou-se como caminho breve apresentação de cada uma das três instituições apresentadas, começando pelas escolas médicas e, a partir daí, seguindo para a ELSP. Só *a posteriori* é que se inicia uma leitura relativamente mais profunda quanto à aproximação à ELSP de um grupo de médicos presentes nas duas outras instituições. A despeito do caráter descritivo da apresentação da formação destas instituições, pretende-se situá-las em um processo mais amplo de modernização da cidade de São Paulo e, então, construir possíveis conjeturas que possam balizar a análise.

Inegavelmente, os anos 30 do século passado foram um divisor de águas no que se refere à produção científica em São Paulo, a qual já contava com algumas instituições e faculdades, mas nada comparável ao que se inauguraria naquele momento. O contexto histórico contribuiria para isso: afinal, não apenas se dispunha dos recursos oriundos do café (que já haviam modernizado a capital paulista desde a virada do século), mas agora, principalmente, havia uma elite industrial. Aquela pequena vila da metade do século XIX – que outrora era apenas um "burgo estudante", graças á Faculdade de Direito do Largo São Francisco, como observa Schwarcz (1987, p. 41) – transformava-se cada vez mais rapidamente, dado o processo de urbanização, a chegada de imigrantes e a industrialização.

> Foi nesse contexto de demandas geradas pela explosão demográfica, crescimento urbano e industrialização, além dos confrontos e acordos com o governo federal [haja vista a complicada relação que vai se constituindo entre Getúlio Vargas e parte da elite paulista alijada do poder após a Revolução de 30], que novas instituições de ensino superior e pesquisa científica e tecnológica foram criadas (DANTES, 2004, p. 391),

Ao analisar pontualmente o percurso da institucionalização da medicina paulista e, deste modo, da criação de sua correspondente faculdade e da ELSP, constata-se que os anos 1930, mais especificamente os de 1933 e 1934, foram o coroamento de um movimento médico iniciado desde a segunda metade do século XIX. O objetivo da classe médica era não apenas ampliar as possibilidades de trabalho para atingir a saúde pública, mas também legitimar, ainda mais, o lugar da profissão. Segundo Luz (1982, p. 95), "a corporação médica reunida procurava discutir a situação da saúde da população, mas também a situação de sua categoria profissional, especialmente depois da I Guerra Mundial". Já na virada do século XIX inicia-se em São Paulo a criação de algumas instituições médicas, mais voltadas, no primeiro momento, à medicina clínica e à profilaxia propriamente dita. Tratava-se da materialização de medidas em prol da saúde pública, agora assumida pelo Estado como dever. Para que essa obrigação fosse cumprida era essencial que a medicina se desenvolvesse como ramo científico e superasse a estagnação de outrora.

> a ideia era que a medicina experimental, que procurava se instalar no ambiente médico paulista neste primeiro período republicano, não partia apenas da negação pura e simples da medicina empírica anterior [do período colonial, do Império], mas da sua superação (SILVA, 2003b, p. 38).

Embora muito mais normativa e presente na sociedade através dos trabalhos que se desenvolviam naquelas instituições, em São Paulo ainda se apresentava uma medicina clínica, bem mais inserida nas linhas de frente de combate às doenças (pela reprodução de um conhecimento já adquirido), do que na prática da pesquisa, fato que tornava urgente a criação e a ampliação da instrução educacional em saúde. Os esforços da classe médica para a implantação de uma instituição para o ensino superior e a pesquisa em São Paulo foram por vezes malogrados mesmo que já em plena era republicana. Prova disso é a lacuna de mais de vinte anos entre o primeiro aceno positivo do governo de Américo Brasiliense em 1891 e a implantação de uma escola médica garantida por lei em dezembro de 1912.[1] Talvez menos por questões políticas que ideológicas, "relacionaram-se nesse processo um conjunto de condições que envolviam definições sobre o

1 Embora só em 19 de dezembro de 1912 tenha se dado a assinatura da Lei 1.357 por Rodrigues Alves, segundo Mota (2009b, p. 67) é preciso destacar que, desde 1911, já havia uma escola de medicina criada e gerida por Eduardo Guimarães na capital paulista.

próprio campo médico e sobre a ideia de medicina, que perpassavam o cenário paulista naquele momento" (SILVA, 2003b, p. 27). Dessa feita, ao menos em São Paulo, não houve de fato uma preocupação do Estado em criar instituições de ensino para a medicina ou o apoio de seu desenvolvimento enquanto ciência.

No tocante à situação nacional, na capital do país e na Bahia, embora já existissem instituições nesses moldes, dois aspectos eram relevantes: em primeiro lugar, eram resultantes dos regimes anteriores à República; em segundo, faltava-lhes o alinhamento do discurso. Segundo Schwarcz (1993 p. 190), "enquanto para os médicos cariocas tratava-se de combater *doenças* [como a febre amarela e o mal de Chagas], para os profissionais baianos era o *doente*, a população doente que estava em questão". Por tais caminhos, e a despeito das controvérsias internas à evolução médica na segunda metade do século XIX, iniciava-se nova página na história da medicina. Mesmo que na falta de modernos laboratórios ou de uma concreta política educacional para o ensino superior no primeiro momento, uma rica produção científica veiculada por revistas e periódicos especializados tomaria conta do cenário médico, através de um contato constante com as correntes e ideologias europeias, a exemplo das discussões ligadas à medicina legal e as teorias de Cesare Lombroso.

Contudo, a fundação das instituições paulistas de ensino e pesquisa na área médica era postergada, como se viu, ao longo da passagem do século XIX para o XX. Segundo Nadai (1978), havia entre parte da elite uma ideia de que, dentre as profissões necessárias para o progresso e a modernização, mais importantes que médicos e advogados eram os engenheiros, os mecânicos e os agrônomos. Daí o entendimento de que seria necessário, primeiramente, garantir a formação destes profissionais, relegando ao segundo plano a formação de médicos.[2] Além disso, havia certa percepção de que as necessidades sociais já estavam sendo atendidas:

2 No entanto, a despeito disso, obviamente a valorização da saúde – logo, da medicina – fazia parte da retórica da modernização, embora isso pudesse não ser consenso entre a elite dirigente. De todo modo, pode-se dizer que "a proclamação da República propiciara a oportunidade de intervenção em áreas consideradas vitais para a retórica da modernização, entre as quais a Saúde e a Educação figuravam como plataformas preferenciais dos grupos que buscavam afirmação e visibilidade perante o cenário nacional" (MARINHO; MOTA, 2012, p. 20).

> No caso da medicina, existia em São Paulo uma série de institutos de profilaxia, de caráter preventivo, que se responsabilizavam em dar atendimento coletivo às classes populares, garantindo, assim, o suprimento de mão de obra, seja para o campo, seja para a cidade, o que significava a plena realização dos objetivos sociais do poder. Sua instalação [da Faculdade de Medicina], portanto, na época não era prioritária, principalmente porque estava planejada para dar atendimento individual (NADAI, 1987, p. 186).

Mas, na década de 1910, após um "longo processo de acomodação entre a corporação médica e as forças políticas locais" (MARINHO; MOTA, 2012, p. 17, em 1912 a Faculdade de Medicina e Cirurgia de São Paulo seria criada, sendo mais tarde denominada Faculdade de Medicina de São Paulo. Para a classe médica, era uma vitória; para Rodrigues Alves, presidente do estado, "um instrumento de conciliação política".

> [...] é possível levantar-se, como hipótese, o fato de [a Faculdade de Medicina] ter sido utilizada como instrumento de barganha por Rodrigues Alves [presidente do estado paulista], visando promover a pacificação interna da classe dominante, buscar o apoio da classe média e neutralizar simultaneamente o movimento das classes populares; a harmonia deveria ser ostentada (NADAI, 1987, p. 188).

Independentemente das possíveis motivações de cunho político, o fato é que se inaugurava novo momento para a medicina em São Paulo, protagonizado, dentre outras figuras, por Arnaldo Vieira de Carvalho,[3] organizador e primeiro diretor da Faculdade. Sua presença como articulador neste processo foi fundamental, tanto do ponto de vista acadêmico como do político, conseguindo trazer o fomento da mais importante instituição filantrópica mundial no início do século XX,

---

3 Eminente médico paulista, viveu entre 1867 e 1920. Era formado pela Faculdade de Medicina do Rio de Janeiro, como tanto outros contemporâneos seus, uma vez que, ao final do século XIX, não havia cursos médicos em São Paulo. Dirigiu o Instituto Vacinogênico, fundou e presidiu a Sociedade de Medicina e Cirurgia de São Paulo e esteve à frente da Sociedade Eugênica de São Paulo.

a Fundação Rockefeller, para a recém-criada faculdade. Em seus primeiros anos de funcionamento, as aulas estavam espalhadas entre o prédio da Politécnica e a Escola de Comércio Álvares Penteado – o mesmo lugar onde, duas décadas mais tarde, também nasceria a Escola Livre de Sociologia e Política de São Paulo.

Terminadas as obras de construção do seu prédio, a Faculdade de Medicina instala-se em suas novas e próprias dependências (inauguradas em 1931) onde funciona até hoje, mais precisamente na avenida que leva o nome do fundador da Faculdade, na região central da capital paulista.

Mas se a fundação da Faculdade de Medicina foi um fato significativo para a classe médica, também o foi a fundação da Escola Paulista de Medicina (EPM). Fundada em 1933, no mesmo ano que a ELSP, a EPM "foi criada por um grupo de médicos interessados em ampliar e descentralizar o ensino da medicina em São Paulo [...] momento em que se davam diferentes processos de reordenamento cultural, econômico e político..." (SILVA, 2003a, p. 18). Também houve a pressão de estudantes que excederam o número de vagas para aquele ano na Faculdade de Medicina de São Paulo, os quais se organizaram e tiveram o apoio daquele primeiro grupo de médicos. Ainda segundo Silva (2003a, p. 36), mais do que resultado apenas de simples alocação de alunos ou de um grupo, o projeto da EPM

> correspondia à articulação de diversos objetivos, que abrangiam formas de entender a organização dos sistemas de saúde em São Paulo e uma maneira própria de apresentar e conceber o ensino médico como uma atividade ao mesmo tempo assistencial e científica.

Afinal, tratava-se de um grupo de médicos já atentos às mudanças pertinentes à saúde pública e suas formas de organização, mudanças estas já encaminhadas em São Paulo desde o início daquele século. Contudo, a fundação da EPM não significou um rompimento com a Faculdade de Medicina de São Paulo. Ao contrário, estabeleceu com esta uma relação simbiótica, não apenas porque da Faculdade de Medicina teriam partido os grupos que comporiam o corpo docente a EPM, mas por se tratar da instituição oficial do estado paulista naquele momento.

A fundação da Escola Livre de Sociologia e Política de São Paulo em 1933: Scientia Robur Maxima

Apresentado em linhas gerais este esboço do processo de institucionalização do ensino médico em São Paulo, passa-se em seguida a uma breve, porém crucial, apresentação quanto à fundação da Escola Livre de Sociologia e Política de São Paulo. Se, por um lado, estas instituições de ensino tinham por objetivo formar indivíduos em áreas que *a priori* parecem divorciadas ou cujas histórias guardam especificidades de trajeto e propósito, por outro suas interfaces não são poucas e nem menos importantes. Ao contrário, são vários os pontos de contato que interessam neste momento à discussão que aqui se propõe. Afinal, ao que parece, estas relações interinstitucionais tinham razões cientificas e políticas como resultado de um contexto histórico de natureza ímpar para compreender o Brasil que se modernizava.

O jornal *Diário da Noite* de 17 de julho de 1933 noticiou que, naquele dia, aconteceria a primeira aula da Escola Livre de Sociologia e Política de São Paulo, proferida por Raul Briquet, importante médico paulista. Era mais um significativo passo para a Escola entre as etapas de um processo que se iniciara com a publicação do *Manifesto de Fundação*, em 17 de abril daquele mesmo ano, seguido da assembleia solene ocorrida em 27 de maio, quando se reuniram (assim como na primeira aula) figuras eminentes da sociedade paulista.

Obviamente, como disciplina ou temática, tanto as questões da sociologia como as da política já se faziam presentes nas grades curriculares dos parcos cursos superiores existentes, mas ainda não havia uma escola como a ELSP, ou seja, especializada na formação de cientistas sociais. Pode-se dizer que a fundação desta instituição é emblemática, no que diz respeito ao desenvolvimento das ciências sociais brasileiras, pois, mesmo com a inauguração no ano seguinte (em 1934) da Faculdade de Filosofia, Ciências e Letras (FFCL) da USP,[4] a ELSP manteve durante anos papel fundamental na formação acadêmica e na produção científica nesta área.

---

4 Atualmente, Faculdade de Filosofia, Letras e Ciências Humanas da Universidade de São Paulo.

Mas, para se compreender não apenas o papel que assumiu como instituição nas décadas que se seguiram à sua formação, mas, fundamentalmente, os objetivos iniciais aos quais se propunha, é preciso trazer luz ao contexto histórico e ao pensamento de seus idealizadores.

A década de 30 do século passado significou um momento sem par na história da formação da sociedade brasileira, pois seria desse período que importantes rupturas no cenário político aconteceriam, transformações econômicas e sociais se acelerariam e, dessa forma, se desencadeariam processos com vistas à modernização da sociedade. Era a etapa da busca por um Brasil moderno. Ainda se convivia com as já conhecidas idiossincrasias da realidade brasileira, representadas pelos níveis de desigualdade, pelo capitalismo tardio, pelos resquícios de uma sociedade escravocrata e de natureza estamental sobreposta à sociedade de classes que aos poucos se constituía, sem falar no caráter peculiar das revoluções burguesas aqui desencadeadas, como explica Fernandes (2006). Ou seja, era um momento em que se buscava a modernização da sociedade, do Estado, da política, da economia – enfim, de todas as instituições e áreas inerentes à vida social. Mas, inevitavelmente, esbarrava-se nos obstáculos impostos pelos escombros da velha estrutura social econômica, ora transpondo-os, ora convivendo com eles e as consequências diretas desta convivência entre o arcaico e o moderno.

É neste contexto que se daria o processo de institucionalização das ciências sociais em São Paulo e que mais tarde ganharia envergadura nacional. Seus idealizadores comungavam de uma expectativa quanto aos bons auspícios deste projeto institucional, afinal, nada mais representativo do progresso, logo, da modernização, do que a promoção da ciência. Segundo Dantes (2004, p. 391), "o Manifesto de fundação da escola representa bem os discursos em voga nesses anos [1930], enfatizando o papel que o conhecimento científico poderia ter na gestão pública e na construção de uma sociedade mais racionalizada". Aliás, tal expectativa quanto ao papel da ciência é o que justificaria mais tarde o lema *Scientia Robur Maxima* ("A força máxima da ciência") no brasão da ELSP. Assim, esta instituição teria sido fruto de um projeto modernizador e progressista de figuras como Roberto Simonsen, à época eminente empresário, deputado federal, presidente da Federação das Indústrias do Estado de São Paulo (FIESP) e do Instituto de Engenharia de São Paulo. Enquanto instituição, estaria em consonância com as pretensões de um grupo progressista paulista convencido da especificidade do momento político e econômico, bem como da necessidade de qualificação e formação acadêmica para a implantação de um projeto de nação moderna. No manifesto de sua fundação, seus signatários afirmavam:

> Falta em nosso aparelhamento de estudos superiores, além de organizações universitárias sólidas, um centro de cultura político-social apto a inspirar interesse pelo bem coletivo, a estabelecer a ligação do homem com o meio, a incentivar pesquisas sobre as condições de existência e os problemas vitais de nossas populações, a formar personalidades capazes de colaborar eficaz e conscientemente na direção da vida social (ESCOLA LIVRE DE SOCIOLOGIA E POLÍTICA DE SÃO PAULO, 1933).

Sua finalidade como instituição fica ainda mais clara em um documento encaminhado para a Assembleia Legislativa em 1935 para solicitar ajuda, já que naquele momento a ELSP passava por dificuldades financeiras para manter seus trabalhos. Na construção do argumento para justificar o pleito, Samuel Lowrie, professor da casa, tentava destacar a relevância da Instituição e, para tanto, enaltecia sua finalidade:

> [...] a Escola Livre de Sociologia e Política de São Paulo tem a finalidade de formar funcionários técnicos, que, seguindo a carreira administrativa, tanto pública como particular, concorram para aumentar a competência das nossas administrações (LOWRIE apud LIMONGI, 2001, p. 259).

Ou seja, deixava claro que, por conta de sua finalidade de natureza prática – formar quadros técnicos – a instituição deveria contar com a contribuição do Estado nesta empreitada. Naquele contexto, era forte a contestação à velha estrutura da máquina estatal e sua forma de operar ultrapassada, defendendo-se cada vez mais a racionalização burocrática dos processos, a eficiência na administração, isto é, a modernização do Estado. Para tanto, o profissional técnico com competência administrativa não era apenas um diferencial, mas peça essencial.

Logo, a preocupação com a formação de quadros responsáveis por levar a cabo a modernização da administração pública e privada (mas principalmente da primeira) seria a marca distintiva da ELSP em relação à FFCL da Universidade de São Paulo. Esta instituição, que seria fundada em 1934, tinha como objetivo a reprodução de uma formação muito mais teórica, diferente da finalidade técnica ou prática. Aliás, segundo Limongi (2001, p. 259), pode-se entender que "esta finalidade mais prática expressa-se na ênfase posta pela ELSP nas pesquisas de campo". Ao promover tal ênfase, revelava a influência norte-americana na concepção de suas diretrizes curriculares e científicas, pois a produção de pesquisas com vistas à intervenção social era o tipo de produção sociológica existente na famosa Escola de Chicago. A ELSP seria uma escola de influência norte-americana, enquanto que a FFCL receberia forte influência francesa.

Assim, os interesses dos idealizadores da ELSP alinhavam-se com a vertente de matriz norte-americana, pois acreditavam que a intervenção racional na realidade social se fazia necessária. Diziam, no *Manifesto de Fundação*, que "a Escola oferecerá aos estudiosos um campo de cultura e de preparo indispensável para a eficiente atuação na vida social" (ESCOLA LIVRE DE SOCIOLOGIA E POLÍTICA DE SÃO PAULO, 1933). Esta eficiência na "atuação" só poderia ser garantida pelo preparo acadêmico que aliaria teoria e prática. Como explica Limongi (2001), ao passo que havia a preocupação com a formação de funcionários técnicos para melhor se administrar, pensava-se também na produção de conhecimento científico sobre a realidade social. Afinal, sem tal conhecimento, não seria possível a intervenção destes técnicos. Logo, era preciso conhecer para intervir e intervir para transformar; mas transformar de maneira racional, planejada.

O que se pode depreender desta premissa é que a ELSP teria em seu próprio projeto pedagógico ou proposta de ensino aspectos de interesse destacado à classe dirigente do país, estivesse esta na iniciativa privada ou dentro do Estado. Neste sentido, é frágil a tese que classifica a fundação da ELSP como fato tributário do revanchismo que teria nascido entre os paulistas com a derrota da Guerra Civil de 1932 ou Revolução Constitucionalista de 1932. Mais do que isso, a fundação da ELSP deve ser compreendida como resultado direto de um projeto progressista e de modernização do país já em vigência em São Paulo, mesmo antes daquele ano. Talvez seja possível, não sem ressalvas, dizer que a derrota de 1932 tenha fermentado, após o rescaldo do combate, certo ímpeto por uma fração da elite quanto ao resgate da identidade paulista, pautada na ideia de que seria São Paulo a "locomotiva da nação", dado seu poder econômico.

Vale considerar que esta mesma elite não era formada por apenas um grupo, o que significa que, embora existissem aqueles mais ressentidos com a derrota (como a família Mesquita, o Partido Democrático e setores do Partido Republicano Paulista, entre outros), havia nomes ligados a Getúlio Vargas e que seriam de enorme importância à fundação da ELSP, a exemplo de Roberto Simonsen e Armando de Salles Oliveira, interventor do estado paulista. Logo, são prova da fragilidade da tese citada não apenas as relações destas duas eminentes figuras paulistas com o governo federal, mas, fundamentalmente, as ações praticadas por ambos e que denotariam suas convicções progressistas a favor da modernização: seja Roberto Simonsen, com a criação do Instituto de Organização Racional do Trabalho (IDORT), seja Armando de Salles Oliveira, com a promoção da modernização do Estado paulista.

> As relações IDORT-ELSP-Armando de Salles Oliveira explicam, em boa medida, a definição dos objetivos da ELSP [...] e apontam para relações pouco mencionadas pela bibliografia entre seu governo e a ELSP. Como se sabe, uma das principais medidas do governo Armando de Salles Oliveira foi a racionalização da administração pública, coordenada e levada a cabo pelo próprio IDORT que, para este fim, foi elevado à condição de órgão de utilidade pública por ato do interventor (LIMONGI, 2001, p. 262).

Ao se promover uma leitura quanto às escolhas e influências presentes no tipo de sociologia ou de ciências sociais produzidas na ELSP em seus primeiros anos, fica evidente, como já afirmado, a presença dos pilares de uma escola norte-americana. Contudo, uma ponderação importante é feita por Peixoto (2001, p. 505): "na ELSP não houve uma missão norte-americana organizada, ainda que houvesse uma inspiração original no caráter prático e aplicado das ciências sociais dos EUA." Isso significa que, diferentemente na FFCL da USP, para a qual foi encaminhado um grupo de franceses que lá reproduziram sua escola de origem, a ELSP apenas balizou seu projeto acadêmico em linhas gerais da Escola de Chicago, embora já contasse com a presença dos norte-americanos Samuel Lowrie e Horace Davis, nomes que encabeçariam as primeiras pesquisas sobre padrão de vida da ELSP. Seria apenas com a chegada de Donald Pierson, já ao final da década de 1930, que de fato seria implantado e definido de forma mais clara um projeto acadêmico nos moldes da Escola de Chicago. Mais do que isso, ocorre um afastamento daquele modelo de ensino predominante outrora desde 1933, no qual uma produção mais voltada para os interesses do Estado (embora não preponderantemente) dava o tom do tipo de aplicação ao qual deveria servir a sociologia, isto é, aos interesses de Estado. Para Limongi (2001, p. 263), o projeto de Armando de Salles Oliveira não era o mesmo de Pierson, o qual

> imprimirá novos rumos ao "projeto", dotando-o de uma base acadêmica de que não dispunha. Isto é, a formação e o conhecimento produzidos pela Escola passam a se inscrever no interior do mundo acadêmico e deixam de se referir ao Estado. A preocupação em formar elites técnicas cede lugar à insistência em *treinar e formar sociólogos profissionais* [grifo nosso]. A necessidade e essencialidade da pesquisa empírica são mantidas. O intervencionismo e a aplicação, postergados.

Deve-se registrar que este ponto de inflexão no projeto da ELSP não significaria, necessariamente, uma mudança drástica na natureza de sua essência. A perspectiva existente quanto ao caráter aplicado da sociologia permaneceria. O que Pierson promove é um nível de sistematização mais apurado do ensino na ELSP, o que significa que, a partir daquele momento, não se teria apenas inspiração da corrente norte-americana em seu projeto pedagógico, mas, sim, sua plena instauração e adoção como modelo.

> Quando tomamos contato com o funcionamento de Chicago, vemos que Pierson tentou fazer em São Paulo uma réplica deste modelo: primazia dos estudos pós-graduados, formação de grupos de trabalho, onde a cada estudante corresponde um subtema da

> pesquisa mais ampla, sob a direção de um professor-doutor; além de seminários, leitura e orientação individual de alunos. Ou seja, com Pierson chega a São Paulo não só uma problemática trabalhada pela Sociologia de Chicago (os estudos de comunidades), mas também um modelo institucional (PEIXOTO, 2001, p. 519).

A eminência da figura de Donald Pierson, não apenas como professor, mas como ator determinante nos destinos da ELSP, é algo plenamente reconhecido pela tradição da história das ciências sociais no Brasil, principalmente no que diz respeito ao processo de sua institucionalização. Afinal, o trabalho de Pierson – e de outros, como Florestan Fernandes – foi fundamental no que diz respeito à defesa de uma produção sociológica que, diferentemente de outras obras classificadas como ensaios, eram pautadas nos rigores do método e dos cânones científicos. Contudo, cabe ponderar que, se por um lado a defesa do discurso científico engrossou o coro com Pierson, por outro é preciso considerar que as primeiras pesquisas desenvolvidas na ELSP desde 1934 são provas importantes que evidenciam a preocupação com a produção de leituras mais apuradas (do ponto de vista científico) da realidade social, mesmo antes da chegada deste professor.

De todo modo, o fato é que desde seus primeiros anos de existência, a ELSP sempre apresentou, em maior ou menor grau, uma perspectiva quanto ao papel da sociologia como ciência que não se encerra no campo teórico, mas com desdobramentos de natureza empírica. Pierson, ao que parece, não mudaria isso, apenas redefiniria o foco ou objetivo daquela formação que outrora almejava preparar braços técnicos, principalmente para o Estado, o qual buscava naquele momento aglutinar meios e forças para levar a cabo o projeto de modernização da sociedade.

É neste sentido que, considerando o objeto de estudo desta pesquisa (ou seja, as interfaces existentes entre a nascente sociologia em São Paulo e a medicina paulista), acredita-se que a proposta de ensino praticada pela ELSP neste primeiro momento – mais voltada à preparação de quadros técnicos para a administração pública ou privada – seria atrativa para vários médicos paulistas. No adiantar dos anos 1930, eles já eram sensíveis aos desafios que se apresentavam à formação médica por conta das transformações sociais – e, desta forma, à prática profissional –, reconhecendo que a saúde e a doença tinham determinantes de cunho social, e não apenas biológico. O conhecimento e a formação promovidos pela ELSP poderiam assim auxiliar tais profissionais, não apenas no que tange ao exercício da profissão, mas no desempenho de cargos e funções públicas dentro um Estado cada vez mais moderno. Naquele momento, o horizonte intelectual ou as constelações psicossociais – para usar uma expressão de Fernandes (1978), ao se referir ao modo como os indivíduos percebem o contexto no qual estão inseridos – de parte importante da elite paulista, como os médicos, teria começado a se transformar frente à complexidade da nova conjuntura social, econômica e política.

Assim, a sociologia reproduzida pela ELSP, imbuída de um viés norte-americano, pode ter sido vista como importante aliada naquele momento em que o tratamento da saúde pública também se transformava. A partir da década de 1920, iria se implantar em São Paulo nova orientação na organização dos serviços da saúde, que, assim como a sociologia da ELSP, também teria inspiração norte-americana (MELLO, 2012), tendo como foco a promoção da educação sanitária. A despeito de, por ora, este interesse da classe médica pela ELSP estar apresentado apenas como possível conjectura, destacam-se os indícios e os fatos que corroboram sua verificação. A presença de nomes ilustres da medicina e da saúde pública paulista, como Gerado de Paula Souza e Rodolfo Mascarenhas,[5] entre aqueles que também construíram a história da ELSP parece não ser um evento gratuito. Ao contrário, trata-se de um fato dotado de sentido, intenção e, portanto, merecedor de especial atenção. Eram personalidades centrais no que diz respeito ao desenvolvimento do que a bibliografia especializada considera ser o "pensamento clássico da saúde pública" (MELLO, 2012) e, por consequência, figuras fundamentais na determinação dos modelos de assistência e atendimento a um dos campos de maior interesse naquele momento: a saúde.

A presença de nomes desta envergadura em torno da ELSP para a organização da saúde paulista na primeira metade do século XX é um indício de que estariam convencidos quanto à importância daquela incipiente Escola para o que propunham: modernizar as formas de enfrentamento dos problemas e de

5 O primeiro, Paula Souza, como signatário do *Manifesto de Fundação*, e o segundo, Mascarenhas, como aluno e professor.

promoção da saúde pública. Como já foi dito, a valorização da saúde também compunha uma agenda pela modernização. As perspectivas e os desdobramentos da presença destas figuras na ELSP no que diz respeito às políticas públicas são apontadas como parte importante dos interesses que podem ter se constituído em torno desta Escola. Aliás, ao considerá-las como parte, é porque desde já se admite que não apenas interesses ligados ao Estado (que partiriam de figuras que exerciam ou almejavam exercer funções públicas) poderiam estar presentes, mas outros, como a preocupação com a qualificação profissional. Isto é, poderia haver interesse na ELSP por ser uma instituição que proveria naquele momento, em São Paulo, a formação acadêmica necessária (segundo certa percepção, não necessariamente dominante) ao profissionalismo médico. Obviamente, interesses científicos, profissionais ou mesmo de ordem política podem se sobrepor e, por isso, se confundir. Mas cabe considerar que a proposta de ensino da ELSP – a princípio uma sociologia de natureza aplicada – pode ter atraído tanto alunos[6] como professores de formação médica por motivos variados. De todo modo, independentemente da motivação, o fato é que já teriam identificado uma relação (direta ou indireta) das ciências sociais com a medicina e com sua profissão.

Quem eram e o que ensinavam os professores médicos da ELSP?

Como também já foi apontado, a questão central deste trabalho é compreender os meandros da relação extramuros entre sociologia e medicina em São Paulo ao longo das décadas de 1930 e 1940, tentando-se averiguar suas razões e quantas mais possam ser identificadas em um momento de intensas transformações sociais no Brasil, principalmente em São Paulo. Neste sentido, o primeiro passo para o aprofundamento da reflexão quanto a esta relação interinstitucional e seus desdobramentos foi identificar quem seriam os médicos que teriam se aproximado da ELSP na condição de professores entre os dez primeiros anos de vida da instituição.

---

6 Em levantamento realizado na lista de matriculados para o 1º semestre de 1933, foi possível identificar pelo menos 13 alunos com formação médica, tanto concluída ou por concluir. Não é um número muito expressivo ao se considerar mais de 200 matrículas, chamando mais atenção a presença de um número maior de professores, em proporção, ao total de docentes.

Entre 1933 e 1943, já haviam sido contabilizados 54 nomes entre seus professores, mais especificamente no curso de Sociologia,[7] tanto homens como mulheres, predominando os primeiros. Dentre eles, ao longo desses dez anos, lecionaram exatamente nove médicos (16% do total), sobre os quais se tentará tecer uma análise não apenas acerca de suas trajetórias enquanto professores, mas, acima de tudo, como reprodutores de determinado pensamento médico que se erigia e, ao que parece, de certa maneira simbiótica com a incipiente instauração da sociologia na ELSP.

Deve-se observar que, ao apontar os médicos que passaram pela ELSP, o que se pretende não é valorizar suas figuras ou biografias (embora sejam relevantes ao estudo), mas observar como abordaram certas temáticas, uma vez que a predominância de certos temas pode indicar algo sobre as linhas gerais deste pensamento médico, bem como sugerir quais seriam os interesses explícitos ou velados de seus reprodutores. Assim, o que se busca não é apenas fazer uma breve apresentação destas personalidades, mas, concomitantemente, uma análise mais profunda de algumas de suas produções e das disciplinas que lecionavam. Vale dizer que esta leitura mais aprofundada quanto a alguns médicos professores e suas obras será feita mais adiante, no próximo capítulo, quando serão analisadas produções como livros ou aulas e discursos transcritos.

Do mesmo modo, também se considera fundamental mencionar e analisar as atividades exercidas por algumas destas figuras junto ao Estado ou outras instituições da sociedade civil e que tenham tido relevância à época. Se a hipótese quanto aos interesses destes médicos com relação às ciências sociais transcende o mero interesse científico, torna-se imprescindível também conhecer a natureza das funções fora da academia, ou seja, a exemplo daquelas ligadas ao governo e à política. Por isso mesmo, assim como em relação à vida acadêmica destes médicos na ELSP, também se fará uma leitura mais detalhada em capítulos a seguir sobre as atuações como figuras públicas. Por ora, serão apresentados alguns dados mais gerais que introduzem a discussão, a exemplo da identificação das

7 Para este estudo, considerou-se apenas o curso de Sociologia, não sendo contabilizados os professores do curso de Biblioteconomia iniciado a partir de 1940, com a participação direta do escritor Mário de Andrade.

cadeiras (disciplinas) e seus respectivos professores, bem como de alguns cargos e funções mais eminentes ocupados por estes médicos.

As principais informações acerca dos médicos professores da ELSP com as quais aqui se produz este trabalho são oriundas de documentos como o Relatório Retrospectivo sobre a vida pregressa da Escola Livre de Sociologia e Política de São Paulo, produzido em 1949.[8] Este, assim como outros, encontra-se entre os arquivos do CEDOC/FESPSP,[9] como anuários, livros, aulas transcritas, entre outros registros. Trata-se de rica e extensa documentação que, embora já tenha sido parcialmente trabalhada por outros pesquisadores, não foi ainda sistematizada da mesma forma como aqui se propõe. Isso significa que o ineditismo deste trabalho se constitui na delimitação do objeto de estudo, ou seja, na leitura específica sobre os médicos presentes (como professores ou não) na primeira escola de sociologia do país, na leitura de suas disciplinas, no caso dos professores, suas produções, e atividades enquanto homens públicos. Para além da discussão de caráter bibliográfico, parte-se da leitura de fontes primárias, as quais podem fornecer importantes pistas para a melhor compreensão da natureza da relação entre medicina e sociologia na década 1930 em São Paulo.

O primeiro momento da pesquisa consistiu no levantamento e na identificação daqueles que estiveram envolvidos no processo de fundação da instituição, apenas como signatários do *Manifesto*, como membros do corpo docente ou do Conselho Geral, ou como pertencentes ao quadro de dirigentes.

Dentre os signatários do *Manifesto de Fundação*, foi possível identificar pelo menos 17 médicos (dentre os 101 que assinaram). Da própria leitura do documento, constata-se a presença de figuras eminentes e de formação médica (ver Quadro 1, a seguir).

---

8 Os registros deste documento são de 27 de maio de 1933 até 1946 (sem definição de data, mas acredita-se que seja dezembro, quando da finalização do semestre). Dentre os arquivos, estão os anexos documentais do livro *Escola Livre de Sociologia e Política de São Paulo: anos de formação 1933-1953* (publicado em 2010), na forma de fac-símile, dentre os quais: informações e programas do curso referentes aos anos de 1933 e 1934; Anuário da Escola Livre de Sociologia e Política de São Paulo (1943); Prospecto Geral (1953); e cópia do Manifesto de Fundação, datado de 17 de abril de 1933.

9 Centro de Documentação da Fundação Escola de Sociologia e Política de São Paulo.

Quadro 1: Signatários do Manifesto de Fundação da ELSP, cargos, funções e vínculos institucionais, 1933

Médico signatário do Manifesto assinado em 17 de Abril de 1933.	Cargo/Função/Vínculo Institucional em 1933.
Americo Brasiliense de Almeida Mello	Vinculado à Santa Casa de Misericódia de São Paulo e à Real e Benemérita Sociedade de Beneficência Portuguesa (Cargos de Direção).
André Dreyfus	**Professor da Faculdade de Medicina de São Paulo.**
Antonio Carlos Pacheco e Silva	Professor da Faculdade de Medicina de São Paulo, Presidente da Sociedade Médica de São Paulo, Diretor do Hospital Psiquiátrico do Juquery e Deputado Constituinte por São Paulo (eleito naquele ano).
Antonio de Almeida Prado	**Professor da Faculdade de Medicina de São Paulo.**
Antonio Prudente de M. de Moraes	Professor da Faculdade de Medicina de São Paulo.
Cantídio de Moura Campos	**Diretor da Faculdade de Medicina de São Paulo.**
Carlos de Moraes Barros	Embora haja registro de sua ligação com a Faculdade de Medicina nos anos 1940, não foi possível encontrar informações quanto às suas atividades em 1933.
Felício Cintra do Prado	**Chefe do Serviço de Clínica Médica e membro do Conselho Diretor da Policlínica de São Paulo.**
Geraldo de Paula Souza	Professor da Faculdade de Medicina de São Paulo e Diretor do Instituto de Higiene de São Paulo.
José Ayres Netto	**Professor da Faculdade de Medicina de São Paulo**
José de Almeida Camargo	Deputado Constituinte por São Paulo (eleito naquele ano).Não foi possível encontrar registro de cargo específico.
Jose Fajardo	**Vinculado à Diretoria de Assistência a Psicopatas da Secretaria de Estado dos Negócios da Educação e Saúde Pública. Não foi possivel encontrar registro de cargo especifico.**
Luiz Rezende Puech	Professor da Faculdade de Medicina de São Paulo.
Pedro de Alcântara	**Professor do Instituto de Higiene de São Paulo.**
Raul Briquet	Professor da Faculdade de Medicina de São Paulo
Ulysses Paranhos	**Professor da Faculdade de Medicina de São Paulo.**
Waldo Rolin de Moraes	Vinculado à Faculdade de Medicina de São Paulo e à Santa Casa de Misericódia de São Paulo. Não foi possível encontrar registro de cargo específico.

Fonte: CEDOC/FESPSP

Ao analisar este grupo, percebe-se que não são profissionais médicos comuns, mas homens ligados a importantes instituições da área médica, nas quais ocupavam cargos de certa notoriedade e, na sua maioria, professores da Faculdade de Medicina de São Paulo. Desta lista, três se tornariam professores da ELSP: Antônio Carlos Pacheco e Silva, Raul Briquet e André Dreyfus, sendo que estes dois últimos lecionariam já na primeira turma. Na mesma relação de nomes, é preciso destacar a figura de Cantídio de Moura Campos, que, afinal, assumiria em 1933, para além do cargo de diretor da Faculdade de Medicina, a função de diretor da ELSP, mantendo-se no cargo entre 1933 e 1940. Seu vice, também médico, foi Antônio de Almeida Prado. Isso por si só já pode ser considerado um fato significativo quanto ao nível de relação da Escola Livre de Sociologia e Política de São Paulo com uma classe de médicos paulistas e, mais especificamente, com a Faculdade de Medicina de São Paulo. Aliás, Campos e Almeida Prado também iriam compor o Conselho Superior, assim como Briquet, também médico, o qual ficou incumbido de elaborar, juntamente com a diretoria eleita, o regimento interno da instituição.

Feita esta breve apresentação quanto aos signatários, apresenta-se no Quadro 2 a relação geral dos médicos professores que lecionaram na ELSP entre 1933 e 1943.

Quadro 2: Professores médicos da ELSP, datas de nascimento e morte e função

Professor (Médico)	Viveu entre	Função na ELSP
André Dreyfus	1897-1952	Professor
Antonio Carlos Pacheco e Silva	**1898-1988**	**Professor**
Antonio Ferreira Almeida Júnior	1892-1971	Professor
Aristides Ricardo	**?**	**Professor Assistente**
Durval Marcondes	1899 1981	Professor
Edgard Barroso do Amaral	?	Professor
Jorge Street	1863-1939	Professor
Raul Briquet	1887-1953	Professor
Rodolfo dos Santos Mascarenhas	1909-1979	Professor
Walter Sidney Pereira Leser	**1909-2004**	**Professor**

Fonte: CEDOC/FESPSP

Ao longo da pesquisa, foi possível não só identificar os médicos de formação, mas também disciplinas que cada um deles ministrava. Constata-se que a maioria dessas disciplinas apresentava uma ligação, em maior ou menor grau, com as ciências biológicas, o que certamente justificaria a presença de um médico naquela cadeira. Contudo, ainda que com pouca ou nenhuma relação com teorias biológicas, havia disciplinas oferecidas por professores médicos, os quais detinham, em alguma medida, expertise para tratá-las (ver Quadro 3).

Quadro 3: Professores médicos da ELSP, disciplinas e suas datas de início

Professor (Médico)	Disciplina	Ano de início da disciplina na ELSP
André Dreyfus	Biologia Social	1933
Antonio Carlos Pacheco e Silva	**Serviços Sociais**	**1936**
Antonio Ferreira Almeida Júnior	Fisiologia do Trabalho	1933
Aristides Ricardo	**Serviços Sociais**	**1939**
Durval Marcondes	Psicanálise e Higiene Mental	1939
Edgard Barroso do Amaral	Biologia Social	1938
Jorge Street	Organização do Trabalho	1935
Raul Briquet	Psicologia Social	1933
Rodolfo dos Santos Mascarenhas	Administração Pública	1940
Walter Sidney Pereira Leser	**Estatística**	**1937**

Fonte: CEDOC/FESPSP

No primeiro momento, ao que parece, das nove disciplinas lecionadas, apenas três não teriam alguma ligação com as ciências biológicas: Organização do Trabalho, Administração Pública e Estatística. Em uma leitura menos atenta, a disciplina Educação Nacional pode também parecer mais distante de alguma discussão de ordem biológica. Contudo, a análise mais detida e profunda do plano de ensino revela a relação existente: afinal, na área educacional, adotava-se naquele momento um "discurso pelo desenvolvimento das populações brasileiras por meio de implementação de preceitos higiênicos e educacionais em associação com concepções eugenistas" (VIVIANI, 2007, p. 104).

Tópicos como Educação Moral, Educação Religiosa e Educação Sexual sugerem a existência de discussões que poderiam se enquadrar no diapasão do ideário higienista ainda em voga naquela época. Além disso, o próprio professor Briquet tem em sua trajetória intelectual dois pontos que chamam a atenção para o que se afirma sobre esta disciplina. Primeiramente, Briquet é conhecido por seus trabalhos em psicologia social e pela forma como nestes relaciona a psicologia com aspectos da biologia e da sociologia, reproduzindo visões eugenistas e higienistas. Em segundo lugar, foi um dos signatários do Manifesto dos Pioneiros da Educação Nova em 1932,[10] o que indica seu interesse e envolvimento pelo tema da educação nacional.

10 Além de Briquet, outro importante médico e professor também foi signatário deste documento: Antônio Ferreira Almeida Jr.

Vale destacar que os programas (planos de ensino) de duas disciplinas – Organização do Trabalho e Administração Pública – não foram encontrados para esta pesquisa, o que impossibilitou análise mais profunda quanto aos conteúdos desenvolvidos pelos professores em cada uma delas.[11] Com relação às outras sete, foi possível ter acesso aos programas utilizados. Mas, no caso da disciplina Biologia Social, foi encontrado apenas o programa aplicado por Dreyfus em 1933, não sendo localizado o programa utilizado por Marcondes em 1938. Da mesma forma, encontrou-se o programa da disciplina Serviços Sociais, ministrada por Antônio Carlos Pacheco e Silva, mas não o que foi utilizado por Aristides Ricardo em 1939, embora tenha sido ele professor assistente do primeiro. Assim, em nenhum dos dois casos foi possível constatar alterações quanto ao conteúdo programático.

A seguir, considerando-se as disciplinas lecionadas por médicos apresentadas no Quadro 3, apresenta-se no Quadro 4 uma breve classificação, por agrupamento, conforme o grau de afinidade com as áreas biológicas, variando-se entre o maior e o menor grau.

Como se pode observar, já em 1933, ano de fundação da ELSP, havia três médicos entre os professores. Naquele semestre, ao todo eram oferecidas dez disciplinas para a primeira turma, o que significa que pouco mais de 30% do conteúdo da grade estava relacionado a disciplinas que tinham alguma relação com as ciências biológicas. Eram as disciplinas de Biologia Social, de Fisiologia do Trabalho e de Psicologia Social.

11 No Capítulo 3 desta tese, será analisada a trajetória dos dois professores destas disciplinas, Jorge Street (Organização do Trabalho) e Rodolfo S. Mascarenhas (Administração Pública). Suas atividades como homens públicos podem ajudar a compreender as linhas gerais do que ensinavam e compartilhavam com os alunos. Street, na condição de um dos maiores empresários da época, poderia falar sobre a organização do trabalho da perspectiva de um administrador e industrial. Mascarenhas, por sua vez, era um homem do Estado, o que o habilitava a ensinar administração pública.

Quadro 4: Disciplinas ministradas na ELSP e grau de discussão de cunho biológico

Disciplina	Grau de discussão de cunho biológico
Biologia Social	Alto grau de discussão de cunho biológico.
Fisiologia do Trabalho	
Educação Nacional	Médio grau de discussão de cunho biológico e alto grau de diálogo com áreas como Psicologia e Psicanálise.
Psicanálise e Higiene Mental	
Psicologia Social	
Serviços Sociais	
Administração Pública	Baixo grau de discussão de cunho biológico, com preocupações voltadas ao controle racional burocrático.
Estatística	
Organização do Trabalho	

Fonte: CEDOC/FESPSP

Evidentemente, ao longo dos anos, a ELSP foi reestruturando sua grade de ensino e, com isso, ampliando a gama de disciplinas, o que diminuiu a proporcionalidade daquelas lecionadas pelos médicos. De todo modo, o fato é que as temáticas tratadas por eles, enquanto professores, desde o início do curso, estavam presentes, pelo menos, durante primeira década de existência da Escola.

A despeito da influência da sociologia norte-americana, uma das mais desenvolvidas até aquele momento no mundo, disciplinas como Biologia Social indicavam a forte presença de uma visão clássica da sociologia, mais precisamente ligada às produções de Comte e Durkheim, nas quais se compara a sociedade a um organismo vivo. Aliás, este foi o caminho adotado por outros médicos brasileiros intérpretes do Brasil, como Manoel Bonfim (1868-1932), para quem "o biológico é modelo de compreensão dos fatos sociais" e "da analogia entre biologia e sociedade chega-se à noção de doença, conceito-chave para o entendimento do atraso latino-americano" (ORTIZ, 2012, p. 23).

Dentre os temas tratados por Dreyfus – um dos mais importantes eugenistas daquele período –, estavam evolução dos seres vivos, influência do meio, mestiçagem, eugenia, doenças e defeitos hereditários, bem como os meios de evitá-los. Com interesses e tópicos semelhantes, quando não os mesmos, estava a disciplina de Serviços Sociais, como mais à frente (Capítulo 3 desta tese) poderá se perceber na análise da transcrição de alguma das aulas de Antônio Carlos Pacheco e Silva, bem como do livro escrito por seu assistente Aristides

Ricardo sobre esta disciplina. Outra mais ligada ao veio da biologia era a disciplina Fisiologia do Trabalho, que trazia à tona uma reflexão relativamente nova naquele contexto: apresentava como temática a preocupação não apenas com a produtividade da "máquina humana", ou melhor, nos termos do programa de Almeida Jr., com o "rendimento do motor humano", mas com as "consequências mórbidas do trabalho" e as "moléstias profissionais", como está registrado no plano de ensino da disciplina.

Pari passu a esta visão "biologizante" das esferas da vida social estavam as leituras mais ligadas à psicologia, que, evidentemente, não são excludentes da biologia – ao contrário, chegam a convergir por conta deste interstício das explicações que tentavam dar conta da relação entre a mente e o corpo humano. Em 1933, já havia na ELSP a disciplina de Psicologia Social e, em 1939, a de Psicanálise e Higiene Mental, lecionadas respectivamente por Briquet e Marcondes. Naquele momento, já se considerava a psicologia social como ciência inerente à análise sociológica, ao mesmo tempo em que se abria espaço para discussões de natureza psicanalítica. Estas discussões, no Brasil, mais se tornariam cada vez importantes frente à difusão das ideias de Freud entre a intelectualidade, a qual via na psicanálise um saber de enorme capilaridade em tantas outras áreas das ciências sociais (em especial a sociologia) ou da própria medicina, mais especificamente na psiquiatria.[12] No obra *Sociologia e Psicanálise* (BASTIDE, 1948), o autor discorre sobre esta relação entre tais áreas. Já na introdução, afirma ele que a psicanálise

> [...] pretende assim contribuir para a sociologia, da qual muito recebeu. Da sociologia lhe veio a ideia principal, isto é, a de que o indivíduo é modelado pelo familial, senão pelo social. Mas sua dívida e seu reconhecimento são pagos fornecendo à sociologia, com a libido, a explicação suprema do fenômeno social. Entre a psicanálise e a sociologia existem portanto relações de caráter duplo (BASTIDE, 1948, p. 12).

12 No Brasil, o psiquiatra paulista Francisco Franco da Rocha (1868-1934) foi um dos pioneiros no que diz respeito à leitura e à disseminação das teorias de Freud, chegan-

O período entre o final dos anos 1920 e início dos anos 1930 foi muito importante para o desenvolvimento da psicanálise no Brasil. Marcondes e Briquet – juntamente com o psiquiatra Francisco Franco da Rocha, de quem foram alunos – destacaram-se como pioneiros,[13] tendo sido Marcondes um dos fundadores da Sociedade Brasileira de Psicanálise em 1927. Isso explicaria a adesão destes professores às disciplinas lecionadas na ELSP, bem como permite conjecturar o interesse de ambos no ambiente de ensino e discussão sociológica em São Paulo.

De todo modo, a presença de inúmeras figuras emblemáticas de uma classe médica paulista na ELSP parece não ter sido um evento gratuito. Logo, perscrutar os motivos para tanto é o que se apresenta como objeto de investigação. Como caminho para promover tal pesquisa, analisou-se a trajetória destes indivíduos como professores, intelectuais e homens públicos, procurando encontrar indícios que pudessem ajudar a explicar sua atuação de maneira mais próxima às ciências sociais. Apontar quem eram e o que ensinavam tais professores é o primeiro passo para se revelar não apenas suas especialidades profissionais, mas parte de suas filiações ideológicas e visões de mundo. Embora a análise mais detalhada esteja apresentada no Capítulo 3 desta tese, pode-se adiantar que o que orientou a leitura das produções destas figuras foi a busca por pistas que pudessem corroborar e elucidar pontos importantes da hipótese que se levanta: a ELSP, em seus primeiros anos, teria exercido importante papel para o fortalecimento de uma classe profissional de médicos, seja do ponto de vista científico, seja do ponto de vista político. O aspecto científico estaria presente tanto na assimilação e na reprodução de um cabedal teórico inerente às ciências sociais, quanto em termos da promoção de um profissionalismo médico. Já o aspecto político ficaria patente na participação destes médicos no esboço de um projeto de construção do país nos moldes da modernização encabeçado pelas elites ou pelo Estado. Sendo assim, conjectura-se ter a ELSP contribuído para constituir a figura de um intelectual público de formação

do a trocar cartas com este. Franco da Rocha publicou, em 1920, *O pansexualismo de Freud*, lançando uma segunda edição da obra entre 1929 e 1930 com o título *A doutrina de Freud: resumo geral indispensável para a compreensão da psicanálise.*

13 Outra personalidade importante da psicanálise brasileira e ex-aluna da ELSP foi Virgínia Leone Bicudo.

médica nos anos 1930, indivíduo este praticante de ações que transcenderam sua área de formação como profissional, isto é, como médico propriamente dito, motivado por valores e certezas que circulavam entre a esfera da ciência, da política e do imaginário social de um tempo.

Desta forma, à luz do que se discutiu no Capítulo 1 quanto aos contornos de um pensamento médico brasileiro (datado da década de 1930), é preciso que se esclareça em que medida este mesmo pensamento se constitui entre tais professores médicos da ELSP. Mais do que isso, faz-se necessário compreender os consensos e controvérsias existentes entre um grupo de médicos paulistas em torno deste mesmo pensamento, sem perder de vista a maneira como sempre foi "multifacetado, fragmentado, heterogêneo em suas diversas manifestações" (ANTUNES, 1999, p. 276). Evidentemente, a presença da multiplicidade não é um sinal da falta de coerência (ou de linhas gerais congêneres) presente nas mais diversas interpretações destes professores médicos. Ao contrário, trata-se de uma prova da complexidade das pautas científicas e políticas em voga naquele momento, as quais se imbricavam, principalmente, quando o que estava em jogo era a busca por caminhos que promovessem a transformação do país. A sobreposição destes interesses ou a relação simbiótica de preocupações científicas e políticas teria, por assim dizer, ao menos um duplo objetivo: primeiro, promover a leitura e a identificação dos males da nação, que deveriam ser compreendidos para ser tratados; segundo, desenvolver prescrições de natureza normatizadora aos indivíduos, isto é, a todas as esferas da vida em sociedade. Assim, tanto ao analisar as disciplinas presentes na grade de ensino da ELSP naquele momento, como ao constatar quem eram estes professores e signatários do manifesto de fundação (muitos deles homens com funções públicas), este duplo objetivo torna-se ainda mais evidente, principalmente ao se considerar o tipo de formação ali reproduzida, ou seja, voltada à dimensão aplicada da sociologia, de cunho intervencionista.

Mas as possíveis conjecturas quanto aos motivos da aproximação destes médicos com a ELSP não se encerram no âmbito da produção da ciência, ou da forma como esta se relacionou com os interesses políticos presentes no imaginário social naquele momento (principalmente no que diz respeito à ideia de modernização que se impunha como medida contra o atraso da realidade). As motivações políticas talvez possam ser lidas como reação às mudanças no sistema de saúde público promovidas pelo governo federal e, assim, seriam resultado da tentativa de garantir condições ainda mais efetivas para o profissionalismo médico diante da derrota de 1932. Afinal, embora a ELSP não tenha sido fundada como resposta à guerra civil de 1932, a aproximação dos médicos pode ter tido este evento como causa, uma vez que a vitória de Getúlio teria significado a perda de autonomia para esta classe. Segundo Mota e Santos (2010, p. 123), a resistência de São Paulo ao governo por meio da Revolução Constitucionalista de 1932

> foi sentida pela corporação médica de maneira profunda, pois a política getulista centralizou o projeto sanitário nacional, retirando um dos pilares fundamentais do projeto sanitário vigente até então: sua independência tecnológica frente às ações consideradas primordiais para o bom andamento do Estado.

Isso significa que, somada aos objetivos de natureza científica e de participação mais efetiva em um projeto de nação, estaria a reação a um fato conjuntural e político muito emblemático de um período de transformações e rearranjos entre as elites paulistas, das quais, evidentemente, provinha boa parte destes médicos. Como será apresentado mais à frente, os médicos paulistas, ao longo do início do século XX, já haviam conseguido avançar, mesmo que com dificuldades, no que se refere ao desenvolvimento de instituições e políticas voltadas à saúde pública, mas o enrijecimento do poder e a centralização do Estado na figura de Vargas teriam desembocado em retrocesso para as propostas da medicina bandeirante.

De todo modo, resta compreender o peso da derrota de 1932 dentre as possíveis motivações para tal filiação à ELSP, apresentando-a, por ora, como mais uma dentre as quais também se buscará evidenciar a seguir. Feita esta apresentação mais geral dos médicos professores da ELSP, o que se propõe para o próximo capítulo é uma leitura mais profunda quanto aos temas e às discussões feitas por alguns deles. Conteúdo de aulas, livros, discursos públicos, entre outros, são as fontes primárias que alimentaram a produção desta pesquisa. A partir desse material, o que se tentou foi apreender as características gerais do pensamento médico de uma época, bem com desvelar o real sentido (ou parte dele) da aproximação da classe médica paulista com o projeto da primeira escola de ciências sociais no Brasil.

3. Os médicos da Escola livre de sociologia e política de São Paulo entre 1933-1943: suas trajetórias e temáticas

Sociologia [Médica] Aplicada? Uma análise das temáticas lecionadas (ou discutidas em trabalhos) por professores médicos aos primeiros sociólogos formados no Brasil

Temas de interesse do "progresso": da aula inaugural aos anos 1940

O discurso ou pensamento médico, tema do primeiro capítulo desta tese, está entre os principais focos deste trabalho. As motivações que levaram alguns médicos a se aproximarem da ELSP, bem como a forma como reproduziram suas respectivas disciplinas e temáticas de interesse são, em boa medida, resultado direto ou indireto de um tipo pensamento médico vigente em determinado momento e contexto do país. Assim, conhecer a trajetória dos médicos que passaram pela ELSP é importante (como proposto, ainda que brevemente, no Capítulo 2), principalmente por ser um meio de situar e desvelar o pensamento médico de uma época, materializado e expresso nas produções daqueles médicos. Em outras palavras, não são as figuras eminentes em si que mais importam aqui, suas biografias, historias pessoais marcadas por ações e contradições, mas o discurso e a filiação ideológica expressos em suas obras.

Mais do que isso, por meio de suas ações e produções, ligadas direta ou indiretamente à Escola de Sociologia e Política de São Paulo, interessa revelar a forma como participaram da elaboração de um pensamento médico que, a seu modo, contribuía para a reflexão social do país, bem como reproduzia verdades e esquemas teóricos de explicação sobre a realidade e a condição dos indivíduos.

Só foi possível o levantamento de material (fonte primária) de parte do grupo de nove médicos professores apresentados no capítulo anterior como aqueles que estiveram presentes na primeira década após a fundação da ELSP. Esta limitação deveu-se à inexistência de documentos com conteúdo mais relevante para exploração e análise (como livros, aulas, artigos de própria autoria, entre outros). Devido a isso, neste capítulo será apresentada uma discussão mais profunda quanto à produção de alguns daqueles nove professores. Quanto aos demais, ainda que de forma mais geral, será feita uma análise de suas disciplinas e temáticas, mesmo que não se parta de fonte primária com conteúdo produzido por eles, mas de pesquisas de outros pesquisadores.

Dentre os materiais analisados, estão registros em jornais de grande circulação da época, importantes fontes que testemunham quanto àquele contexto. Na citada notícia do *Diário da Noite* de 17 de julho de 1933, sobre a primeira aula da Escola Livre de Sociologia e Política, proferida pelo médico Raul Briquet, este comentava, em linhas gerais, o conteúdo que abordaria.

> Os jornais já divulgaram o tema da aula de hoje: as tendências da sociologia contemporânea. E, dentro desse tema, vou falar, pois, acerca da utilização ampla dos dados da ciência moderna – biologia, psicologia e antropologia – da tendência em fugir-se do particularismo doutrinário, e assimilar-se todos os métodos de investigação social e, finalmente, sobre a tendência de transformar-se a sociologia num instrumento poderoso de reconstrução social (BRIQUET apud DIÁRIO DA NOITE, 1933, s/p.).

O aspecto curioso não é o fato de que a primeira aula da ELSP fosse ministrada por um médico – o que por si só já chama a atenção –, mas a maneira como Briquet demonstrava propriedade sobre o que dizia acerca do pensamento sociológico, bem como sobre quais seriam os pilares do programa da instituição. Já em suas primeiras palavras na aula inaugural, a qual está entre os documentos aqui analisados, apontaria:

> O objetivo central da Escola é o estudo e o ensino da sociologia, para a melhor compreensão e prática da política. Política, arte de

> governar povos e nações, onde sempre se afloram conflitos psíquicos e sociais. Política que preveja a reação emotiva de certas medidas governamentais, e saiba acompanhar o progresso das ciências sociais, do mesmo modo como a medicina acolita os aperfeiçoamentos e descobertas do diagnóstico e terapêutica (BRIQUET, 1933, p. 5).

Assim como no depoimento de outras figuras eminentes daquela época, Briquet demonstra sua preocupação com a "prática da política" de forma explícita, pois havia o entendimento entre seus pares de que era imperiosa a necessidade da formação de quadros para o comando do país. Em sua fala, vale destacar a forma como compara a política com a medicina, saberes que em sua ótica deveriam estar atentos aos avanços e aperfeiçoamentos de cunho científico para o bom desempenho de suas funções. Em sua declaração, ao reiterar a importância das ciências sociais para a politica, revela sua consciência quanto ao papel das mesmas, principalmente no que diz respeito à possibilidade de previsão e orientação da ação de quem governa.

Mais à frente, além do objetivo da disciplina, discorreu também sobre o que, para ele, eram algumas das mais importantes tendências da sociologia.

> Consubstanciam-se: 1º) na apreciação global da vida social, sem preponderância de pontos de vista particulares (econômico, geográfico, ideológico), e no aproveitamento de toda documentação, por menor que seja; 2º) na assimilação dos dados modernos da biologia, psicologia e antropologia cultural, que constituem as bases da sociologia científica; 3º) em sua finalidade ética, isto é, objetivo de concorrer à reconstrução social (BRIQUET, 1933, p. 6).

Neste trecho, revela seu conhecimento sobre um dos pontos mais importantes da análise sociológica, ou seja, a consideração da complexidade da vida social, a qual não pode se pode prender à "preponderância de pontos de vista particulares". Além disso, chama a atenção para outros dois pontos relevantes em sua leitura: a presença dos "dados modernos da biologia" na base da sociologia e a finalidade ética do pensamento sociológico, o qual teria a finalidade de reconstruir a sociedade. Estas duas últimas tendências da sociologia mencionadas por Briquet podem ser vistas, em certa medida, como os principais pontos de tangência entre um pensamento social (ou sociológico) e o pensamento médico. A valorização da biologia, bem como da necessidade de ações normatizadoras para intervir na sociedade, já fazia parte do discurso médico havia tempo, desde a conformação da medicina social, tanto dentro como fora do Brasil. Aliás, estas eram temáticas e preocupações de autores como Nina Rodrigues e aqueles ligados à sua "Escola", nas palavras de Corrêa (2013), responsáveis que foram pelo desenvolvimento da medicina legal e da antropologia brasileira.

Ao longo de sua exposição, vai cotejando suas impressões acerca da sociologia norte-americana com a francesa. Embora com citações pontuais e sucintas, vai mostrando erudição ao discorrer sobre pensadores como Cooley, Franz Boas, Durkheim, Marx e Freud, entre outros. Estava convencido – e para tanto, citava autores como Cooley – quanto à importância da biologia como uma das bases científicas da sociologia, logo, fundamental para a compreensão do social.

> [...] no que se refere à biologia, pode afirmar-se que nunca se encarece o seu papel social: hereditariedade, instinto, seleção, problemas de raça e população, etc., são questões de capital significação, que só encontram diretriz segura na interpretação biológica (BRIQUET, 1933, p. 12).

Ao reivindicar o papel da biologia como essencial ao conhecimento social, fala sobre a polêmica existente naquele momento em torno da noção de instinto humano "como fator psíquico do comportamento social" (BRIQUET, 1933, p. 13), saindo em sua defesa como prova da importância da biologia nas análises sociais.

> [...] a biologia não nega a existência dos instintos. É precisamente sobre o instinto sexual, tão proteiforme e soberano, que assenta a obra imortal de Freud. Não é de boa lógica, portanto, recusar, em psicologia ou sociologia, uma verdade inconteste em biologia (BRIQUET, 1933, p. 13).

Ao que parece, haveria um consenso da necessidade do conhecimento de alguns aspectos biológicos considerados inerentes à vida e ao comportamento humano por parte dos médicos, aspectos estes que não poderiam deixar de ser tratados pelo egresso do curso de Sociologia. A questão da "biologização" das relações humanas e comportamentais talvez não seja novidade, ao se pensar no processo de surgimento da sociologia (das ciências humanas de maneira geral) comprometida com o positivismo de Comte. Afinal, este também teria sido o caminho seguido pela literatura clássica quando se percebe a forma como, por exemplo, Emile Durkheim fala de "organismo social" e "consciência social", pressupondo-se ser a sociedade algo de fato vivo por conta de seu dinamismo.

O que de fato merece destaque e atenção é a maneira como em São Paulo o processo de institucionalização das ciências sociais, a partir da fundação de sua primeira escola, por conta da presença de um grupo de médicos entre seus fundadores, parecia destacar e reiterar o papel da biologia.

Para além da biologia, Briquet, naquela aula, defendia outro pilar ou tendência da sociologia contemporânea dos anos 30 do século passado: a psicologia.[1] Para explicar sua importância, fez nesta sua fala uma comparação entre os desfechos da Revolução Francesa e da Revoluçao Russa. Explicava Briquet que na Revolução Francesa

> [...] em 18 meses, mataram o rei e muitos líderes do movimento, inclusive Danton e Robespierre. Na segunda [Russa], depois do extermínio da família real, como reação contra o czarismo, não se verificou assassínio de chefe algum, e isso, num período de mais de 15 anos. Qual o motivo? A explicação é psicológica. Na Revolução Francesa, suprimiu-se o rei, que foi substituído por estatuas de abstrações: Razão, Liberdade, Natureza. Nessas circunstâncias, cada chefe que surgia com o propósito de assumir o mando supremo, era eliminado pelos revolucionários, coerentemente, dentro da abstração: espírito de justiça e igualdade universais... Na Rússia, ao revés, desapareceu a figura do czar,

1 Aliás, naquele mesmo ano (1933), Briquet assumiria a cadeira de Psicologia Social na ELSP; Em 1935, publicaria a obra *Psicologia social*.

> que se substituiu pela de Karl Marx. Em toda parte, residências e edifícios públicos, encontram-se bustos e fotografias de Marx e Lênin, que simbolizam e concretizam as aspirações do povo russo (BRIQUET, 1933, p. 14).

O exemplo utilizado para poder explicar o papel da psicologia expressa e reitera sua posição, enquanto intelectual, sobre o uso instrumental das ciências sociais (considerando-se aqui a psicologia como um braço da sociologia) para a prática política. Em um dos trechos de sua apresentação chega a exclamar: "Quantos dissabores e decepções se evitariam, possuíssem governos e governados melhor noção do determinismo psíquico, que lhes rege a vida intelectual e emotiva!" (BRIQUET, 1933, p. 13). Observa-se, no entanto, que a defesa e explanação por Raul Briquet destas tendências inerentes à sociologia têm uma motivação explícita, para além da preocupação com a boa prática da política naquele contexto. Tais tendências da sociologia, como a valorização da biologia e da psicologia, legitimariam a fala de um médico que, a despeito de não ser sociólogo por formação, dominaria minimante um cabedal teórico destas áreas. Neste sentido, ao mesmo tempo em que justificaria sua presença como professor naquela escola,[2] destacava sua figura como médico, ou seja, representante de um conhecimento de cunho biológico imprescindível à análise sociológica. Isto é, buscava reiterar o poder de sua fala, de sua verdade, bem como a legitimidade de onde falava, aspectos importantes sobre os quais aqui já se discorreu ao se pensar nas perspectivas tanto de Foucault (1979) como de Bourdieu (2013), ao se tratar da produção de um discurso.

Avançando em sua explanação, Briquet discorre sobre o que chama de Antropologia Cultural, valorizando-a em detrimento da "antropo-geografia" (BRIQUET, 1933, p. 15) a qual, em sua opinião, "se restringe ao determinismo geográfico [...]. De maneira alguma, pode avaliar-se a cultura de um povo pelo seu ambiente topográfico" (BRIQUET, 1933, p. 16). Logo, em detrimento à per-

2 Atuando como partícipe no processo de qualificação da prática politica por meio de um melhor conhecimento acerca da realidade social, uma vez que o objetivo da ELSP, como se vê no *Manifesto de Fundação* era formar quadros dirigentes.

manência de certos resquícios de uma visão "biologizante" das relações humanas, herança daquela medicina da passagem do século XIX para o XX, aceitava o culturalismo de Franz Boas, citando-o e admitindo que "a diversidade psíquica dos indivíduos não é de natureza racial" bem como afirmando que "o mito ariano, isto é, a doutrina da suposta supremacia biopsicológica dos descendentes de arianos, está de todo desacreditada" (BRIQUET, 1933, p. 16)

Estas afirmações colocam Briquet em outra posição que não aquela dos médicos defensores das teorias raciais, a exemplo de Nina Rodrigues. Isso significa que, a despeito da defesa do papel da biologia como instrumento fundamental à análise sociológica, não reiterava o racismo biológico tão em voga na virada do século.[3] Ao contrário, afirmava que a "antropologia cultural dissipa a veleidade dos preconceitos de raça" (BRIQUET, 1933, p. 17). Aliás, como se apontou no Capítulo 1 deste trabalho, as tais teorias raciais perdiam fôlego ao se adentrar o século XX, principalmente, porque a função que assumiam na explicação sobre a condição do brasileiro perdia sentido, uma vez que o mito da miscigenação racial – como fora discutido por Ortiz (2012) e Schwarcz (1993), entre outros – sofreria uma ressignificação e, consequentemente, mudaria a visão quanto à identidade nacional. Estas observações quanto às afirmações de Raul Briquet na aula inaugural da ELSP são fundamentais à compreensão do pensamento médico, pois denotam (ou ao menos trazem pistas) algumas de suas características naquele momento. Uma delas e que parece ter se tornado evidente é uma relativa reorientação quanto ao papel da Biologia na compreensão das relações humanas. Se por um lado ela permanece fundamental, por outro, não mais se trataria do discurso do racismo biológico, quer dizer, daquela explicação na qual se enfatiza a influencia do meio e da raça. Assim, naquele momento, tratava-se de valorizar o que chamou de "psicologia genética", pela qual se acompanharia o "desenvolvimento mental do indivíduo".

---

3 Pelo menos não de forma literal ou diretamente. Briquet parece buscar uma espécie de readequação teórica a seu tempo, no qual, ainda que a eugenia seja muito forte, não predominaria mais entre as interpretações sobre o homem comum aqueles vertentes mais racistas. O que não valerá (como se discutirá mais a frente), por outro lado, em algumas das obras de Antônio Almeida Jr., para o qual a questão do determinismo biológico (logo, também racial) parecia ainda muito forte.

Ainda em sua apresentação, Briquet vai discorrer sobre questões raciais envolvendo negros e brancos, mas curiosamente não cita o caso brasileiro, muito menos faz menção as heranças de uma sociedade escravocrata naquele momento. Porém, ainda assim, mantem o discurso de questionamento quanto às diferenças raciais. Já ao final de sua exposição, discorre sobre a finalidade ética da sociologia, a qual "consiste no escopo da reconstrução social, que ressalta a obra educativa" (BRIQUET, 1933, p. 21). Logo, a educação e a formação das massas deveriam ser promovidas e com a colaboração de sociologia na opinião de Briquet. Aliás, vale ressaltar que Briquet, juntamente com outros médicos que lhe são contemporâneos em maior ou menor grau (como Arthur Ramos e Aristides Ricardo, entre outros), tinha a educação como um dos temas sobre os quais mais se debruçava, assumindo, também em 1933, além da cadeira de Psicologia Social, a de Educação Nacional. Mais a frente, esta temática será retomada entre as demais também caras ao pensamento médico daquele contexto e, mais especificamente, daquele grupo de médicos professores presentes na ELSP. De toda forma, tomando o discurso de Briquet como um todo, não apenas é possível se perceber quais seriam as linhas mestras do pensamento que se instauraria na recente escola criada, mas também se constata a propriedade com que aborda conhecimentos em ciências humanas. Sua convicção quanto à necessidade de se reconhecer o papel da biologia nos estudos quanto ao comportamento humano e as relações sociais é algo patente em seu posicionamento.

Mas o domínio e a discussão acerca da biologia não era uma exclusividade de Briquet. Prova disso está na presença André Dreyfus, importante médico da Faculdade de Medicina de São Paulo e introdutor dos estudos sobre genética no Brasil. André Dreyfus, assim como tantos outros jovens brasileiros nascidos na virada do XIX para o XX e que buscam a formação em medicina, estudou na Faculdade de Medicina do Rio de Janeiro. Chega a São Paulo em 1927, quando vai atuar como segundo assistente de Histologia e embriologia na Faculdade de Medicina de São Paulo, tratando de temas como teoria da evolução e genética. Conforme os registros do CEDOC/FESPSP, André Dreyfus assumiria sua disciplina já na primeira turma da ELSP em 1933, disciplina intitulada Biologia

Social. No Programa de ensino que desenvolvera,[4] Dreyfus faz uma divisão em sete tópicos: 1 – A vida no Universo; 2 – Caracteres próprios aos seres vivos; 3 – Constituição celular dos seres vivos; 4 – Propriedades gerais dos seres vivos, especialmente do homem; 5 – Hereditariedade, variação e evolução, especialmente na espécie humana; 6 – Noções gerais sobre a vida social entre os animais; e 7 – Problema da morte. Dentre todos, certamente o que mais chama a atenção é o tópico de número 5, principalmente pelo contexto no qual as temáticas nele discutidas tinham interesses que transcendiam o olhar científico, alcançando discussões de natureza política, por exemplo. Afinal, era neste tópico no qual eram discutidos aspectos como hereditariedade, evolução dos seres vivos, influências do meio, transmissão de caracteres, seleção, mutação, raças humanas, mestiçagem, eugenia, doenças, etc. Todas estas temáticas ainda eram importantes naquele momento para muitos intelectuais no desenvolvimento de suas análises acerca da realidade social. Como já discutido no Capítulo 1, embora as teorias raciológicas e as explicações pautadas no darwinismo social começassem a declinar na Europa, por aqui ainda tinham seu valor. Aliás, o tema da eugenia e a preocupação com o melhoramento da raça eram um dos pilares das discussões sobre a construção do Brasil e de sua identidade como nação desde o século XIX. Portanto, ao que parece, na composição da grade curricular da ELSP, já para sua primeira turma em 1933, isso foi levado em consideração.

Mas entre todas estas temáticas, Dreyfus se destacaria na produção de estudos acerca da genética,[5] a qual levaria, de certo modo, ao questionamento das bases do discurso eugênico predominante. Se a discussão sobre eugenia embasada no darwinismo social e no neolamarckismo[6] não era algo deveras novo, assim o era a discussão sobre genética na primeira metade do século XX (embora as

4 O programa de ensino desta disciplina foi publicado na íntegra como anexo em Kantor; Maciel; Simões (2009).

5 No Brasil, a introdução da genética como área de estudo ocorre, em São Paulo, através dos Institutos Agrícolas entre as décadas de 10 e 20 do século XX.

6 O neolamarckismo estaria ligado a uma visão que admite a possibilidade de que os indivíduos sejam influenciados pelo meio e, assim, possam adquirir características ou perder outras, isto é, pela lei do uso e desuso, iriam alterando seus códigos genéticos e transferindo tais alterações para outras gerações.

descobertas de Mendel já fossem conhecidas por volta de 1860), fato que sugere o vanguardismo das aulas de Dreyfus. Apesar da abordagem biologizante de suas explicações, Dreyfus não necessariamente reproduzia o que os eugenistas mais ferrenhos defendiam, aliás, entrava em certo confronto com estes ao publicar seus estudos sobre genética em 1929 no Primeiro Congresso Brasileiro de Eugenia. Segundo consta, foi nesse congresso em que Dreyfus apresentou seu trabalho intitulado *O estado atual do problema da hereditariedade.*

> Dreyfus chamou atenção para o fato de que as leis de Mendel e sua confirmação experimental haviam dado à genética uma orientação inteiramente nova. Observou que as alternativas, como a lei da herança ancestral de Galton, citadas repetidas vezes pelos eugenistas, eram agora tomadas a sério apenas por pesquisadores "distantes dos resultados positivos da genética". Todos os esforços por confirmar experimentalmente as noções lamarckianas haviam fracassado, dizia ele, e, em consequência, a convicção de "vários eugenistas de que um ambiente favorável, boa alimentação e instrução seriam capazes de influenciar o patrimônio hereditário" teria, "infelizmente", de ser abandonada (STEPAN, 2005, p. 103).

As leituras eugenistas foram fundamentais para determinar muitas das ações do Estado brasileiro na passagem do século XIX para o XX com relação àquilo que se acreditava serem medidas necessárias para promover a modernização do país. Desta forma, atribuía-se alto valor e prestígio aos intelectuais que defendiam estas premissas, dentre os quais havia muitos médicos. Assim, a despeito de também ser médico, professor da Faculdade de Medicina de São Paulo, e, portanto, transitar na elite paulistana da medicina, com o desenvolvimento de seus estudos em genética, Dreyfus promovia um duro golpe nas bases do eugenismo que, durante décadas, ajudava a explicar o Brasil. A importância do eugenismo fica evidente quando se leva em consideração que em 1918, contando com 140 membros, era fundada a Sociedade Eugênica de São Paulo, a primeira desta natureza na América Latina. Este fato chama a atenção não apenas pela organização desta agremiação em si ou pelo número de associados, mas sim como é emblemático em termos da materialização de uma certeza (e que se reivindicava como de caráter científico) que pairava no pensamento médico: a necessidade de se desenvolver características "boas" e extirpar as "ruins". Afinal, tratava-se de um país marcado pela presença e predomínio do negro e, portanto, de uma raça que, segundo especulações ou certezas da teoria raciológica, era inferior. A força deste pensamento era tamanha que, ainda na década de 1940, Dreyfus sentia a necessidade de permanecer com sua crítica à base do pensamento eugênico predominante, isto é, a hereditariedade neolamarckiana, fato que sugere a dificuldade da quebra deste paradigma. Mesmo com os avanços das discussões sobre genética ao final dos anos 20, um dos mais importantes eugenistas brasileiros, o médico Renato Khel, ainda naquele momento, "tinha dificuldades em abandonar a noção lamarckiana da eugenia preventiva, que por tanto tempo havia definido o movimento no Brasil" (STEPAN, 2005, p. 105). Mas uma questão se coloca como reflexão quanto ao processo de institucionalização e consolidação do pensamento eugênico no Brasil: por que o movimento não apenas foi tão organizado, protagonista na América Latina, e resistente diante evidências que mostravam sua fragilidade? Nada mais evidente que o passado escravocrata. O Brasil não apenas foi o país com o maior número de escravos trazidos da África, bem como foi o último a promover a abolição entre aqueles escravocratas. Portanto, seu pioneirismo na promoção da eugenia pode ser lido como uma reação (evidentemente racista) em termos de uma providência a ser levada a cabo para tratar do "mal da miscigenação" dada pela presença do negro.

Assim, com sua posição mendeliana na defesa da genética e de seus preceitos, André Dreyfus apresentava uma nova teoria acerca da hereditariedade e trazia algumas evidências quanto ao equívoco ou fragilidade das teses eugênicas neolamarckistas e, deste modo, fragilizava aquele que teria sido um dos principais argumentos para a compreensão da sociedade brasileira presente nas explicações de muitos intelectuais, principalmente no início do século XX e final do XIX. Conforme aponta Zeferino Vaz em um artigo intitulado *André Dreyfus: o homem que ensinou aos brasileiros a genética e as modernas doutrinas evolucionista* (1966), o argumento de Dreyfus caminhava no sentido de:

> [...] criticar os mecanismos admitidos de evolução: uso e desuso dos órgãos, influência do meio, a seleção natural, demonstrando a inconsistência dos argumentos e a inexistência de qualquer prova séria da transmissibilidade dos caracteres adquiridos (VAZ, 1966, p. 6).

Isso não significa que André Dreyfus estivesse plenamente deslocado das discussões de cunho biológico que, tal qual a eugenia, visavam compreender como criar homens considerados melhores, isto é, mais aptos e sadios para o mundo moderno que despontava. A fala de Dreyfus na aula inaugural da Faculdade de Filosofia, Ciências e Letras da Universidade de São Paulo em 1942 comprova o que aqui se afirma, pois, naquele momento, fazia uma defesa da genética e de seus avanços no melhoramento do homem.[7] Dizia ele que "o novo ramo da biologia [a genética] toma um incremento diariamente crescente e é em todos os países da terra, o nosso incluído, que iremos encontrar seus cultores, empenhados todos na tarefa magnífica de melhorar animais, plantas e, *quem sabe, o próprio homem* [grifo nosso]" (DREYFUS, 1942, p. 269).

De todo modo, contradições à parte, deve-se destacar que a disciplina de Biologia Social oferecida na ELSP a partir de 1933 e encabeçada por Dreyfus poderia ter algo de vanguarda. Ao que tudo indica, principalmente ao se constatar quais os subtemas presentes no programa da disciplina, parecia já haver uma reflexão sobre alguns novos aspectos de natureza biológica (como a genética) e que deveriam ser levados em conta na análise sobre a organização social. O vanguardismo estaria na ressignificação ou crítica à parte daqueles aspectos bio-

---

7 Nesta mesma aula, Dreyfus apontou os principais objetivos da Faculdade de Filosofia Ciências e Letras e, dentre estes, a formação de professores para o ensino secundário. Defendeu a necessidade da boa didática, de bons livros, de professores capacitados. Em seu discurso, enalteceu o papel daquela faculdade para tal objetivo, uma vez que a partir do ano seguinte (1943) apenas poderiam ingressar no magistério os licenciados pela FFCL. Outro objetivo era a formação de pesquisadores, pois a faculdade teria "como uma de suas finalidades capitais, o desenvolvimento da pesquisa científica, cabendo-lhe fazer progredir o conhecimento humano em geral e, especialmente, o dos problemas nacionais". (DREYFUS, 1942, p. 263). Sua trajetória intelectual parece indicar que esta sua fala na aula inaugural não foi mera retórica, mas a explanação do que de fato acreditava como cientista e intelectual, principalmente no que diz respeito à defesa da pesquisa científica.

lógicos mais clássicos e predominantes nas explicações de sobre o Brasil (como o racismo biológico e a eugenia). Dito de outro modo, a perspectiva de Dreyfus aponta que, ainda que as questões biológicas fossem consideradas importantes, sua preocupação com a genética relativizava as explicações de caráter mais determinista. Certamente, isso teria influenciado a formação dos primeiros sociólogos da ELSP, bem como a visão de outros estudantes da Universidade de São Paulo,[8] da Faculdade de Medicina e da Escola Paulista de Medicina, instituições pelas quais Dreyfus também passou como docente.

Seus trabalhos na área da genética dentro USP seriam beneficiados por um importante apoio a partir dos anos de 1940. Neste momento, o Departamento de Biologia Geral, ao qual era ligado, receberia uma maior influencia da Fundação Rockefeller, principalmente com a chegada de Theodosius Dobshansky, "tornando o departamento conhecido como a escola tropical brasileira de genética ou a Escola de Genética Dreyfus-Dobzhansky" (FORMIGA, 2007, p. 43). Logo, os temas que lá se estudavam, como a genética e a hereditariedade, também faziam parte do programa da disciplina que Dreyfus lecionava na ELSP, (embora os títulos das disciplinas fossem diferentes, Biologia Geral na USP e Biologia Social na ELSP).

Deste modo, sua presença na ELSP certamente influenciou a produção de outras perspectivas e leituras por partes dos alunos quanto ao papel da hereditariedade, da genética, da eugenia e do higienismo na formulação de explicações sobre o Brasil e os brasileiros. Não significa que as reflexões sociais enviesadas pela biologia fossem colocadas em segundo plano (afinal, a importância de temas como a eugenia ainda era latente, bem como a preocupação com o higienismo),[9] mas é possível conjecturar que a dimensão dada às explicações de

8 Vale destacar que Dreyfus, assim como outros professores da ELSP Raul Briquet e Antônio Ferreira de Almeida Jr., participou do projeto de criação da Universidade de São Paulo no início dos anos 1930.

9 Aliás, a biologia como ciência estava em voga e fazia parte do conteúdo pedagógico das escolas. É o que mostra Viviani (2007). Segundo a autora, a disciplina Biologia Educacional foi inserida no currículo da Escola Normal paulista em 1933, o que evidencia a importância desta área na concepção da educação vigente e, portanto, "necessária" à formação dos professores.

cunho biológico para a realidade social talvez começasse a ser repensada e ressignificada. Portanto, as discussões na ELSP empreendidas por Dreyfus sobre a temática do papel da genética, ao propor uma desconstrução das teses quanto à influência do meio (predominantes por longa data) e a aquisição de transmissão de características hereditárias, podem ter alargado o horizonte da capacidade interpretativa dos alunos.

Mas Dreyfus, representando certo vanguardismo ao falar do tema da genética, não era uma voz solitária e prova disso seria a presença de Antônio Ferreira de Almeida Junior. Como apresentado no capítulo 02, Almeida Junior, como era mais conhecido, foi também professor da Escola Livre de Sociologia e Política de São Paulo desde a primeira turma, portanto, ingressando como docente em 1933 e ministrando a disciplina Fisiologia do Trabalho. Também médico por formação, estudou na Faculdade de Medicina de São Paulo, graduando-se em 1921.[10] Dentre as áreas nas quais se destacou estariam a medicina legal, a educação e a saúde pública. Chegou a exercer, ainda que brevemente, o cargo de secretário de estado da saúde pública, em 1945.

Em 1941, publicava seu livro intitulado *As provas genéticas da filiação: estudo médico legal*. O subtítulo já indicava a área e, portanto, o lugar de onde Almeida Junior falava, isto é, como profissional e livre docente de Medicina Legal, sendo esta publicação sua dissertação para concurso nesta cátedra. Neste sentido, aqui é válido abrir um pequeno parêntese: um dos aspectos que poder ajudar a compreender a presença e o interesse de Almeida Junior na ELSP é esta sua formação anterior, afinal, é a medicina legal a área médica que mais tangenciava a antropologia ou outras áreas do saber ligadas à compreensão do comportamento individual ou social, como sociologia ou a psicologia. O ponto de tangência com estas áreas a partir da perspectiva médica, ao que parece, estaria na preocupação desta última com a compreensão dos determinantes do comportamento desviante dos padrões normativos. Além disso, no caso de Almeida Junior e de outros de seus colegas médicos e também professores da ELSP, não se tratava apenas da aproximação desta instituição para que nela se pudesse se familiari-

10 Sua biografia mais completa está disponível no site da Academia de Medicina de São Paulo.

zar e se apropriar de um conhecimento de cunho sociológico ou antropológico. Mais do que isso, ser professor na Escola de Sociologia e Política de São Paulo era poder nela atuar como agente ativo de promoção de um pensamento médico que defendia a importância da biologia (e, obviamente, dos preceitos médicos) na explicação social. Logo, como paladinos deste pensamento, estavam convencidos de que os futuros cientistas sociais ali formandos não poderiam se furtar de tais conhecimentos.

Retomando-se o ponto no qual aqui se discorria sobre o comum interesse de Almeida Junior e Dreyfus, para o primeiro, o conhecimento da genética não era oposto aos preceitos eugênicos (embora, assim como Dreyfus, não aceitasse a tese da aquisição de características), mas ao contrário, em suas palavras, ajudaria "em um dos atos de maior significação eugênica – a escolha matrimonial" (ALMEIDA JR., 1941, p. 7). Afinal, com o desenvolvimento da genética a comprovação da filiação estava garantida e, dessa forma, não se teria mais erro na identificação da correta da paternidade de cada um dos indivíduos que iriam contrair matrimônio, evitando-se problemas de saúde ao casal ou à prole em caso de possíveis incompatibilidades genéticas. Evidentemente, os avanços da genética como método de legitimação do "nexo filial" (expressão do autor), poderiam ser apropriados pelo Estado para garantir o controle e o conhecimento sobre os indivíduos com vistas à garantia de direitos civis. Neste sentido, afirmava Almeida Junior que:

> Ao Estado não é, pois, indiferente averiguar com exatidão as relações de descendência entre os indivíduos: ao contrário, essa verificação importa quase tanto quanto a da identidade estritamente pessoal. Quer em face da lei positiva, quer a luz dos interesses biológicos e sociais da humanidade, é preciso enclausurar o cidadão na trama das suas ligações sanguíneas, e mostrar que cada homem, hoje, como os privilegiados de outrora, é "filho d'algo" (ALMEIDA JR., 1941, p. 8).

Mas, se para o Estado era importante para garantir à sociedade mecanismos objetivos que pudessem atestar a legitima identidade das pessoas e sua filiação, a prova genética tinha também outro papel de cunho moral. Advertia Almeida Junior: "Não se esqueça, por fim, no terreno da moralidade, a força disciplinadora (já esboçada em nossos dias) a exercer-se futuramente pela genética, quando lhe for possível apontar com segurança, como se espera, os genitores de cada criatura humana" (ALMEIDA JR., 1941, p. 8). Afinal, com a prova genética, filhos que fossem fruto de relações fora do casamento ou de relações consideradas promíscuas teriam todos a real paternidade revelada. Uma possível interpretação desta sua afirmação pode ser a identificação de uma preocupação moralista que, ao que tudo indica, faz-se presente na imensa maioria dos prognósticos e prescrições médicas, as quais, contraditoriamente, defendiam reformas para o futuro em nome de valores do passado. É nesta órbita que um trabalho de Almeida Junior pode ser enquadrado, o qual fora publicado na Revista do Arquivo Municipal de São Paulo em 1939 sob o título *A ilegitimidade no estado de S. Paulo*. Já no início de seu texto afirma que na América Latina haveria "um certo grau de frouxidão moral, resultante da mistura de raças" (ALMEIDA JR., 1939, p. 153). Neste texto, por meio de uma série de dados, vai comparando (principalmente entre a Europa e a América Latina) o número de ilegítimos por país e fortalecendo sua tese quanto à condição dos latinos, focando-se no Brasil, mais especificamente na distribuição da ilegitimidade pelo estado de São Paulo. Dentre suas conclusões para o estado paulista, apontava que a ilegitimidade era maior na zona rural e produto mais da ignorância que pelo fim dos costumes, sendo resultado "mais do desconhecimento da disciplina social do que da atitude de rebeldia" (ALMEIDA JR., 1939, p. 156). Ainda entre suas conclusões, apontava que em São Paulo ainda não se via

> o efeito de uma das causas europeias e norte-americanas da ilegitimidade, isto é, a industrialização. Industrialização significa o emprego da mulher na fábrica, sua relativa independência econômica, seu casamento tardio – tudo propício à união livre e ao nascimento de ilegítimos (ALMEIDA JR., 1939, p. 157).

Esta afirmação do autor certamente está entre as que melhor ilustram seu conservadorismo diante as transformações sociais pelas quais passava São Paulo, reproduzindo uma leitura que indicava não apenas um preconceito de gênero, mas uma crítica à revolução sexual e à emancipação feminina que ganhava fôlego aos poucos no início do século. Aliás, é valido dizer que este estranhamento com as transformações sociais era comum não apenas a muitos dos intelectuais que liam o Brasil, mas principalmente entre médicos que, diante do imponderável e da falta de controle sobre a mudança de costumes, tentavam legitimar cada vez mais a defesa do uso de instrumentos para a intervenção social.

Mas ainda em seu texto, para além desta conclusão sobre a influência da industrialização e da mudança do papel social da mulher no aumento do número de ilegítimos, Almeida Junior chama a atenção do leitor com uma ponderação que faz após a constatar que haveria maior incidência de filhos ilegítimos entre negros que brancos: segundo ele, isso não seria necessariamente algo causado por determinantes raciais, mas resultado da "situação econômica e social em que vivem geralmente os negros" (ALMEIDA JR., 1939, p. 157). Mas, se por um lado reconhecia a pobreza como fator determinante, no que diz respeito à alta ilegitimidade entre os negros e pobres, por outro também considerava o grande número de ilegítimos no Vale do Paraíba como herança da escravidão, uma vez que "floresceram, naquela época, as familiaridades sexuais dos brancos com a escrava: proliferavam então os ilegítimos e a sociedade os aceitava sem repugnância" (ALMEIDA JR., 1939, p. 160). Portanto, a presença de ilegítimos em algumas regiões do estado era consequência direta daquela frouxidão moral presente no período escravocrata e inerente à formação da América Latina, segundo sua leitura. Portanto, ainda que ponderasse ser necessário considerar a condição social dos indivíduos, deixa implícito certo preconceito quanto a uma imoralidade ligada à presença do negro.

Deste modo, Almeida Junior assim como outros de seus pares é figura contraditória, ambígua, homem defensor da ciência e do progresso contido nos avanços da genética, ao mesmo tempo em que tem interesse em compreender a distribuição de ilegítimos no estado ao passo que encontra explicações de ordem moral para tal evento. Em outros dois de seus trabalhos esta mistura de preocupação moral com científica fica patente. Trata-se de dois artigos localizados no CEDOC/FESPSP publicados na década de 40 na Revista do Arquivo Municipal de São Paulo, os quais, cada um a seu modo, tem o casamento como tema central. O primeiro deles se intitula *Aspectos da nupcialidade paulista* (ALMEIDA JR., 1940b), no qual apresenta o que chama de coeficiente de nupcialidade, calculado pela razão entre o número de casamentos no município por 1000 habitantes. Almeida Junior concluía que este indicador crescia de maneira proporcional à prosperidade da população, e representava um índice de disciplina social. Logo, uma sociedade mais próspera era mais disciplinada, e a prova disse era o maior número de casamentos. Portanto, uma sociedade com maior coeficiente de nupcialidade também apresentaria, pelo menos em tese, um menor número de filhos ilegítimos (sendo a ilegitimidade umas das preocupações apontadas pelo autor). Contudo, se esta poderia ser uma vantagem de cunho moral, um maior número de casamentos também poderia ser uma garantia contra uma preocupação de natureza cientifica e, portanto, ligada à saúde. Dito de outro modo, Almeida Junior deixava claro que a monogamia não era apenas algo importante do ponto de vista moral, mas estava ligada à garantia de uma vida sexual saudável. Portanto, a promiscuidade ou vida de solteiro era um risco à saúde do indivíduo, e dessa forma, uma questão de saúde coletiva. Faria (2007) discorre, dentre outras temáticas, sobre a discussão existente na Era Vargas em torno da sífilis: a proliferação desta doença não era apenas sinal de desvio sexual, mas questão de saúde pública. Logo a monogamia e, portanto, o casamento, deveria ser defendido como garantia contra doenças venéreas. Deste modo, Almeida Junior apontava já neste primeiro artigo aquilo que seria o mote do segundo, afirmando que "quanto mais séria é a idade dos conjugues, pois a ela se prendem importantes problemas de ordem biológica, higiênica e social" (ALMEIDA JR., 1940b, p. 102). Naquele mesmo ano, publicaria também pela Revista do Arquivo Municipal de São Paulo o texto intitulado *A idade para casar*, publicação na qual discorria sobre os desdobramentos de natureza biológica decorrentes dos casamentos em idade avançada. Iniciava já o texto com uma pergunta sobre o matrimônio tardio: "do ponto de vista biológico (no duplo aspecto da higiene e da eugenia), estará certo?" (ALMEIDA JR., 1940a, p. 79). Na apresentação de seu argumento tecia uma crítica à urbanização, uma vez que, enquanto transformação social influenciaria nos costumes e no modo de organização da vida das pessoas, sendo desta forma um "fenômeno de correlação íntima com a idade matrimonial" (ALMEIDA JR., 1940a, p. 83). Portanto, concluía que as cidades de menor desenvolvimento urbano eram aquelas que também apresentam mais casamentos e entre pessoas mais jovens. Segundo Almeida Junior, a vida na cidade grande impunha aos mais jovens algumas condições que contribuíam para o retardamento do casamento, seja pela forma como tinham de desenvolver o trabalho (e a formação profissional), seja pela possibilidade da vida desregrada dada a prostituição existente nas cidades. Ou seja, nas áreas mais urbanas os jovens precisariam dedicar mais tempo ao trabalho e aos estudos e, no caso dos homens, não se impunham a necessidade do casamento como forma de ter uma vida sexual ativa por poderem frequentar prostíbulos. Mas ainda que esta situação fosse algo inerente aos jovens do sexo masculino, as mulheres sofriam as consequências e, além disso, também não se viam nas mesmas condições que as moças das cidades do interior, as quais estavam sob uma maior rigidez familiar, vendo no casamento uma saída. Assim, Almeida Junior vai concluir apontando os males do retardamento do casamento do ponto de vista biológico, e assim respondendo sua pergunta inicial. Para as mulheres, dizia ele que o que se tem é um "prejuízo obstétrico" (ALMEIDA JR., 1940a, p. 86) dadas as possíveis complicações que mulheres mais velhas poderiam encontrar na gravidez. Já para os homens, dizia ele, "o maior inconveniente é da ordem higiênica. Dilatar o hiato que fica entre a puberdade e o casamento representa alongar o nefasto convívio dos moços com a prostituição ou com o 'donjuanismo' – dois graves males para a saúde e a moralidade" (ALMEIDA JR., 1940a, p. 86). Mas Almeida Junior iria além, em seu diagnóstico quanto àquele quadro resultante das transformações sociais, principalmente pela urbanização. Dizia ele que para "além do prejuízo individual da mulher ou do homem, convém salientar o prejuízo da sociedade. Este é de ordem eugênica..." (ALMEIDA JR., 1940a, p. 86). A preocupação com questões ligadas à eugenia era uma constante entre vários médicos, principalmente naquele momento do país, em que a promoção do progresso e a construção de uma ideia de nação mais saudável e capaz eram ainda muito presentes, como aponta Ortiz (2012), Schwarcz (1993), Corrêa (2013) e outros tantos autores. Logo, enquanto médico legal, Almeida Junior não poderia ser indiferente a esta temática e, ao explicitar sua preocupação com o casamento tardio, revela estar temeroso com o que isso pudesse significar negativamente à sociedade. Apontava que dois eram os problemas da sociedade moderna (e o Brasil naquele momento, idos dos anos 1940, já estava com seu processo de modernização em curso), sendo um deles o casamento tardio das pessoas intelectualmente superiores e, o outro, consequência do primeiro, o baixo número de filhos tidos por elas. Explicava que ao se casarem menos, as pessoas com maior capacidade intelectual teriam assim menos filhos que aquelas que com menor capacidade (as quais se casam mais e também mais cedo), o que poderia contribuir negativamente ao predomínio de certo tipo de indivíduo. "Em outros termos, a população psicologicamente inferior, mas prolífica, submergirá e dominará, pela massa incomparavelmente maior, a população superior [intelectualmente ele quer dizer], mas pouco fecunda" (ALMEIDA JR., 1940a, p. 87).

Neste sentido, é possível compreender uma pergunta que certamente poderia ser feita por quem de forma menos avisada empreendesse uma leitura dos escritos de Almeida Junior: por que um médico teria interesse em falar sobre o casamento e analisar sua ocorrência como um fato social em termos durkheimianos? Tal questionamento poderia ser respondido não apenas partindo-se das próprias considerações de Almeida Junior (que, passo a passo, revelam seus objetivos), mas, fundamentalmente, considerando-se o que foi exposto no Capítulo 1 deste trabalho sobre a forma como a medicina assume um discurso totalitário enquanto verdade sobre a vida dos indivíduos, normatizando, regendo e orientando. Neste sentido, esta pergunta apenas pode ser respondida considerando-se as premissas de Foucault e Bourdieu aqui já apresentadas, as quais permitem identificar na fala de Almeida Junior um exemplo claro do que seria o pensamento médico. Portanto, as preocupações com o casamento, traduzidas no coeficiente de nupcialidade e na definição da idade adequada para o matrimônio, apenas expressam o modus operandi de um pensamento médico contraditório: por um lado, reformista e interventor em nome do progresso; por outro, conservador e refratário às mudanças e ao dinamismo da sociedade e de seus costumes.

Mas, ainda que seu conservadorismo estivesse expresso tanto em sua perspectiva sobre o papel da genética, quanto em relação a temáticas como o casamento e a ilegitimidade da filiação, vale dizer que, por outro lado, Almeida Junior não reproduzia algumas leituras mais clássicas sobre a possível existência de uma raça brasileira, embotada pela miscigenação.

> O tipo – brasileiro – não existe, nem física, nem intelectual, nem moralmente. Dizer que bem ou mal da raça é fundar a crítica num erro, porque a raça é imaginária. O brasileiro, por enquanto, é o filho do português, do italiano, do índio, do negro, do espanhol, ou produto do cruzamento desses e de outros elementos. (ALMEIDA JR., 1922, p. 7).

Não se tratava da condenação do indivíduo fruto da miscigenação. Aliás, a constatação da proliferação da sífilis (assim como do fato de que a condição de subnutrição, ignorância e exclusão eram determinantes da condição do homem brasileiro) teria deslocado, conforme aponta Faria (2007), o problema racial da miscigenação para a questão do desvio sexual. Como sugere Gilberto Freyre, o problema seria que a civilização teria ocorrido depois da sifilização do país. Segundo ele:

> à vantagem da miscigenação correspondeu no Brasil a desvantagem tremenda da sifilização. Começaram juntas, uma a formar o brasileiro – o tipo ideal do homem moderno para os trópicos, europeu com sangue negro ou índio a avivar-lhe a energia; outra, a deformá-lo. Daí certa confusão de responsabilidades; atribuindo muitos à miscigenação o que tem sido obre principalmente da sifilização [...]. Costuma dizer-se que a civilização e a sifilização andam juntas: o Brasil, entretanto, parece ter-se sifilizado antes de se haver civilizado. (FREYRE apud FARIA, 2007, p. 52).

Essa leitura de Gilberto Freyre (e que em certa medida é o que se vê em Almeida Junior) parte do princípio de que a miscigenação teria agido positivamente na conformação do brasileiro, leitura esta que além de ressignificar a visão da mistura racial, tinha como efeito a construção de uma visão positiva acerca da existência de uma democracia racial,[11] conceito este ainda muito discutido no pensamento social brasileiro. Deste modo, o problema do Brasil não

11 Em *A integração do negro na sociedade de classes* (publicado em 1978), Florestan Fernandes descontruiria a ideia de democracia racial, que, em sua visão, seria um mito.

eram os brasileiros, mas sua condição social e ignorância no que dizia respeito a conhecimentos considerados importantes ao saneamento. Portanto, o problema estava nos determinantes sociais que contribuíam para a proliferação das doenças sem, contudo, haver nenhuma delas especifica ou exclusiva ao Brasil segundo Almeida Júnior.

Em 1922, Almeida Junior defendeu sua tese, ao concluir os estudos na Faculdade de Medicina de São Paulo, apresentando o trabalho intitulado *O saneamento pela educação* (ALMEIDA JR., 1922). O título expressava sua crença na educação sanitária que, assim como para tantos outros médicos, era uma das ferramentas mais eficazes na promoção da saúde pública. Mas é a introdução deste seu trabalho que merece destaque, pois antes de concluir pelo valor da educação sanitária vai discorrendo sobre alguns diagnósticos acerca da sociedade brasileira, identificando leituras otimistas e pessimistas que, ao se referirem à condição social do brasileiro de algum modo, tangenciavam a temática da saúde. "Nem Canaã, nem hospital" (ALMEIDA JR., 1922, p. 6) dizia ele ao tentar ponderar as visões diametralmente opostas sobre Brasil, e partindo desta ponderação construía seu argumento pela necessidade do saneamento. Considerando-se o peso que a eugenia e, mais especificamente, a teoria raciológica ainda teria no primeiro quartil do século passado, esta leitura de Almeida Júnior o colocaria entre outros não tão afetados pela influencia de médicos como Nina Rodrigues, nome de expressão extremamente relevante na conformação das primeiras interpretações acerca do Brasil. A premissa de que o Brasil estava, porém não era doente, ganhará vulto neste contexto, como se discutirá profundamente mais frente neste trabalho. Por ora, basta dizer que esta constatação era o principal pilar sobre o qual a defesa da promoção da educação sanitária se erguferia, afinal, o que faltava era a instrução como modo de combate contra a ignorância. No entanto, Almeida Junior deixava claro de que isso não se tratava de uma responsabilidade apenas iniciativa individual dos cidadãos. Mais do que isso, advertia ele que:

> Governantes e governados, de mãos dadas para o mesmo fim, unidos pelo interesse coletivo, que nunca se opõe, em essência, ao interesse individual, sanearão a terra, fortalecerão o homem e

> acabarão de vez com essa atmosfera de dúvida que paira sobre o valor do Brasil e dos brasileiros (ALMEIDA JR., 1922, p. 8).

Como também se verá mais a frente, um dos motes da reforma da saúde pública paulista entre o primeiro e segundo quartel do século foi a promoção da educação sanitária, principalmente por meio dos chamados centros de saúde. Mas em sua tese, o que Almeida Junior destacava era o papel que a escola deveria assumir na promoção desta educação em prol do sanitarismo. Afirmava sobre a escola primária que, "até hoje [1922] quase desinteressada do problema da higiene, precisa intervir com sua cooperação poderosa, e, na sua modéstia e aparente fraqueza, dar solução ao exaustivo problema da atualidade" (Ibidem, p. 29). Portanto, via a educação sanitária como uma importante arma no enfretamento dos problemas sanitários, pois em sua opinião, era a ignorância de uma massa desinformada e pouco esclarecida que jogava contra os anseios por uma sociedade higienizada. Neste sentido, fica evidente que em seu posicionamento há uma preocupação com a promoção de uma medicina social de natureza preventiva que, ao reconhecer a falta de informação como um determinante social da saúde, entende, portanto, que deve haver ações de natureza coletiva, a exemplo da educação sanitária desenvolvida nas escolas.

Mas na Escola de Sociologia e Política de São Paulo, o tema discutido por Almeida não foi diretamente ligado a estes todos desenvolvidos nestas obras até aqui apresentadas. A disciplina da qual estava à frente era chamada de Fisiologia do Trabalho e, dentre as temáticas discutidas, estavam questões desde aquelas ligadas a aspectos do funcionamento da "máquina humana" e "rendimento do motor humano" (nos termos do programa de ensino da disciplina),[12] até outras mais específicas às condições de trabalho e a acidentes e doenças causados

12 Disponível entre os arquivos do CEDOC/FESPSP, o Programa de ensino da disciplina Fisiologia do Trabalho divide-se em 14 tópicos: 1) máquina humana; 2) músculo; 3) fadiga muscular; 4) estatística e dinâmica do corpo humano; 5) termodinâmica biológica; 6) metabolismo do trabalho; 7) rações alimentares; 8) noções da fisiologia nervosa; 9) órgãos sensoriais; 10) relações entre o trabalho e as demais funções do organismo; 11) trabalho e condições individuais; 12) trabalho e condições do meio; 13) acidentes do trabalho; e 14) consequências mórbidas do trabalho.

na atividade profissional. Evidentemente, entre estas temáticas do programa de ensino e aquelas como a genética ou a preocupação com a idade mais adequada ao casamento, o que há de comum é o viés biológico, que busca a compressão da composição, do funcionamento, e da manutenção desta "máquina" chamada corpo humano. Com a certeza de que de alguns conhecimentos seriam fundamentais a boa formação daqueles que seriam os novos cientistas sociais brasileiros, os responsáveis pela formação da grade do curso da primeira turma da ELSP não hesitou em introduzir disciplinas como esta lecionada por Almeida Junior. Neste sentido, ao passo que estudavam em outras disciplinas noções de sociologia clássica e contemporânea, como bem ilustrou Raul Briquet em sua aula inaugural, estudavam também noções de biologia. Portanto, a temática do trabalho não era tratada apenas pela abordagem de Karl Marx,[13] mas também pela perspectiva das condições biológica do homem, a exemplo dos tópicos como: discussões sobre noções anatômicas sobre os ossos e articulações; contração muscular e sua fadiga; a locomoção humana; o valor energético dos alimentos; relações do trabalho com funções orgânicas; doenças inerentes a profissões, entre outros. Deste modo, considerando-se esta perspectiva da qual falava Almeida Junior para seus alunos na ELSP, pode-se identificar nela preocupações inerentes a outra frente da medicina social que não apenas aquela preocupada com o sanitarismo, mas aquela que tem como foco a preocupação com a saúde do trabalhador e, portanto, preocupação com o contingente de mão de obra disponível para o desenvolvimento da produção econômica. No capítulo 01 deste trabalho, apresentou-se uma discussão acerca da medicina social brasileira na primeira metade do século passado, concluindo-se, ainda que de forma preliminar, ter sido ela a confluência, em um só momento, das três fases da medicina social na Europa desde os séculos XVIII e XIX identificadas por Michel Foucault. Assim, considerando sua natureza multifacetada no Brasil, a preocupação da medicina social com o trabalho – sendo assim uma de suas faces - expressa em

13 A indicação de estudos sobre Karl Marx não está presente no programa de ensino de Almeida Junior, mas sim no de Introdução à Economia, disciplina lecionada no mesmo semestre pelo professor Antonio Picarollo. Os programas de ensino da primeira turma estão disponíveis no CEDOC/FESPSP e compõem os anexos de Kantor; Maciel; Simões (2009).

áreas como esta lecionada por Almeida Junior é indicativa daquilo que se poderia identificar, mais especificamente, como similar ao caso inglês: um olhar mais atento às atividades de trabalho diante as transformações do modo de produção capitalista dado o crescente processo de industrialização. A saúde do trabalhador, deste modo, não deveria ser observada como uma preocupação quanto à saúde individual, mas sim coletiva, chegando a transcender o próprio âmbito da saúde em si, pois se tratava agora também de uma questão econômica, pois do trabalho dependia o desenvolvimento do país.

Dentre os documentos disponíveis no CEDOC/FESPSP não foi encontrado nenhum outro registro sobre as aulas de Almeida Junior que permita maiores conclusões. Porém, é possível conjecturar pelo menos dois pontos que se mostram interligados e relevantes: em primeiro lugar, a existência de uma disciplina como esta entre aquelas que compunham a grade parece indicar, por si só, uma preocupação com trabalho no sentido da compreensão das condições de seu desenvolvimento e sua otimização (em termos de produtividade, rendimento), dadas as limitações de cunho biológico inerentes a ele; consequentemente, sendo esta a real propositura da disciplina e dos estudos pertinentes a ela, fica clara a existência de uma posição acrítica sobre o capitalismo e o tipo de trabalho que nele se desenvolve.

Portanto, ao que parece, havia o entendimento de que caberia aos estudantes de ciências sociais, interessados em compreender o trabalho e seu papel na sociedade, não se limitarem ao conhecimento deste apenas como fenômeno social. Era preciso ir além, pois sua compreensão não se limitava às ciências sociais em si, mas se estendia às ciências biológicas, o que justificava uma disciplina como Fisiologia do Trabalho em um curso de Sociologia. Deste modo, era preciso compreender o trabalho não apenas como fenômeno social, mas também biológico.

Como se apresentou Quadro 4 (Capítulo 2), as disciplinas da ELSP denominadas Biologia Social e Fisiologia do Trabalho, ambas iniciadas em 1933, estariam entre aquelas com alto grau de discussão biológico e, portanto, entre as que mais expressariam de forma direta a aproximação entre ciências sociais e biológicas, bem como as contradições oriundas desta aproximação. Isso significa que, a despeito da presença de um ideário progressista em defesa de valores sociais que invocavam um Brasil moderno na propositura da fundação da ELSP (o que está disposto, claramente, em seu *Manifesto de Fundação*), contraditoriamente a esta modernização estariam as velhas teorias pautadas em leis biológicas, ainda que estas reivindicassem para si uma aura modernizante (a exemplo dos incipientes estudos sobre genética naquele momento).

Contudo, faz-se necessário registrar que o interesse por assuntos pertinentes às ciências biológicas e/ou medicina também se faziam presentes em trabalhos, estudos e pesquisas produzidas por nomes ligados direta ou indiretamente à ELSP, ainda que não relacionados diretamente a alguma destas disciplinas aqui citadas. Ferrari (1958) apresenta uma relação bibliográfica das obras - sobre as mais diferentes temáticas – produzidas em torno da ELSP. Dentre elas, pode-se contabilizar algumas que versam sobre temáticas que, em certa medida, podem ser consideradas com algum grau de relação epistemológica com as ciências biológicas.[14] Embora o autor ao logo de sua argumentação não faça nenhuma menção direta a tais trabalhos (diferentemente de outros com temáticas diversas, chegando a citar os autores), são obras consideradas e inseridas em seu levantamento. Portanto, marginais ou não entre as produções da ELSP, estavam presentes e, certamente, possuíam um sentido para seus autores. É o próprio Ferrari (1958, p. 4) quem vai afirmar que "um exame dos estudos e pesquisas realizados, bem como de suas tendências, pode dar-nos uma ideia das aspirações e da formação dos diversos cientistas sociais que prestaram sua colaboração na Escola de Sociologia e Política". Logo, considerando-se todas as reflexões desenvolvidas e apresentadas até este ponto acerca do papel e do nível da aproximação entre ciências sociais e ciências biológicas (principalmente no que diz respeito ao contratempo biológico às explicações sociológicas, a exemplo da discussão sobre o trabalho como viu com Almeida Junior), torna-se evidente e justificada a presença de tais trabalhos entre aqueles levantados pelo autor. Desta forma, em meio às produções científicas daquele momento na ELSP havia visões biologizantes da realidade que, de certo modo, se faziam presentes entre o ideário da

14 A relação completa destas obras, que são parte da bibliografia proposta por Ferrari, está apresentada no Anexo I. Vale destacar que, para a composição desta relação, foram considerados apenas aqueles trabalhos que, pelo título, indicavam alguma ligação com as ciências biológicas.

construção de uma nação moderna. Assim, se Ferrari tinha razão ao dizer que "o interesse dos diferentes pesquisadores na órbita da Sociologia tem sido até certo modo imposto por imperiosas necessidades de compreender os problemas emergidos com a mudança social" (FERRARI, 1958, p. 8), também é verdade o fato de que, para alguns intelectuais, o caminho para compreender a natureza de alguns destes problemas passava por outras órbitas que não a sociologia. As produções aqui citadas e ligadas a temáticas da biologia e/ou medicina seria a prova disso que se afirma.

Mas para além destas disciplinas de natureza mais biológica tratadas até aqui, havia outras que também estavam marcadas por esta interface entre medicina e ciências sociais, a exemplo daquela ministrada por Antônio Carlos Pacheco e Silva, um dos mais importantes psiquiatras paulistas na década de 1930. Esta articulação entre pensamento médico e sociológico também seria um exercício constante no registro de passagem deste médico psiquiatra como docente da ELSP. Neste sentido, uma leitura sobre os esboços das dez primeiras aulas da disciplina intitulada Serviços Sociais,[15] oferecida em 1936 por este professor também é significativa para a compreensão da questão que se coloca: como era a relação entre saberes das ciências humanas e biológicas nos anos 1930 em São Paulo? Já na introdução deste material (em formato de apostila), Pacheco e Silva reitera o que parecia ser consenso entre a classe médica quanto à fundação da ELSP.

> Foi num momento histórico da vida de S. Paulo, quando a nossa gente acabava de sair retemperada de uma luta gloriosa, onde a nossa mocidade dera as mais vivas e rudes provas do seu valor e de seu espírito de sacrifício na realização de ideais sagrados, que surgiu esta Escola [ELSP], que é hoje um dos nossos mais belos florões culturais a se juntar à nossa gloriosa Universidade (SILVA, 1936, p. 1).

15 Tais documentos, tomados aqui como fonte primária, encontram-se no CEDOC/FESPSP.

Dando prosseguimento à sua fala, iniciava uma explicação em linhas gerais quanto à matéria, Serviço Social, destacando aquilo que, em sua visão, tratava-se da justificativa de tais estudos do ponto de vista médico. Além disso, apontava a importância de uma interdisciplinaridade na formação dos jovens.

> Ver-me-ei, assim, obrigado a me restringir aos principais capítulos atinentes à matéria [Serviço Social], cuidando com maior atenção dos problemas cuja importância avulta no nosso meio, onde há muito a se realizar no campo médico social [...] Si nos animamos a confeccionar o programa a ser progressivamente estudado, incluindo matéria tão vasta e assuntos aparentemente díspares, uns dos domínios da sociologia e do direito, outros da esfera médica, mas todos visando os mesmos objetivos, fizemo-lo confiados na indulgência do meio cultural paulista, que sabe reconhecer esforços e perdoar deficiências, quando representam o desejo honesto e sincero de realizar obra útil, contribuindo para a nossa expansão cultural, e ainda atraindo a atenção da nossa mocidade para o estudo de problemas que tocam de perto o bem estar e a saúde da coletividade, buscando despertar, desenvolver e entreter o espírito social (SILVA, 1936, p. 1).

Dentre as temáticas tratadas neste curso, seguem algumas destacadas por Pacheco e Silva em suas aulas: organização social; higiene social; bases psicológicas; miséria individual; miséria em massa; previdência; seguro social; acidente do trabalho; a pobreza e suas causas; orfandade; velhice; doença; invalidez; família numerosa; insuficiência de salário; alcoolismo; ignorância; fatores de ordem moral e intelectual; técnica do tratamento social; obra educativa de readaptação do necessitado. Além disso, discussões sobre eugenia, imigração, economia, mulher operária e higiene mental também apareciam no escopo das aulas. Escrevendo sobre a importância de certa multidisciplinaridade que caracterizaria o Serviço Social, Pacheco e Silva afirmava:

> Pode-se, assim, falar hoje de uma verdadeira 'ciência da saúde' a que já fazia referência a Pettenkofer, na qual colaboram médicos,

> economistas, sociólogos, engenheiros, químicos, e em geral todos aqueles que se ocupam das ciências naturais. Os problemas atinentes à patologia e à higiene exigem a aplicação do cálculo de probabilidade, de dados estatísticos, econômicos, custos de alimentação, condições de habitação, padrão de vida, etc. (SILVA, 1936, p. 7).

Ou seja, a multiplicidade de temáticas se justificaria pela amplitude do que ela chama de "ciência da saúde", a qual, dada sua natureza, vai requerer uma interdisciplinaridade como condição necessária para sua existência. Dito de outra forma, as questões de saúde de maneira geral não se limitariam à expertise de médicos, mas de todos os profissionais, a exemplo de sociólogos. Deste modo, este posicionamento corrobora o que aqui se sugere como a visão do médico que vê na sociologia uma "ferramenta" necessária ao desenvolvimento de seu trabalho na identificação e compreensão dos determinantes sociais da saúde. No entanto, ao mesmo tempo em que admitia a necessidade do diálogo com outras áreas do saber e assim esboçava algo equivalente ao que se propunha pela medicina social, reforçava também, em seu entendimento, qual seria o papel do médico, como fora abordado em uma de suas aulas. Fazendo uma citação de um jornal parisiense, mais especificamente da fala do dr. Reveillé, Pacheco e Silva apontava que:

> Consultando detidamente o curso de ideias e a ação contínua da perfectibilidade humana, atingiremos uma época em que a medicina, essa grande necessidade social, exercerá uma alta magistratura sobre os homens: os médicos serão também homens da lei, como são hoje doutores da medicina e da saúde. A profissão tomará um caráter sagrado de providência social universal, atingindo uma esfera imensa, que mal podemos descortinar. Nossa profissão, pelas suas grandes e fecundas aplicações, terá no futuro uma supremacia não só possível como certa (REVEILLÉ apud SILVA, 1936, p. 43).

Ainda em sua exposição, nesta mesma aula, discorre sobre uma série de características pertinentes à profissão do médico que fariam deste um observador privilegiado da sociedade. Segundo ele:

> fora do caso a tratar, o médico observa certo número de fatores derivados das condições sociais, dependendo diretamente da vida pública. O médico, dada a sua profissão, aprecia devidamente a situação econômica de um país, podendo acompanhar as suas oscilações. A prática e o lidar contínuo com pessoas de várias camadas sociais e de temperamentos os mais diversos conferem-lhe a faculdade de penetrar facilmente no intimo das pessoas e ficar assim conhecendo a psicologia dos diversos grupos de que se compõe a sociedade (SILVA, 1936, p. 43).

Para o autor, por conta desta facilidade de inserção no campo social,

> grande número de médicos, após anos de exercício profissional, revela marcada tendência para os estudos de sociologia. Ao fim de algum tempo o clínico se vê obrigado a exercer também as funções de conselheiro, não só da família dos doentes, mas também da opinião geral. Nos tempos modernos a influencia dos médicos na organização social se torna cada vez mais acentuada. Chamado a colaborar na imprensa, a falar no rádio, a realizar conferências de divulgação nas Associações de classe, a sua ação é decisiva no campo da higiene social. Questões eugênicas, problemas de alimentação pública, luta contra venenos sociais, combate a endemias e a epidemias, medidas relativas à natalidade, assistência aos doentes, desenvolvimento físico e psíquico da raça, preservação moral da juventude, questões pedagógicas – não podem ter solução adequada sem o seu concurso (SILVA, 1936, p. 44).

O que se pode perceber é que a visão difundida fazia do médico alguém com conhecimentos e saberes para além da sua área de especialização, ao mesmo tempo em que o coloca como profissional imprescindível à compreensão da sociedade e da promoção social dos menos abastados. Este posicionamento apenas reafirmaria os objetivos deste projeto de consolidação e fortalecimento do discurso médico e normativo, bem como significaria o esboçar de uma medicina social que, a seu modo, moldava-se às demandas de uma época. Na década de 1930 a sociedade brasileira passava por transformações importantes na política, na economia e de natureza cultural, o que certamente impulsionava mudanças na produção científica e no enfrentamento das questões da saúde e das mazelas sociais. A própria fundação da ELSP e da Universidade de São Paulo foram eventos importantes neste momento da história no que se refere à institucionalização da ciência no Brasil.

Aliás, como se discutirá mais a frente, a ELSP foi pioneira em termos de produção científica em ciências sociais com as primeiras pesquisas de padrão de vida na capital paulista. Nestas pesquisas, as preocupações presentes e as suas temáticas estão em consonância com as aulas proferidas por Pacheco e Silva, o qual não estava sozinho em seu trabalho junto à disciplina de Serviço Social. Contava com o professor assistente e também médico, Aristides Ricardo, o qual assumiria suas atividades como docente em 1939. Dentre suas produções, destaca-se um livro publicado em 1941, intitulado *Ensaios de sociologia aplicada*, obra esta fruto das lições professadas na ELSP. Este livro está dividido em duas partes: na primeira delas há uma discussão mais ampla sobre o serviço social e suas características; já na segunda, são abordados temas gerais pertinentes à vulnerabilidade social, como pauperismo, desemprego, velhice, criança abandonada, menores delinquentes, bem como o "valor social da saúde", entre outros. Em linhas gerais, o livro não apenas apresenta a especificidade do serviço social naquela concepção da primeira metade do século passado, mas discorre sobre os problemas sociais que deveriam ser enfrentados, ao mesmo tempo em que traz à tona a centralidade da higiene, da assistência social e da saúde para o desenvolvimento nacional. Da análise desta obra, destacam-se pelo menos quatro capítulos, mais especificamente dois de cada uma das partes citadas, sobre os quais se apresenta a seguir breve análise, para que se possa situar a obra de Aristides Ricardo entre as contribuições dos médicos professores da ELSP.

Contudo, antes mesmo de uma discussão mais pontual, o próprio título do livro chama atenção. Mais que isso, expressa de maneira clara o entendimento de um médico quanto ao papel da sociologia como saber instrumental, logo auxiliar, no processo de enfrentamento das questões sociais e na promoção da saúde. Mais do que isso, um enfrentamento que não deveria mais ocorrer sob a égide da filantropia ou da caridade, mas por meio de um conhecimento técnico que viabilizasse as intervenções. Assim, ao longo do livro, é possível perceber tal preocupação ao passo em que se destaca o papel da sociologia e sua aplicação.

Daí a importância em aqui se abrir um parêntese acerca da sociologia, afinal, se ela orientaria a intervenção é porque permitiria conhecer melhor o objeto sobre qual se busca intervir, isto é, a própria sociedade, porém, por vias mais racionais e científicas. Assim, ao passo que a sociologia vai se fazendo presente cada vez mais entre os intelectuais daquele contexto, ainda que de forma etérea, difusa, ela permite ressignificar e reelaborar as leituras predominantes acerca da realidade, até então, colocando em xeque as leituras pregressas. Isso leva a concluir que se ao final do século XIX boa parte dos intelectuais estavam convencidos quanto à validade do racismo biológico, das teorias evolucionistas, e da influência do meio, já nos anos 30 do século XX era possível perceber o início da mudança (embora de cunho conservador) nas formas de explicação da sociedade brasileira. Em outras palavras, a despeito das teorias raciais e evolucionistas ainda estarem muito marcadas nas discussões de caráter eugênico da época, aos poucos teriam de dividir lugar com outras formas de leitura acerca do homem, da raça e da sociedade. Prova disso estaria na maneira como a Sociologia (trazida de fora, evidentemente) aos poucos não apenas era considerada nas leituras sobre o Brasil, mas como seria um importante instrumento para a formulação de ações voltadas para a assistência social, tema do livro de Aristides Ricardo. Mas como apontado anteriormente, as visões mais progressistas à época sobre o homem e o meio dividiam espaço com aquelas de um passado recente e de caráter conservador (ou até mesmo racista para os parâmetros de hoje). Ou seja, o culturalismo presente em obras como *Casa-grande e senzala* (1998) de Gilberto Freyre dividiria espaço com outras como *Os sertões* (2001) de Euclides da Cunha. Mas o livro de Aristides Ricardo não pode, ao que parece, ser associado a nenhuma destas duas obras do ponto de vista da corrente de pensamento ou das premissas contidas em cada uma. E isso porque o autor, como tantos outros entre seus pares (como médicos) e contemporâneos, transitava entre o determinismo do meio e o culturalismo, assumindo posições que podem levar a argumentos de certo modo contraditórios, ambíguos e questionáveis.

Fechando-se o parêntese aberto para uma melhor reflexão quanto ao modo como a Sociologia vai florescendo no meio intelectual paulista naquele momento, passa-se novamente à análise de algumas partes da obra de Aristides Ricardo. O primeiro capítulo trata-se de uma apresentação mais geral quanto ao Serviço Social. Para tanto, o autor vai discorrer sobre algumas temáticas específicas que seriam, em sua leitura, fundamentais para o início da discussão. Dentre elas, estaria o que chamou de "Ação Social do Meio", temática que se torna muito sugestiva quando se leva em consideração o que se dizia acima quanto à presença concomitante de ideias que, direta ou indiretamente, apresentam incongruências.[16] Neste primeiro capítulo, ao fazer menção às leis de seleção natural das espécies de Darwin e da teoria transformista de Lamarck para explicar a diferença entre os povos, os fatos da vida social e a origem das instituições, o autor começa mostrando, segundo ele, a "insuficiência de tais leis" (RICARDO, 1941, p. 5). Faz uma observação afirmando que nem mesmo a promiscuidade ou o matriarcado (Ibidem, p. 05) não podem ser tomados como momentos do processo evolutivo, nem se admitir o primeiro como uma fase que seria naturalmente superada pelo segundo. Por outro lado, o autor reitera explicações e teorias que atribuem ao meio a causa determinante do comportamento humano. Convencido dos argumentos de outros autores por ele citados, a exemplo de Oliveira Vianna, afirma Aristides Ricardo:

> Estas causas diferenciadoras dos povos, que passaram inacessíveis à compreensão dos velhos observadores e estão representadas pela diversidade do meio, influem e dirigem o comportamento individual, fazendo-o variar a seu sabor e imprimindo-lhe tonalidades diferentes, formas diversas, analogias e contrastes, de modo que cada povo, cada conglomerado, cada grupo humano tem a sua maneira de ser, sentir e agir (RICARDO, 1941, p. 6).

Esta visão quanto à existência de uma maneira de ser que se daria pela influência do meio constava de leituras mais conservadoras que, como se sabe, predominaram entre as primeiras interpretações acerca do Brasil ao final do XIX,

---

16 Principalmente quando se pensa em explicações culturalistas *versus* aquelas de cunho determinista para a explicação de uma realidade social.

adentrando os anos 1930, a despeito das reorientações teóricas que já se faziam presentes naquela década. Dentre os autores mais conservadores deste primeiro quartil do século XX está Oliveira Vianna, umas das referencias de Aristides Ricardo, o que se pode perceber não apenas pela menção literal deste intelectual pelo autor, mas pelo conteúdo da citação acima. Afinal, como bem explica Bernardo Ricupero em *Sete lições sobre interpretações do Brasil* (2007), Oliveira Vianna adota o método de "construção de tipos regionais com bases em fatos sociais. Os tipos surgiriam do ambiente natural e, a partir daí, o tipo de propriedade e de família neles envolvidos" (RICUPERO, 2007, p. 53). Foi sob este mote, da existência de um modo de ser, sentir e agir específicos, que Oliveira Vianna escreve sua obra *Populações meridionais do Brasil* (1987), publicada em 1920, na qual versa sobre tipos sociais como paulistas e gaúchos.

Ao resgatar a proposta contida no livro de Vianna, Ricardo apenas reitera sua convicção quanto ao papel assumido pelo meio, um dos pilares de seu argumento. De todo modo, isso não apenas denota a filiação intelectual de Ricardo, mas sua visão do modo de compreender a sociedade, já que ela é objeto e lugar da assistência social. Aliás, vale ponderar que esta sua citação apontada anteriormente faz parte do capítulo inicial de sua obra sobre o serviço social, área que teria na sociologia aplicada um instrumento fundamental no enfrentamento contra as consequências da influência do meio. Para justificar seu posicionamento, mais especificamente sobre o que chama de ação social do meio, ele cita Durkheim explanando sobre o fato social, afirmando ser o meio também uma força externa e que, como tal, influenciaria o indivíduo. Aponta que a obra do reajustamento social do indivíduo necessitado seria possível com o serviço social, e ele "conseguirá com um pouco de Spencer, de Comte, de Durkheim, e o máximo de Le Play, ou seja, com o concurso dos doutrinadores e escolásticos e o apoio do experimentador." (RICARDO, 1941, p. 13). Assim, não apenas cita autores da sociologia clássica para embasar o que fala, mas ao passo que vai avançando em sua obra aborda conceitos e categorias sociológicas, explicando ao leitor, por exemplo, o que seriam (e qual a função) as instituições sociais, a comunidade, a associação e a ordem social.

Ao que parece, a forma como faz tais citações e discorre sobre elas não é mera exibição de eruditismo. Trata-se de referenciar as teorias disponíveis naquele momento, que serão importantes não apenas pare validar sua leitura quanto à influência do meio, mas também para algo fundamental: revalidar o papel e a finalidade do serviço social. Para Ricardo (1941, p. 10), o serviço social "tem por objetivo supremo realizar modernamente, e corretamente, aquilo que as velhas instituições filantrópicas se esforçavam por conseguir". Logo, o caráter moderno deste serviço estaria em se afastar da filantropia apenas como o valor e buscar ferramentas mais modernas, a exemplo dos conhecimentos sociológicos, para a promoção da assistência. Afinal, o serviço social deveria assumir sua finalidade diante dos chamados "desajustamentos sociais", cabendo-lhe "corrigi-los com o apoio em bases científicas, perquirindo-lhes as verdadeiras causas e removendo-as com as medidas adequadas, e não com simples paliativos" (RICARDO, 1941, p. 10). Para Ricardo, "[...] ao serviço social cabe remediar os desajustamentos parciais e promover o bem-estar e a felicidade dos grupos sociais e de seus componentes, por meio de um estudo atento das normas da vida, que ele procura beneficiar direta e indiretamente" (RICARDO, 1941, p. 11). Apenas este trecho de uma de suas falas já é significativo para que se possa compreender, para além da propositura do título do livro (*Ensaios de Sociologia Aplicada)*, também sua posição quanto à necessidade dos estudos sobre o que chamou de normas da vida. Para Ricardo, a influência do meio parece não ser apenas em termos geográficos ou climatológicos, mas diz respeito à influência das normas construídas pelo grupo, pela consciência coletiva, que segundo ele pautariam a forma de organização da vida. Assim, os desajustados seriam aqueles fora dos padrões construídos e, neste sentido, deveriam ser recolocados. Assim, conhecer a disnomia da organização social era fundamental, tanto quanto pensar em ações para reajustar o indivíduo que, por estas circunstâncias, teria se desajustado. Por isso, defendia o processo de reajustamento como forma de reconduzir os homens à mediania social, apontando a necessidade de se recorrer a novas instituições sociais e novos "recursos de combate ao desajustamento", bem com à promoção de "estudo profundo das causas determinantes do desequilíbrio humano" (RICARDO, 1941, p. 11). O desemprego, a precariedade econômica, a miséria e o desamparo, termos usados pelo autor, estariam entre alguns dos problemas sociais geradores do que ele chamou de desajuste, e que contra suas consequências deveria atuar o serviço social.

Em outro trecho, sua visão quanto aos caminhos para o reajustamento fica ainda mais clara:

> O reajustamento do homem não se pode operar sem o conhecimento perfeito das condições gerais do meio social, político, econômico e histórico. Não será possível entrosar uma peça num organismo desconhecido. Daí a razão pela qual se torna imperiosa a necessidade de realizar o estudo das condições gerais do mundo que nos circunda e desvendar-lhe as sutilezas (RICARDO, 1941, p. 59).

Neste sentido, é possível perceber uma correlação direta entre a visão quanto à finalidade do serviço social aqui defendida e as produções das primeiras pesquisas de padrão de vida realizadas pelo corpo de pesquisadores da ELSP. Afinal, tais pesquisas forneceram "elementos reais para melhor conhecimento dos hábitos de vida dos trabalhadores" (ARAÚJO, 1941, p. 31), conhecimento este imprescindível ao serviço social. Aliás, segundo Ricardo (1941, p. 16), as obras do serviço social "terão seus alicerces fundados em inquéritos, estudos estatísticos e observações levadas a efeito com o fim de determinar o padrão médio de vida nos diferentes núcleos sociais e estender o seu controle coletivo a todas as condições de vida em comum".

Sobre as pesquisas, propriamente ditas, a proposta é discorrer em capítulo mais à frente. Por ora, vale dizer que, até 1941, oito anos após a fundação da ELSP, já haviam sido realizadas três pesquisas: a) a Pesquisa de Padrão de Vida dos Operários de São Paulo, realizada em 1934 sob a tutela de Horace Davis e em parceria com o Instituto de Higiene e o Instituto de Educação de São Paulo; b) a Pesquisa de Padrão de Vida dos Operários da Limpeza Pública de São Paulo, estudo comandado pelo professor Samuel Lowrie entre 1936 e 1937; c) a Pesquisa de Padrão de Vida dos Operários da Usina Santa Olímpia Limitada, realizada em 1941 sob a orientação de Oscar Egídio de Araújo.[17] A preocupação

17 Vale ressaltar que a obra de Aristides Ricardo aqui analisada foi publicada concomitantemente a uma pesquisa sobre padrão de vida realizada na ELSP, mais especificamente

com a compreensão (ou estabelecimento) do padrão de vida seria fundamental para a ação da assistência social, como bem pondera Ricardo:

> Seria necessário, antes de tudo, estabelecer o padrão mínimo da conduta individual, em termos de saúde, eficiência, economia, e em seguida marcar os desvios. Sobre uma norma indefinida, não pode e não deve o serviço social apoiar a sua ação. Será ela menos complexa e mais objetiva quando tiver como ponto de partida aquilo que a observação quotidiana demonstra e aponta como fator de desiquilíbrio; quando, ampliados os conhecimentos humanos, ainda apoucados e exíguos, sobre as causas gerais, seja possível sem desprezar totalmente o indivíduo agir sobre a sociedade, como o médico que não despreza o seu doente quando vai debelar a doença (RICARDO, 1941, p. 60).

Retomando a discussão de Ricardo sobre o problema do desajustamento, termo utilizado para fazer menção à situação de vulnerabilidade social, de exclusão, o autor deixa claro que atacar este problema não significa tratar apenas de um indivíduo que se encontra nesta condição, pois não se trata de uma questão individual, mas coletiva, de natureza social. Embora admita as dificuldades para a viabilização do ajustamento (da inclusão), defende a ideia de que não se pode considerá-lo impossível, principalmente porque "ele não só interessa ao indivíduo, como também, de modo indiscutível, à sociedade, da qual o homem é uma das células vivas e para a qual vai concorrer, na esfera das suas possibilidades sociais e econômicas" (RICARDO, 1941, p. 13). Quanto a esta afirmação, é possível fazer importante observação que contribui para a discussão sobre a presença de médicos na ELSP: ao admitir que os problemas enfrentados individualmente pelos homens são, na realidade, de natureza coletiva, demonstra reconhecer o grau de complexidade do tecido social e que o homem, enquanto "célula viva", compõe o grande organismo (também vivo) que é a própria sociedade, objeto de estudo das ciências sociais, mais especificamente da sociologia. Logo, o autor

---

aquela dirigida por Oscar Egídio de Araújo em 1941. Considerando terem sido professores naquele mesmo ano daquela instituição, evidencia-se o diálogo entre os trabalhos.

sugere que o serviço social enquanto saber só cumprirá seu papel como provedor da técnica de assistência se puder contar com as bases do conhecimento das ciências sociais, bem como se por meio delas puder conhecer melhor as causas e consequências das mazelas sociais, para assim atacá-las. Afinal, "os males sociais são como os males físicos: exigem remédios adequados" (RICARDO, 1941, p. 60). Deste modo, o serviço social enquanto técnica só seria possível pela aplicação da sociologia ou, dito de outro modo, a sociologia aplicada seria fundamental ao bom desempenho do serviço social, seja por permitir um conhecimento da realidade social por meio das pesquisas empíricas, seja pela possibilidade de conjecturar formas de intervenção.

Ainda que falasse sobre a necessidade do domínio da técnica de assistência social, bem como sobre a importância da intervenção nas causas do desajustamento, o autor não teria perdido de vista o papel do Estado, apontando que caberia a ele assumir a solução dos problemas não alcançados pela iniciativa assistencial privada. Da mesma forma, revela seu pensamento conservador e acrítico do capitalismo ao admitir ser uma leitura equivocada atribuir as causas do desajustamento ao capitalismo, "responsabilizando pela sua evolução [do desajustamento] os capitalistas e burgueses" (RICARDO, 1941, p. 60).

Contudo, a despeito desta preocupação com a racionalidade e a técnica de assistência, Ricardo não deixa de revelar sua filiação a uma subjetividade dada como motor da ação, ao demonstrar preocupação de cunho moralista ou mesmo romantizada quanto à necessidade de solidariedade. Para ele, aqueles ligados ao Serviço Social, ao mesmo tempo em que atuam na assistência (de forma técnica, racional) deveriam contribuir para a criação de certa mentalidade social prol assistência. Logo, a assistência seria uma obrigação moral, afinal, tratava-se para ele de uma reforma coletiva (feita por todos e para todos) da sociedade. Luz (1988), Antunes (1999) e Herschmann (1996) demonstram com clareza a forma e a intensidade deste viés moral no pensamento e na ação médicos. Junto deste moralismo, o que havia era um ideal civilizatório, o qual estaria implícito no discurso de cunho altruísta e até mesmo cristianizado, haja vista a influência judaico-cristã, e, para além dele, um posicionamento acrítico em relação à estrutura social em que viviam.

Esse moralismo estaria imbricado com outras questões não menos de natureza não menos normatizadoras, como aquelas voltadas à eugenia. Corpos e mentes desajustados careciam de apoio, mas acima de tudo, deveriam ser evitados.

> Para a medicina, esse ideal [civilizatório] seria efetivado não apenas através de uma constante atuação tecnopedagógica junto à sociedade, mas também a partir de uma 'intervenção biológica' que, em diferentes níveis e segundo o procedimento estabelecido pelas diferentes especializações, buscava em última instância, através da regeneração física e moral do indivíduo, promover a 'normatização do corpo social (HERSCHMANN, 1996, p. 9).

Isso pressupõe que a certeza da necessidade da intervenção, do controle e da assistência é algo inquestionável, restando-se apenas dois pontos: primeiro, a determinação da causa ou origem do desajustamento (biológico ou social); segundo, o cálculo das responsabilidades e dimensões da ação das instituições responsáveis pela ordem, dentre elas o Estado.

> Em outras palavras, cumpre estabelecer, preliminarmente se o desajustamento depende diretamente do indivíduo, se este se ligou tão fortemente aos seus hábitos e tradições que, no novo mundo social, se desajustou, ou se depende de causas gerais, para cuja remoção se faz mister a intervenção positiva do Estado (RICARDO, 1941, p. 61).

Mas para combater o bom combate eram necessários bons soldados. Daí a defesa da necessidade imperante da promoção da formação de quadros para o serviço social. Adotando o tom de crítica, o autor vai fazendo ponderações e observações quanto ao ensino existente até então, apontando as falhas na formação do que ele chamou de "visitador social". Aliás, a própria assistência social é chamada por ele de "ciência social", a qual exigiria "técnicos que a apliquem e não deve e nem pode ser aplicada por simples agentes, treinados superficialmente nos seus misteres" (RICARDO, 1941, p. 94). A boa aplicação se justificaria diante os três "máximos problemas da coletividade: a ignorância, as deficiências de saúde e as incidências desfavoráveis do sistema econômico ou social" (Ibidem, p. 71). Os problemas de caráter social na visão do autor são melhores tratados na segunda parte do livro.

Como já foi apontado, escolheram-se aqui apenas dois capítulos desta segunda parte para breve reflexão que, quando somados com a primeira parte, que versa acerca da especificidade do serviço (ou da assistência) social, permite maior clareza quanto à visão de Ricardo. Cada vez mais fica patente a preocupação, ao longo de seu texto, em compreender e, ao mesmo tempo, trazer ao leitor uma discussão sobre as condições sociais de sobrevivência e de acesso aos bens materiais fundamentais (segundo ele) para a sobrevivência dos indivíduos. Para Aristides Ricardo, seria necessário conhecer o padrão de vida mediano para que, em seguida, também fosse identificado o nível de desajustamento, classificando-o. O indivíduo na condição de desajustado, isto é, em situação social precária em relação àquele padrão de vida mínimo para um grupo ou uma sociedade constituiria um problema e, portanto, deveria ser enfrentado como tal. Contudo, embora a necessidade de enfrentamento esteja nítida na fala do autor – principalmente porque busca justificar e defender a ação dos serviços sociais, por outro lado, as causas desta condição social de pobreza, em sua visão, não seriam apenas ligadas à hostilidade do meio (como por ele citado várias vezes, tendo como referência Oliveira Vianna) ou a privação econômica gerada pela estrutura da sociedade: teria a ver com a "atitude mental do homem" (RICARDO, 1941, p. 76). Ou seja, para Ricardo, o pauperismo e a miséria de um indivíduo dependem também "do exame consciente a que ele submete a sua própria consciência, em confronto com o sucesso alheio" (RICARDO, 1941, p. 76). Isto é, considerar-se como pobre ou menos abastado seria uma condição relativa a certo padrão idealizado. Para justificar esta sua fala, o autor defende algo muito próximo do que se pode ver em Marx sobre a produção de necessidades pelo homem. Afirma que os indivíduos alargaram suas necessidades e, portanto, impõem-se cada vez mais a estes a busca por meios de como satisfazê-las. Logo, a pobreza seria relativa às possibilidades de alcance ou não desta satisfação, mas acima de tudo, relativa à forma como o indivíduo vai ou não almejar determinada condição, o que dependeria de seu "estado mental" (RICARDO, 1941, p. 79).

Para o autor,

> o estado mental do indivíduo, sua capacidade de renúncia, seu espírito de sacrifício, sua humildade, ou pelo revés, seu egoísmo, tais elementos que a análise social deve apurar, pois é a custa deles que o indivíduo mede seu conforto e se proclama pobre ou rico (RICARDO, 1941, p. 79).

Em outro trecho, atribui as condições de pobreza também ao costume do desperdício, classificando-o como uma prática comum entre os mais pobres, assim como a falta de planejamento. Para o autor, "o vício do pobre é sua falta de previsão" (RICARDO, 1941, p. 82). Deste modo, as elucubrações de Ricardo caminham no sentido de certo pessimismo quanto à realidade mental peculiar ao "caráter nacional brasileiro", para usar a expressão de Dante Moreira Leite (1976). Esta análise que, em certa medida, se distancia da máxima da influência do meio e se aproxima das questões de cunho psicológico (embora estas não neguem, necessariamente, as primeiras), também pode ser analisada como uma leitura que em muito se aproxima das análises que buscavam compreender, nas palavras de Florestan Fernandes (2008) as atitudes e motivações desfavoráveis ao desenvolvimento ao mesmo tempo em que destaca a questão da escravidão e sua herança como entrave ao progresso nacional. Ainda que lhe faltasse a mesma clareza da análise existente nesses autores, Ricardo tratava, a seu modo, de algumas perspectivas sobre a realidade brasileira sob o diapasão de uma psicologia social.

Evidentemente, Aristides Ricardo não resume sua leitura acerca da pobreza, suas causas e consequências a esta questão psicológica ou de caráter moral. Contudo, à época da produção deste seu livro eram muito comuns as visões que privilegiavam as explicações quanto à condição social como resultante das formas de pensamento ou valores dos indivíduos, desconsiderando-se muitas vezes as dificuldades criadas pela própria estrutura do sistema econômico e inerentes à sociedade de classes.[18] Autores clássicos do pensamento social brasileiro,

18 Evidentemente, este posicionamento mais uma vez evidencia uma leitura acrítica das transformações sociais oriundas do desenvolvimento do capitalismo, as quais dificul-

contemporâneos de Ricardo, a exemplo de Sérgio Buarque de Holanda, Nestor Duarte e Oliveira Vianna, entre outros, destacavam o papel do iberismo como fator cultural – logo, psíquico – como importante aspecto na determinação do comportamento do povo brasileiro.

Mas para falar sobre a pobreza que assolava o país de fato, para além de quaisquer visões relativistas ou subjetivas quanto à pobreza real, Aristides aponta que os fatores do pauperismo e "a concentração da riqueza, a distribuição das terras, a lei da oferta e da procura, são certamente causas gerais de desníveis econômicos" (RICARDO, 1941, p. 80). Ao mesmo tempo em que admitia caber ao Estado buscar meios para remediar tais problemas, fazia apologia das medidas que já eram tomadas, naquele momento, pelo governo de Getúlio Vargas. Dentre os fatores responsáveis pela pobreza, para além daqueles apontados até aqui, estaria um fenômeno muito comum a São Paulo dos anos 30 e 40 do século passado: a migração. O crescimento urbano motivado, dentre outros de aspectos, pela chegada de migrantes era uma das causas da pobreza. Logo, segundo Aristides Ricardo era preciso fazer com que os indivíduos retornassem à sua origem. Afinal, "a fixação do homem à terra, o seu preparo cívico e moral, os seus conhecimentos profissionais, são elementos mais seguros de interpenetração das criaturas humana em seu habitat" (RICARDO, 1941, p. 82). Curioso é notar que este posicionamento iria ao encontro da leitura do governo de Getúlio Vargas.

Evidentemente, tratava-se de uma leitura simplista, que desconsiderava os problemas mais estruturais da condição de subdesenvolvimento do país, crendo que a extinção ou o fim do êxodo rural daria cabo de parte considerável da pobreza. Ou seja, propunha na verdade a criação de condições para que se promovesse um processo inverso àquele que, naturalmente, ocorria por conta da atração que exerciam os grandes centros como lugares mais prósperos e de maiores possibilidades. Isso aponta, de forma geral, a existência de incongruências entre

---

tariam ainda mais a ascensão econômica dos mais pobres, principalmente, em uma sociedade com as estruturas sociais, políticas e econômicas ainda embotadas por um passado escravocrata e agrário-exportador. Atribuir ao próprio indivíduo a culpa por sua posição social seria desconsiderar as consequências da realidade brasileira, que vivia seu processo de capitalismo tardio.

explicações mais sofisticadas do autor quanto à realidade social e outras posições mais conservadoras ou limitadas, a exemplo de quando afirma:

> antes que entre nós surjam as tradicionais questões de classe, que corrompem a civilização dos mais cultos povos do mundo, nossa pátria procura perscrutar as aspirações dos seus trabalhadores e assegurar-lhes o direito ao repouso, ao salário mínimo, à previdência social (RICARDO, 1941, p. 84).

Esta fala não apenas denuncia uma perspectiva burguesa que menospreza ou desconsidera a luta de classes, mas que a vê como um mal contra a manutenção da ordem. Além disso, ao dizer que a pátria perscrutaria as aspirações dos seus trabalhadores para assim atendê-las, pode-se considerar este posicionamento como reconhecimento das políticas populistas de Vargas como medidas legítimas e eficazes na promoção dos interesses da classe proletária. Contudo, era necessário promover o conflito social, o qual, como fermento ou força social, contribuiria com o desenvolvimento econômico e a democracia.

Mas a despeito de suas ambiguidades e contradições, apontava para a necessidade de, para bem se promover a assistência social, conhecer a realidade do padrão de vida da classe operária. Esta não era temática de vanguarda, haja vista trabalhos como Engels (2008) e os de outros médicos europeus, como Chadwick (1965). Contudo, para a realidade brasileira, só muito recentemente em relação àquele momento se teriam as experiências empreendidas pela própria ELSP. Ricardo faz importante citação de Delgado de Carvalho, o qual, em sua fala, parecia já reconhecer o papel do trabalhador como indivíduo que deveria ter seu bem estar garantido:

> de todos os padrões de vida o mais significativo é sem dúvida o padrão de vida da classe operária, não só porque ela representa a maioria da população (2/3 ou 3/4) como também porque ela representa o esteio da democracia e se seu estado social e bem estar depende a força da nação" (DELGADO apud RICARDO, 1941, p. 83).

Ricardo cada vez mais torna explícito seu convencimento quanto à importância do conhecimento objetivo e claro do padrão de vida dos indivíduos para o bom desempenho das atividades de assistência inerentes ao serviço social. Ainda que entre suas elucubrações existissem explicações de natureza questionável enquanto chave para compreensão da vulnerabilidade social das pessoas, chega a afirmar ser fundamental o exame da distribuição da riqueza para o enfrentamento da pobreza.

> [...] um trabalho científico que se oriente no sentido de revolver as causas do pauperismo deve ter como ponto fundamental o estudo da distribuição da riqueza particular, mercê de um inquérito desses salários e vencimentos. Poder-se-á, destarte verificar se o trabalho é equitativamente remunerado, se a propriedade rural e urbana se acha convenientemente distribuída, se os indivíduos se encontram muito distanciados dos pontos médios do padrão social (RICARDO, 1941, p. 83).

Assim, naquele momento, lecionar na Escola Livre de Sociologia e Política como professor desta disciplina garantia-lhe a vantagem de poder ter acesso aos dados das pesquisas de padrão de vida que por lá se produzia, além de transitar e conviver entre aqueles pesquisadores e professores envolvidos neste trabalho. Isto permite conjecturar que possa ter lançado mão destas informações para ilustrar suas aulas. Portanto, para a discussão de cunho teórico quanto aos fundamentos do serviço social, poderia apresentar e discutir dados empíricos das recentes pesquisas empreendidas pela instituição. Sua defesa do "estudo da distribuição da riqueza" talvez seja um dos pontos mais importantes da obra que aqui se analisa, principalmente ao se considerar o próprio título do livro: *Ensaios de Sociologia Aplicada*. Afinal, entendia-se que no serviço social, no enfrentamento dos problemas sociais, a sociologia, como ciência (e segundo a vertente norte-americana), mostraria sua aplicabilidade. Era preciso conhecer as "causas objetivas e subjetivas da pobreza" (RICARDO, 1941, p. 85) e, portanto, a sociologia poderia auxiliar. Segundo Ricardo, as causas objetivas estariam ligadas aos acidentes do meio físico (como já discutido anteriormente), a exemplo de enchentes e secas, bem como estariam ligadas ao meio social. Com considerável clareza, aponta que nos países mais prósperos, onde a indústria teria se desenvolvido, o desemprego era uma das causas de natureza objetiva da pobreza, logo, causa desta forma pelo meio social. O desenvolvimento tecnológico e científico teria trazido avanços, mas "em virtude da concorrência dos povos e da tendência moderna de substituir os trabalhos manuais pelo das máquinas, esse mesmo progresso criou dificuldades e estabeleceu desvios nos padrões mínimos da vida a numerosos indivíduos" (RICARDO, 1941, p. 84). Além disso, segundo ele o sistema educativo, quando de baixa qualidade, também contribuiria para o que chamou de desajustamento. Já aquelas de natureza subjetiva, como também já apontado, teriam origem biopsicológica e, por causas, eventos como a morte de um ente querido ou uma doença; poderiam ser motivadas "pela deserção do lar, pelos vícios sociais, pela indolência, pela delinquência, pela ignorância da verdadeira situação social" (RICARDO, 1941, p. 87). A adoção da causa subjetiva da pobreza, destacada pelo autor, traria à tona, novamente, a questão do determinismo biológico para a explicação da condição dos indivíduos, o que evidencia a presença de resquícios de um biologismo outrora mais consensual entre os médicos intérpretes do Brasil do final do XIX. Contudo, mesmo que já dividindo espaço com explicações mais elaboradas (que aqui podem ser associadas às causas objetivas apontadas por Ricardo), ainda nos anos 30 e 40 do século XX o discurso e as discussões sobre eugenia se faziam presente. De todo modo, o próprio Aristides Ricardo pondera que ambas as causas, objetiva ou subjetiva, agem com conjunto na determinação da pobreza.

Mas independentemente de suas causas, a pobreza deveria ser extirpada, fosse ela individual ou coletiva. Em um dos subtítulos da obra, o autor fala em "profilaxia da pobreza" (RICARDO, 1941, p. 87), o que sugere uma leitura que atribui a esta a classificação como algo equivalente à doença. Afinal, partindo-se de uma definição mais literal do termo profilaxia, tratar-se-ia de uma parte da medicina que busca medidas para prevenção e preservação da saúde. Isso significa que a pobreza não apenas poderia ser causada pelas impossibilidades impostas ao indivíduo pela eventualidade de uma doença (o que seria dado por uma causa de natureza subjetiva, segundo o autor), mas ao mesmo tempo poderia ser ela (a pobreza) a causadora de doenças. Assim, pobreza gera doenças e estas geram pobreza. Neste sentido, poderia se falar no "valor social da saúde" (RICARDO, 1941, p. 217) que, aliás, seria o título da última parte do livro aqui analisado. De modo evidente, naquele momento em que a preocupação com a construção de um Brasil moderno era uma preocupação presente, a saúde estaria, como já apontado, entre as principais áreas de interesse do Estado, o qual assimilaria além de seu valor social, outro de natureza política. Era preciso sanar o que pudesse ser compreendido como entrave ao desenvolvimento e, dessa forma, as doenças deveriam ser atacadas e compreendidas como uma questão nacional. Fonseca (2007, p. 172) ilustra de forma clara a preocupação do Estado brasileiro com a saúde naquele momento:

> Toda estrutura de saúde pública reorganizada durante a gestão de Gustavo Capanema (1934-1945),[19] por conseguinte durante o primeiro governo Vargas, esteve orientada por esta preocupação, a de marcar presença em todo o país. O objetivo era partir das capitais para investir no interior, nos municípios e montar uma rede bem articulada de serviços de saúde.

A defesa de Aristides Ricardo quanto à natureza social da saúde e do higienismo também ganhava eco na nova organização do Estado. E isso não poderia ser diferente na visão do deste médico, afinal, segundo ele, "constituem as doenças o maior obstáculo para o progresso individual e coletivo. Lutar contra elas é defender o que as reservas humanas possuem de mais nobre e elevado" (RICARDO, 1941, p. 217). É neste momento de sua obra que fala sobre o direito à saúde e da participação de higienistas e médicos na defesa do higienismo, do qual o desenvolvimento social em muito dependeria. "Cuidando da saúde coletiva e defendendo-a onde quer que ela se encontre, mais não fazemos do que realizar obra de grande sabedoria" (RICARDO, 1941, p. 228), afirmaria o autor, marcando seu posicionamento que associava assistência à saúde e pro-

19 Vale destacar ser exatamente este o período de maior concentração de professores médicos na ELSP. Coincidência ou não, isso mostra como a saúde, ao mesmo tempo em que ganhava novo espaço dentro do Estado, em termos de sua institucionalização como ciência, aproximava-se da primeira escola de ciências sociais do país.

gresso, associação esta que se fará patente na política nacional de saúde como se discutirá mais a frente neste trabalho. De todo modo, por ora cabe destacar sua valorização e defesa da saúde como um direito, o qual, segundo ele, seria "o mais legítimo de todos os direitos" (RICARDO, 1941, p. 226), cabendo à higiene e à medicina serem as áreas que poderiam garanti-lo. Essa convicção da saúde como direito por parte de Aristides Ricardo – e que certamente encontraria eco em muitos de seus pares e contemporâneos – chama a atenção por sua presumível conotação política. Isto é, esta convicção da medicina e da higiene como promotoras de um direito inerente aos indivíduos às coloca como instrumentos favoráveis à cidadania, principalmente naquilo que diz respeito à promoção de um direito social, tomando-se como princípio a clássica divisão de Marshall (1967) quanto aos três direitos que garantiriam a cidadania de fato (direito civil, político e social). Trata-se de um posicionamento em favor do universalismo de procedimentos, o qual "é associado à noção de cidadania plena e igualdade perante a lei" (NUNES, 1997, p. 35), no que se refere aos benefícios e encargos públicos.

Contudo, não se pode perder de vista o contexto no qual esta convicção é reproduzida e que, portanto, guarda em si uma contradição com a realidade social e política do país nos anos 30 e 40 do século XX, realidade esta marcada pela exclusão, desigualdade, e um Estado autoritário. Como é sabido, se naquele momento já havia alguns parcos avanços na construção de uma cidadania, estes só foram empreendidos por meio de medidas de natureza populista e de cima para baixo, isto é, partindo do Estado e não da sociedade civil. Portanto, ainda que a importância da medicina e da higiene fosse algo deveras evidente aos médicos, sem o apoio do Estado para a efetivação de ações deste tipo não passariam de propostas. Isso é fundamental para se compreender o posicionamento adotado pelo autor neste livro que se aqui se analisa, afinal, a todo o tempo destaca a importância da medicina e da higiene não apenas para atender necessidades individuais, mas sim aquelas de natureza coletiva. Mais do que isso, para evidenciar a importância da saúde (logo, da medicina, da higiene e do serviço social) ao país e, dessa forma, ao Estado, afirma que é por meio de sua promoção que se alcança o "aumento da população, a produção, a indústria, o comércio, todas as riquezas" (RICARDO, 1941, p. 224). Logo, a medicina assumiria uma importante missão enquanto ciência: contribuir com o processo de modernização do país. Mas esta missão ela já teria assumido e internalizado, como se sabe, desde a segunda metade do século XIX, porém seguindo outro modus operandi. Isto é, a lógica de seu enfrentamento dos problemas ligados à saúde estava pautada em um modelo, predominantemente, curativo, diferentemente de uma visão mais ligada à prevenção.[20] O redirecionamento de uma visão da medicina ou a quebra de um paradigma quanto a seu objetivo já nos anos 20 do século passado é o que explica a importância atribuída nos anos seguintes ao serviço social, tendo-se nele um importante braço do serviço de assistência à saúde. Será a partir da reforma de 1925, como se discutirá mais a frente, que a assistência à saúde pública paulista assumirá de forma mais contundente uma busca pela promoção da medicina preventiva. Logo, se a prevenção assume o objetivo da assistência, inerente a ela estaria o planejamento e a necessidade de estudos oriundos acerca das condições sociais. É a partir desta constatação que se sugere, neste trabalho, a configuração de uma nova fase da medicina social no Brasil, agora amparada por uma ciência social que forneceria conhecimentos para o planejamento apontado. A medicina não se preocuparia mais apenas com a higiene, mas com os meios de prevenir doenças. A área da higiene social cada vez mais estaria imbricada ou confundida com a medicina preventiva. Prova disso estaria na afirmação

20 Considerando esta preocupação com a prevenção, Ricardo publica em 1947 *Noções de epidemiologia*, livro este promovido pela Diretoria do Serviço de Saúde Escolar de São Paulo. Na apresentação, o autor faz uma observação que denota sua preocupação com a prevenção das doenças e a disseminação do conhecimento acerca destas entre a população. Afirmava que era preciso "levar ao conhecimento dos mestres [referindo-se aos professores da rede de ensino] noções relativas às doenças, que mais de perto incidem no meio escolar, sendo para este fim que, em menos de um ano, duas publicações de grande interesse prático – 'Educação Sanitária', a princípio e agora 'Noções de Epidemiologia' – são lançadas, não à livraria, mas ao convívio dos educadores" (RICARDO, 1947, p. 5). São apresentadas 26 doenças, todas explicadas de modo minucioso e sistematizado, tópicos explicativos sobre cada uma e sobre seus respectivos históricos, etiologias, modos de transmissão, sinais clínicos, profilaxias e tratamentos. Será também em 1947 que apresentará à Sociedade Paulista de Medicina Social do Trabalho a tese *Organização e orientação do Serviço de Saúde Escolar*. Produções com estas faziam parte de uma concepção de assistência à saúde que valorizava a educação sanitária.

de Ricardo quanto ao papel da higiene, apontando que "o seu principal papel é estudar o homem nas suas relações com o mundo externo e modificar estas relações de acordo com as exigências do indivíduo e da coletividade" (RICARDO, 1941, p. 86).

Mas se este é o papel da higiene social (entendendo ser ela uma área de extensão da medicina, mais precisamente da medicina social), desempenhá-lo de modo descolado do Estado não seria possível. Aliás, esta simbiose entre a medicina (e áreas correlatas) e o Estado, bem como seus desdobramentos mais gerais, não apenas foi um dos pontos já discutidos no Capítulo 1, como será retomado mais a frente neste trabalho. Por ora, o que vale destacar é que, ao mesmo tempo em que esta relação seria essencial para higiene, Ricardo pondera e reconhece a existência de um perigo: a influência política. Esta, por sua vez, poderia retirar os "trabalhos sanitários do terreno da eficiência profissional" (RICARDO, 1941, p. 229), levando-os para a "mesquinha política partidária" (PARRAN apud RICARDO, 1941, p. 229). Fica clara a defesa da ciência em detrimento da política, ao mesmo tempo em que se evidencia, nas palavras do médico, o testemunhar de uma prática comum no Brasil e de natureza histórica quanto a algumas práticas do Estado brasileiro, no que se refere à promoçao de interesses políticos em detrimento daqueles do âmbito da técnica. Aliás, vale destacar que esta ponderação de Ricardo na defesa da técnica seria o mote do insulamento burocrático promovido desde o governo Vargas na tentativa de viabilizar um Estado mais moderno, a despeito da contraditória permanência do clientelismo político e do populismo. Nas palavras de Nunes (1997, p. 34), o insulamento burocrático faz parte da gramática política do Brasil, sendo ele:

> [...] o processo de proteção do núcleo técnico do Estado contra a interferência oriunda do público ou de outras organizações intermediárias. Ao núcleo técnico é atribuída a realização de objetivos específicos. O insulamento burocrático significa a redução do escopo da arena em que interesses e demandas populares podem desempenhar um papel.

Portanto, Aristides Ricardo defendia garantias ao bom desempenho das atividades de assistência contra possíveis interferências políticas, afinal, sem esta segurança (e tão pouco sem o apoio do Estado) nada seria possível. A preocupação com a autonomia do exercício da função em prol da assistência social e com as condições para a realização do trabalho científico seriam aspectos já esperados por intelectuais como Ricardo e, deste modo, perpassam toda a estrutura do livro aqui analisado. Mas nesta obra, merecem destaque não apenas a forma como o autor delimitou os preceitos gerais dos serviços sociais, seus objetivos científicos, ou aqueles mais amplos do ponto de vista da institucionalização de um saber. Destaca-se a construção de uma leitura (de certo modo elaborada) sobre a formação social do Brasil e sua condição naquele momento. Isso fica patente em alguns dos subitens da obra como "A realidade brasileira"; "Não somos um imenso hospital"; "O caboclo em seu cansaço aparente". Ao que parece, esta interpretação sobre a realidade social tinha por fundamento pelo menos dois objetos: a) revelar as características do campo de ação (a sociedade brasileira) daqueles interessados em se alistarem para o enfrentamento das mazelas sociais para a luta pela saúde; e b) justificar, portanto, a relevância e a especificidade da medicina e da assistência (serviço) social. Dito de outro modo, poder-se afirmar que ao passo que o autor buscava apresentar o objeto e o objetivo de sua área de conhecimento produziu, consequentemente, uma leitura sobre o Brasil. Este fato caracteriza um dos pontos mais importantes atribuídos a obra de Aristides Ricardo afinal, apenas indica como de fato não é pequena a quantidade de médicos que, direta ou indiretamente, podem ser considerados como intérpretes do Brasil. Como pontuam Hochman e Lima (2015, p. XXI), "mais do que fontes, a medicina e os médicos devem ser lidos como constituintes e partícipes ativos de vertentes interpretativas sobre o Brasil e sobre a sociedade brasileira".

Nesta intepretação sobre a formação da sociedade brasileira, Aristides Ricardo reproduzia uma visão depreciativa quanto aos resultados do processo de miscigenação racial, classificando-a como a causa de muitos dos problemas sociais. Chega a afirmar que uma das consequências dela seria o fato de que o "o tipo nacional ainda não fixou a sua morfologia. E herdou diferentes atributos psíquicos e físicos, e recebeu, desde logo, o influxo de estados mórbidos os mais diversos". Portanto, faz uma leitura na qual admite a ideia de que os males do país seriam em grande medida uma herança do período colonial, pois seria neste momento que uma ralé teria se reproduzido. Segundo ele:

> Sem medidas acauteladoras da saúde e com mulheres dessa estirpe[21] e pretos colhidos na África e tratados com álcool e chicote, com essa "ralé pululante de cabras, cafuzos, mamelucos, índios e negros forros ou cativos", o Brasil pagaria o seu terrível tributo. E pagou-o. E ainda não conseguiu resgatá-lo e desvencilhar-se dos grandes males que o rodeiam. E ganha, por cima de tudo, a pecha de "país tropical" e de pátria de "Jeca Tatu" (RICARDO, 1941, p. 232).

O que se vê ao final deste trecho é seu posicionamento contrário à figura do caipira, mais especificamente a do Jeca Tatu como o tipo do homem comum.[22] Este seria um ponto a ser destacado em sua leitura: fica evidente que, a despeito de seu pessimismo quanto aos resultados da miscigenação racial, ele acredita que os indivíduos menos abastados estariam em uma situação de pobreza que não lhes é inerente.[23] O brasileiro estaria doente, portanto seria uma condição variável, intermitente, mas não necessariamente perene. Ao falar do caboclo em seu "cansaço aparente", aponta que o que se encontraria no país "é esse mesmo caboclo de Monteiro Lobato, com a única diferença de que não é incapaz de evolução nem impenetrável ao progresso, porque tudo nele é aparente e a sua energia ele a tem pronta..." (RICARDO, 1941, p. 234). O autor não acreditava ser o Jeca a figura do brasileiro, mas sim aquele sertanejo descrito por Euclides da Cunha. Afinal, segundo ele, "se fôssemos Jecas Tatus, nosso comércio, nos-

21 O autor se refere a mulheres enviadas de Portugal com o intuito de casar com os homens que viviam na colônia e, assim, procriar, ampliando a população. Contudo, segundo o autor, teriam sido enviadas mulheres "erradas", ou seja, de conduta reprovável.

22 A figura do Jeca, homem caboclo e doente, foi criada na obra de Monteiro Lobato intitulada o *Problema vital*, publicada em 1918 .

23 Há algo neste posicionamento que pode ser associado à uma importante análise sobre o Brasil feita pelo médico Manoel Bonfim, leitura esta traduzida na obra *América Latina: males de origem* (1993) .

sas indústrias, nossas riquezas materiais não progrediriam. Um povo que se forma em luta constante contra a agressividade o meio é a antítese do Jeca Tatu" (RICARDO, 1941, p. 236). Ao rejeitar a visão que condenava o brasileiro à situação de fraqueza e atraso, Ricardo tentava destacar a importância do serviço social, principalmente no que dizia respeito à sua capacidade reformadora da realidade enquanto saber aplicado. Portanto, com a ação efetiva dos serviços sociais e da medicina, afirmava que ao longo do tempo as debilidades desapareceriam. Portanto, dizia ele, "os aleijados, os mutilados, os idiotas, os imbecis, os insanos, tendem ao desaparecimento como ao desaparecimento tendem as infecções importadas" (RICARDO, 1941, 237). Mas este quadro só poderia ser alcançado com a promoção da saúde e de seu valor social por meio dos serviços sociais e de um conhecimento da realidade brasileira, da estrutura social e da condição de pobreza dos indivíduos. Ou seja, o conhecimento superficial desconsiderava a realidade dos fatos, induzindo a uma leitura equivocada quanto às possibilidades de mudança da condição de vulnerabilidade. Não por outro motivo, Aristides Ricardo advertia que não se desse "crédito ao que falam os escritores que só conhecem o Brasil de Copacabana ou do último andar do Martinelli" (RICARDO, 1941, p. 237).

Portanto, a expressão Sociologia Aplicada presente no título do livro de Ricardo evidencia sua posição: apresentar o serviço social como ciência aplicada, por ser ele o resultado da aplicação conjunta dos conhecimentos sociológicos sobre a sociedade (aplicada) com os alguns preceitos da medicina (no que diz respeito tanto aos conhecimentos etiológicos das doenças, como aos padrões mínimos de uma vida saudável). Deste modo, tenta deixar claro que não haveria serviço social, e, portanto intervenção, sem se conhecer a realidade de sua perspectiva sociológica. Ao mesmo tempo, ao que parece, deixa subtender que a Sociologia por meio de seus instrumentos ao promover a assistência social acaba por revelar uma de suas outras dimensões, isto é, aquela enquanto saber aplicado.

Neste sentido, como se pode perceber, a obra de Aristides Ricardo se trata de uma rica fonte de informações para a reflexão quanto ao pensamento médico de um período, bem como quanto às temáticas que preocupavam uma intelectualidade desejosa pela modernização do país (mesmo que para tanto fossem trilhados caminhos autoritários, conservadores, e reacionários para tal empreitada). Ao mesmo tempo, torna evidente a relação de uma perspectiva médica com aquela existente intramuros na Escola de Sociologia e Política de São Paulo dado o interesse comum: pelo conhecimento dos problemas sociais daquele contexto e do padrão de vida do trabalhador; pela valorização de uma Sociologia de natureza aplicada e intervencionista; e pelas discussões direta ou indiretamente ligadas à eugenia ou quaisquer outras nas quais o biológico, o psicológico e o social estejam associados para as explicações do homem e da sociedade.

Mas a afinidade teórica ou convergência de interesses (entre medicina e sociologia) acerca da compreensão do dinamismo social que aqui se aponta impõe a necessidade de um exercício de reflexão mais profundo quanto a esta aproximação. Isto é, se a presença de algumas disciplinas e dos conteúdos destas – como o serviço social – pode sugerir a existência de uma preocupação de cunho progressista e modernizante diante das transformações do país naquele momento, é preciso perscrutar quais os outros esteios e motores das ações por parte, principalmente, deste grupo de médicos, ao passo que há evidências da existência de um conservadorismo (travestido de uma aura liberal e progressista) inerente às preocupações médicas. Ou seja, a defesa da higiene por médicos como Aristides Ricardo traz a tona algumas questões importantes quanto ao real sentido destes discursos. A quem interessaria uma sociedade mais "higienizada"? É evidente que a defesa da garantia de condições de salubridade aos mais pobres é fundamental à vida destes (e isso aparece, de certo modo, em várias partes da fala do autor), mas não seria uma forma de garantir a extinção do perigo das doenças antes que elas atingissem aos mais ricos? A preocupação em se garantir a "mediania social", nas palavras de Ricardo (1941) e, portanto, em sanar a condição daqueles ditos desajustados, interessaria a quem de fato? Qual a verdadeira natureza da leitura destes médicos professores diante as mudanças sociais dos intensos anos 30 e 40 do século passado? As transformações sociais trariam esperança quanto ao futuro ou medo da anomia social no presente? Qual o objetivo primeiro das novas teorias e tecnologias de enfrentamento dos problemas sociais – como o serviço social – às quais a medicina preventiva recorria?

Estas seriam algumas questões que não buscam diminuir ou rebaixar as preocupações de cunho social expressas em textos, aulas e livros como os que aqui se analisa, mas apenas visam propor uma leitura e uma análise a contrapelo destes discursos, para tentar evidenciar aspectos importantes quanto a seus objetivos menos explícitos, porém fundamentais para sua própria formulação. Mais do que isso, estas perguntas chamam a atenção para o fato de que, a despeito do caráter inovador (pelo menos aparente) do pensamento médico em termos teóricos e práticos para o cuidado com a saúde na ocasião, não se pode perder de vista uma noção muito presente nas mentes das elites e de parte da intelectualidade naquele contexto histórico: a promoção de uma mudança conservadora, isto é, um desejo por transformação social contraditoriamente mais preocupado com a preservação do presente (resultado do passado e, portanto, garantidor de uma velha estrutura social) que com o futuro (incerto e imprevisível). Evidentemente, pode-se pressupor não haver um pleno consenso em torno de leituras conservadoras, havendo posicionamentos destoantes ou contrários entre os médicos de modo geral. Mais do que isso, também é preciso pensar até que ponto o conservadorismo que ainda embotaria os discursos era algo de fato consciente entre seus reprodutores ou, ao contrário, resultado de uma certeza a priori e equivocada (portanto, não consciente) quanto aos caminhos a serem trilhados em nome da modernização.

De todo modo, o que se tenta capturar não é apenas o sentido ou o modus operandi deste pensamento e discurso médicos (como as aulas, artigos, livros e falas analisados aqui), mas também quais suas consequências e efeitos à sociedade. Enquanto hipótese – ao que tudo indica comprovada, por exemplo, pela permanência das temáticas presentes nas fontes primárias aqui analisadas, como a eugenia, a determinação do meio no comportamento dos indivíduos, a preocupação com aspectos morais e comportamentais, a preocupação com a ordem urbana, etc. –, pode-se afirmar que boa parte dos posicionamentos médicos não apenas eram impelidos por aquele espectro conservador como valor social, como produziram senão outra coisa: mais conservadorismo. Esta teria sido a fórmula adotada por boa parte destes intelectuais como resposta ou reação ao momento de mudanças, de transformações, isto é, de crise, no qual a velha estrutura social vai se esboroando, ao passo que outra, ainda incipiente, vai se construindo, sobretudo com os escombros da primeira, e assim constituindo a sociedade brasileira com suas idiossincrasias, as quais caminhariam século XX adentro. Assim, seria preciso compreender como estes pensamentos e alternativas de intervenção social defendidos pela medicina (enquanto reação à sociedade que transforma) eram construídos, buscando-se esclarecer as contradições e ambiguidades que possam estar contidas no cerne destas propostas de enfrentamento de problemas sociais, ligados à prevenção das enfermidades e ao cuidado com a saúde.

Na história das revoluções burguesas e, portanto, do desenvolvimento da política no ocidente, o que se vê é o importante papel dos momentos de crise como indutores e promotores da criatividade para a elaboração de ideias e alternativas como propostas de saída ou reorganização social. Contudo, isso não significa que os pensamentos oriundos deste momento propício à efervescência das ideias sejam, necessariamente, propícios às mudanças progressistas, isto é, não quer dizer que a alternativa para a qual apontam seja, de fato, a melhor. O livro *Crítica e crise* (KOSELLECK, 1999) expõe importante reflexão sobre o processo revolucionário que se desencadearia na Europa ao final do século XVIII, eclodindo na Revolução Francesa, com a queda do Antigo Regime. Mas o que este momento da história europeia, francesa mais especificamente, teria em comum com o Brasil dos anos 30 do século XX? Evidentemente, tanto em um como no outro caso, o que se tem é um momento de crise nas mais diversas esferas (política, social, econômica e social) e, neste sentido (guardadas as devidas proporções), o exercício de análise daquele contexto traz um pouco de luz para compreensão das contradições do pensamento médico diante a realidade brasileira no início do século passado. Abordando o momento de crise europeia no século XVIII, Koselleck (1999, p. 145) mostra como os iluministas, pautados pela crença na razão e no progresso, cometeram equívocos ao não perceber o real sentido daquela crise, a qual, para eles, tinha outro significado em suas consciências:

> Mas o conceito de crise, vinculado por Rousseau ao sentido de anarquia, a crise como ruptura de toda a ordem, como desmoronamento de todo o regime de propriedade, ligada a convulsões e agitações imprevisíveis – ou seja, a crise como crise política do Estado como um todo – não representava de modo algum a forma como se exprimia a consciência burguesa dessa mesma crise. Ao contrário, a consciência pré-revolucionária da crise se

> alimenta da forma específica de crítica política feita pela burguesia ao Estado absolutista.

Logo, a burguesia, na construção de alternativas para saída, ao se considerar a consciência que tinha do momento crise, reproduziu ações que transformaram o projeto iluminista pautado na liberdade, igualdade e fraternidade em um governo marcado pelo terror e não pela democracia (inerente ao lema francês da revolução). Em outras palavras, se o momento de crise era propício para o despertar da criatividade na constituição de novas ideologias, o fato é que, no caso da Revolução Francesa, a luta contra o autoritarismo do antigo regime desembocou em novo regime também autoritário; agora, porém, em nome da ideia abstrata da vontade geral. "Assim, a totalidade racional do coletivo e da sua *volonté générale* impõe uma correção permanente da realidade, isto é, dos indivíduos que ainda não foram integrados ao coletivo. Esta correção da realidade é a tarefa da ditadura". (KOSELLECK, 1999, p. 142). Logo, o autor chama a atenção para o fato de como a crise, de modo curioso, desperta uma nova ideia, porém, contraditoriamente pautada em algo velho: o autoritarismo inerente ao próprio absolutismo. E assim, camuflado sob a égide da vontade geral e da democracia, o governo revolucionário e iluminista esconderia seu caráter autoritário:

> O iluminismo só reina na medida em que obscurece sua própria autoridade. A identidade postulada entre liberdade moral e coerção política, com a qual Rousseau esperava eliminar os males do sistema absolutista, revela-se a ditadura ideológica da virtude, cuja autoridade desaparece sob a máscara da vontade geral. A suposta identidade do homem e do cidadão revela-se como o processo de uma identificação compulsória (KOSELLECK, 1999, p. 144).

Eis o ponto de aproximação ou similaridade com o contexto dos anos 30 em São Paulo, afinal, o que se percebe no cerne na elite dirigente e intelectual paulistana é a existência de contradições entre pensamentos e ações, projetos e resultados, retórica e prática, ou seja, algo equivalente ao que Koselleck (1999) identifica na análise que faz da burguesia revolucionária francesa. Portanto, naquele momento da história paulista (e brasileira) no qual havia uma considerável atividade intelectual e política, fazia-se presente a contradição entre os auspícios da modernização do país e a reprodução da prática de ações e pensamentos conservadores da antiga ordem e estrutura social, como a defesa da eugenia e do higienismo para citar um exemplo. No afã da defesa do progresso, o que se via era a adoção de medidas que, a despeito da áurea progressista, estavam mais comprometidas com a manutenção da ordem e a promoção de reformas conservadoras (audaciosas nas propostas, comedidas nas ações). Como no caso das políticas nacionais para a saúde pública, o que se tinha era um apelo à sensibilização da consciência coletiva por uma questão nacional, destacando-se ser a saúde uma preocupação de todos. Porém, como pondera Viviani (2007, p. 97), com a imposição pelo Estado da implementação de algumas ações preventivas para toda a sociedade, principalmente aos mais pobres, "as elites poderiam sentir-se menos ameaçadas pelas doenças contagiosas, que não respeitam diferenças de classe, raça e sexo". Assim, não se estaria universalizando um direito à saúde, mas sim defendendo a preservação do privilégio de alguns de uma vida saudável.

Esta contradição ou ambiguidade não se limitaria às políticas públicas, portanto, não estariam unicamente no seio do Estado. Estavam no cerne da produção intelectual, o que é possível perceber não apenas no pensamento médico[24] e nas suas propostas de intervenção e normalização da sociedade, como também, de certo modo, entre aqueles que empreitavam a análise da realidade paulistana naquele momento, o que parece evidente na composição da grade de ensino da ELSP. No caso desta, a contradição se configuraria na proposta de ensino a seus alunos que, ao mesmo tempo em que oferecia noções de Sociologia Aplicada, Psicologia Social e Psicanálise, insistia na discussão de noções elementares de biologia, a exemplo do que ensinavam André Dreyfus,[25] em Biologia Social, ou

---

24 Como se viu no Capítulo 1, seria inerente ao pensamento médico a preocupação com a promoção de mecanismos e instrumentos de fortalecimento e projeção de poder de seu discurso, poder este com finalidades variando entre aspectos como a afirmação de sua área científica ou a criação de certo protagonismo na construção do país *pari passu* (quando não por dentro) ao Estado.

25 Ainda que suas teses sobre a genética, como se viu, minassem os argumentos mais

Almeida Junior, em Fisiologia do Trabalho. Mesmo nas discussões sobre serviços sociais com Pacheco e Silva e Aristides Ricardo, por mais que acenassem terem compreendido o peso dos determinantes sociais da saúde, ainda reiteravam suas explicações de natureza biologizante. Portanto, a modernização conservadora apontada amplamente por tanto autores do pensamento social brasileiro não se limitava na forma como as instituições – a exemplo do Estado – iam se constituindo, nem mesmo apenas na cabeça das elites políticas dirigentes do país: ele estava presente no cerne de propostas ditas modernas pelo próprio pensamento médico, evidenciando uma contradição entre o discurso e a prática, o meio e o fim. Tal contradição estava presente, deste modo, mesmo na incipiente formação e produção sociológica da ELSP, na qual era possível, ao mesmo tempo, estudar métodos de pesquisa social, discutir genética, mas ainda se preocupar com a eugenia e higienismo como formas de construir uma sociedade menos insalubre. Além disso, ao passo que as temáticas de natureza biológica ainda permeavam as discussões sociológicas, já se faziam presentes outras discussões sobre psicanálise e psicologia social as quais, de certo modo, representavam uma reorientação do foco das reflexões sobre o comportamento e as relações sociais. Contudo, há de se ponderar que o desenvolvimento destes debates de modo concomitante pode sugerir não apenas uma contradição, mas uma fase de transição entre vertentes mais tradicionais ou clássicas para outras menos conservadoras ou enviesadas por preocupações biológicas. Portanto, talvez seja possível admitir que as contradições ou sobreposições entre ideias avançadas ou atrasadas contidas nas produções intelectuais, naquele momento, assim o eram por refletirem um contexto de desajustamento social, como dizia Fernandes (2008). Este desajustamento seria o descompasso entre as mudanças da realidade (da situação histórica) e da transformação da natureza humana, isto é, um desajuste em graus variados entre o horizonte intelectual do homem (FERNANDES, 2008) em termos de seus valores e visões de mundo e as exigências do novo contexto fruto das transformações. Para Fernandes (2008), este seria um ponto crucial para compreender de que modo, na sociedade brasileira,

---

pragmáticos quanto à eugenia. Contudo, ainda assim não deixaria de defender a primazia da biologia.

predominavam obstáculos ao desenvolvimento do capitalismo; este autor concluía que o atraso devia-se à permanência de valores refratários a mudança, que não permitiam o ajustamento à nova situação. Dito de outro modo, o conservadorismo intrínseco a uma mentalidade (histórica e culturalmente construída) jogava contra a exigência de novos valores e perspectivas que se faziam necessários. É dentro deste mesmo diapasão que se podem compreender os consensos e controvérsias contidos tanto no pensamento médico como na estrutura da grade do curso de sociologia da ELSP na década de 1930. Afinal, não é algo de menor importância a constatação de que os intelectuais professores eram também de uma elite e, portanto, convictos das verdades inerentes (ainda que cientistas) àquele lugar de onde se falava, verdades estas embotadas pelas certezas remanescentes de outro Brasil. Contudo, a despeito destas contradições, pelo menos dois pontos devem ser destacados: primeiramente, ao não se considerar as especificidades do contexto e dos atores sociais que protagonizam esta produção teórica, corre-se o risco de uma crítica que se fragiliza ao não considerar o perigo do anacronismo da análise mais superficial; em segundo lugar, muitas das ideias, das construções teóricas e dos projetos levados a cabo por estes médicos promoveram importantes mudanças e reformulações de natureza progressista, a exemplo do modelo de assistência à saúde em São Paulo, o que não significa que ter predominado performances plenamente conservadoras. Prova disso é o que se verá no próximo item deste capítulo ao se discutir a trajetória de alguns médicos que passaram pela ELSP e que, em certa medida, destacaram-se como intelectuais públicos.

Homens de avental e intelectuais públicos: a ocupação de funções junto ao Estado para além do exercício profissional e da academia em tempos de desenvolvimentismo nacional

Se as discussões e temáticas suscitadas em livros, aulas, palestras, ou em quaisquer outro meio já são significativas em termos da relevância daquilo que pensavam os médicos que passaram pela ELSP, tão importante quanto foram as contribuições de alguns destes junto ao Estado e à sociedade paulista, de modo geral. Para além de intelectuais de gabinete, ou de meros clínicos reclusos em suas salas e hospitais, alguns destes assumiram funções públicas e, como homens públicos, estiveram entre a academia, a prática profissional e a política. Evidentemente, não se trata aqui de assumir um posicionamento que parte do princípio do divórcio entre estas três esferas, inferindo-se serem elas absolutamente divergentes e excludentes, ou muito menos etapas de um processo. Ao contrário disso, a despeito do reconhecimento das especificidades e peculiaridades inerentes a cada uma delas (e que em dado momento pode haver de fato certa divergência), o que se busca é compreender os pontos de confluência entre teoria científica, sua prática e a política. Daí o interesse em se compreender os consensos e controvérsias de algumas trajetórias destes indivíduos ao perpassarem por estas áreas, menos como etapas da carreira, mas sim como áreas concomitantes e complementares, em certa medida, principalmente quando o que estaria em questão seriam o planejamento e a aplicação de políticas públicas dotadas, minimamente, de uma racionalidade inerente aos crivos da ciência. Aliás, o Estado ao dar início à sua modernização (e isso não apenas no Brasil, como no mundo) não prescindiu dos saberes de natureza profissional e técnica, mas os utilizou como forma de legitimar seu poder e ampliar as capacidades de controle.

Neste sentido, admitindo a possibilidade (e, de certo modo, a necessidade) da confluência entre conhecimento técnico e ações políticas do Estado, figuras como Geraldo de Paula Souza, Rodolfo dos Santos Mascarenhas e Walter Leser tornam-se emblemáticos, seja pela trajetória intelectual e profissional na medicina, seja pelo fato de terem, cada um a seu modo, ligações diretas ou indiretas com a Escola de Sociologia e Política de São Paulo. A literatura acerca do desenvolvimento das políticas de saúde pública paulista ao longo do século XX demonstram a envergadura e importância destes nomes citados, principalmente no tocante aos dois primeiros (Paula Souza e Mascarenhas) que, além de contemporâneos, foram parceiros no protagonismo do processo de transformação da assistência à saúde em São Paulo na primeira metade do século passado. Assim como no item anterior deste capítulo, não se trata apenas da mera consideração de uma visão de cunho biográfico acerca destes homens. O que se propõe é a análise do papel assumido além dos muros da academia ou da aplicação prática da medicina, bem como dos desdobramentos das ações destes eminentes médicos aqui tomados como representantes de um novo momento da medicina brasileira nos idos das décadas de 1930 e 1940, quando a busca pelo desenvolvimento nacional e o enfrentamento dos "males da nação" compunham a ordem do dia.

Mas neste exercício de análise há um conceito ou noção que não se pode deixar escapar: a noção de intelectual público. Defensor de uma ideia e com autoridade para expô-la, trata-se de uma figura com capacidade "defender uma causa, propor uma linha de ação e persuadir sua audiência" (DOMINGUES, 2011, p. 466), características que, como já vistas, eram peculiares aos médicos de que aqui se trata. Domingues (2011, p. 466), fazendo uma citação indireta de Tocqueville, mais especificamente o que este dizia sobre o intelectual público francês, afirma que, desde o século XVIII,

> a França gerou uma nova figura, o intelectual público, o intelectual que, só contando com o poder da pena e da ideia, pôde ocupar a arena política, propor a reforma do homem e da sociedade e ser o protagonista da revolução mais radical e de consequências nunca vistas antes.

Certamente, no caso brasileiro não é possível se falar, necessariamente, em uma revolução nestes moldes destacados pelo autor, isto é, uma revolução burguesa de fato, porém, ainda assim, o Brasil do início do século XX tinha seus intelectuais públicos, paladinos da modernização. Dentre eles os médicos, afinal, queriam promover a reforma da sociedade e do homem e, para tanto, como discutido no Capítulo 1, buscavam promover sua legitimidade tanto científica como política, em um processo no qual tais legitimidades se retroalimentavam. Neste sentido, muitos deles transformaram a ciência "em coisa pública e matéria de política pública, vencendo o isolamento do cientista e lançando-o na arena política" (DOMINGUES, 2011, 473).

Assim, a figura de Geraldo de Paula Souza[26] pode se aproximar do que aqui se classificou como um intelectual público, seja pelo nível de formação e

26 Geraldo Horácio de Paula Souza nasceu em Itu, interior de São Paulo, no ano de 1889. Cursou medicina no Rio de Janeiro e fez especializações na Europa e nos EUA, onde estudou na Escola de Higiene da Johns Hopkins University, em Baltimore. De volta

erudição, seja pela forma como foi o principal artífice da Reforma do Serviço Sanitário de 1925, a qual em sua homenagem foi chamada de Reforma Paula Souza. Mais do que isso, vale registrar que Geraldo de Paula Souza foi um dos idealizadores e fundadores da Organização Mundial de Saúde (OMS), ganhando projeção internacional como médico e intelectual da área de saúde pública. Esta reforma significou uma ruptura institucional com o modelo de assistência existente até então, promovendo a reprodução no Brasil do modelo norte-americano com a implantação dos chamados Centros de Saúde. A importação deste modelo era uma consequência direta da aproximação de Geraldo de Paula Souza com a Fundação Rockefeller, da qual recebeu uma bolsa no inicio dos anos de 1920 para doutoramento em Higiene e Saúde Pública da Universidade Johns Hopkins. A princípio, a proposta dos Centros de Saúde era a promoção da educação sanitária, caracterizando-se assim um divisor de águas em termos dos serviços de saúde existentes até aquele momento. A educação sanitária,[27] ao ser implantada, promovia importante inflexão na lógica do atendimento, alternando-se o foco de uma medicina apenas curativa para outra de natureza também preventiva. A preocupação com a prevenção e a promoção da higiene trazia à tona a necessidade de um conhecimento mais amplo quanto à realidade social dos indivíduos, o que cada vez mais tornava clara a importância de conhecimentos em Ciências Sociais.

Como aponta Teixeira (2015, p. 1.139), a medicina preventiva surge nos EUA e, dentre seus princípios, estava "a utilização dos saberes oriundos de disciplinas das ciências sociais e das análises epidemiológicas". Isso talvez possa explicar, entre outras coisas, o fato de Geraldo de Paula Souza ter sido aluno da primeira turma da Escola Livre de Sociologia e Política em 1933, bem como um dos signatários do *Manifesto de Fundação* desta instituição. Paula Souza não chegou a lecionar na ELSP como outros médicos aqui citados, mas, estando à frente

ao Brasil, tornar-se-ia o mais importante nome do Instituto de Higiene de São Paulo. Faleceria em 1951, com quase 62 anos incompletos.

27 Havia a visão de que a educação sanitária deveria ser promovida não só nos centros de saúde, mas também nas escolas primárias, dada a preocupação com a higiene escolar no intuito de promover a chamada eugenia preventiva.

do Instituto de Higiene e Saúde (do qual foi diretor entre 1922 e 1951, ano de sua morte), emprestou apoio à primeira pesquisa de padrão de vida realizada pela ELSP em 1934, intitulada "Padrão de vida dos operários da cidade de São Paulo".[28] A medicina preventiva por ele defendida, certamente, tinha interesse na ampliação dos conhecimentos sobre as condições de vida dos menos abastados na cidade de São Paulo, sobre as quais as pesquisas empreendidas nos primeiros anos da ELSP trariam luz. Afinal, cada vez mais estava claro para médicos como Paula Souza que o enfrentamento dos problemas ligados à saúde da população estava diretamente relacionado com a condição social do indivíduo e sua vulnerabilidade. Para além da preocupação com a higiene, passa-se também a levar em conta a prevenção, a qual será um dos pilares da visão de saúde pública e, portanto, do tipo de medicina social defendida por Paula Souza. As mudanças que promoveu ao assumir o comando dos Serviços de Saúde Pública no estado paulista não apenas promoveram uma reorientação quanto ao foco das políticas (passando-se da ênfase curativa para outra preventiva), mas construíram as bases para ao modelo de administração burocrática e racional.

Mas se Geraldo de Paula Souza foi importante para a ELSP e, principalmente, para a história dos serviços de saúde em São Paulo, outro médico também se destacou: Rodolfo dos Santos Mascarenhas. Segundo registros do CEDOC/FESPSP, Mascarenhas matriculou-se como aluno de graduação na ELSP em 1937, mesmo ano em que começou a estudar no curso de Especialização de Higiene e Saúde Publica do Instituto de Higiene da Faculdade de Medicina de São Paulo. Um ano antes (em 1936), Mascarenhas ingressara no Serviço Sanitário do Estado de São Paulo. Seria neste momento que se aproximaria de Paula Souza e, com ele e certamente por sua influência, tornar-se-ia um dos mais importantes nomes da saúde pública paulista, interessando-se pelas novas concepções de saúde que viam na educação sanitária e nos Centros de Saúde "o coração de um novo modelo de organização sanitária" (TEIXEIRA, 2015, p. 1.136). Assim, entre o final dos anos 1930 e até 1943 (quando foi estudar na Universidade de Yale para fazer doutorado em Higiene e Saúde Pública), Mascarenhas era uma das personalidades que

28 Vale destacar que Paula Souza também se dedicou ao estudo da higiene do trabalho e nutrição, o que o levou à participar da formação do IDORT e do SESI.

melhor representaria este trânsito entre a medicina e as ciências sociais com vistas à promoção da saúde pública, contribuindo desta forma para a construção de nova fase da medicina social existente em São Paulo. Aliás, entre os documentos do CEDOC/FESPSP,[29] há o registro de uma fala de Rodolfo Mascarenhas muito emblemática do que aqui se afirma:

> Costumo afirmar que a Saúde Pública é uma ponte entre a Sociologia e a Medicina. A Escola de Sociologia e Política de São Paulo ensinou-me a trilhar esse caminho e deu-me bases seguras para minha especialização atual: Administração em Saúde Pública (CEDOC/FESPSP, s/p, 1952).

Como se apresentou no Capítulo 2 deste trabalho, Mascarenhas, além de aluno, foi também professor da ELSP. Em 1940, na condição de professor assistente, assumia a disciplina de Administração Pública e, em 1941, a de Introdução à Ciência Política, talvez por conta de sua experiência como prefeito de São José dos Campos entre 1933 e 1935. Após regressar ao Brasil, depois de finalizado seu doutorado, assumiria em 1949 a cadeira de Técnica de Saúde Pública,[30] na Faculdade de Higiene e Saúde Pública de São Paulo (naquele momento já vinculada à USP), da qual se tornaria diretor entre as décadas de 1960 e 1970. Em 1975, a convite do então secretário da Saúde, Walter Leser (também ex-professor da ELSP), assumiria a Coordenadoria da Saúde da Comunidade.

Neste sentido, o que pode parecer uma mera descrição de trajetórias profissionais de algumas figuras eminentes à sociedade paulistana do segundo quartil do século XX, trata-se, além disso, de verdadeiras evidências da projeção destes médicos em funções públicas para além da atividade clínica e da academia, tornando-os coparticipantes do processo de modernização do Estado brasileiro.

29 Mais especificamente entre aqueles que compõem a pasta de registro profissional de Rodolfo Mascarenhas junto à ELSP. Além de seus dados pessoais e foto, há um breve questionário de avaliação daquela instituição respondido por ele mesmo.

30 Para sua inserção na Universidade como livre-docente, escreveu um dos mais importantes trabalhos sobre a história da saúde pública paulista, intitulado *Contribuição para o estudo da administração sanitária estadual em São Paulo* (MASCARENHAS, 1949).

Estes médicos citados fazem parte de um grupo que, diferentemente de seus antecessores, buscaram se especializar nos conhecimentos das ciências sociais e, ao mesmo tempo, contribuíram para o Estado na assistência à saúde. O modelo paulista de políticas para a saúde pública, do qual são artífices estes mesmos médicos aqui citados, influenciou a conformação das políticas nacionais de saúde. A concepção dos centros de saúde e sua disseminação pelo país são prova disso.

No caso de Rodolfo Mascarenhas, não apenas se tornou importante nome dos serviços de saúde em São Paulo, como um das referências para os estudos sobre saúde pública, resultado de sua atividade intelectual sobre esta área registrada em suas obras. A especialização da qual se apropriam iria ao encontro dos interesses políticos do governo varguista entre das décadas de 1930 e 1940, seja no tocante à valorização da modernização dos serviços da saúde (logo, do Estado), seja no que se refere, consequentemente, à construção de uma unidade nacional. Afinal, segundo Teixeira (2015), há uma corrente de autores que apontam como a reforma sanitária paulista teria melhorado a eficiência do atendimento e as condições de saúde da população, tendo como motor o discurso de uma ideologia em defesa da construção de uma nacionalidade (tomando a saúde da população uma causa nacional). Tais características não apenas inserem a reforma da saúde naquela lógica intervencionista do Estado (tão peculiar ao período), mas faz com que médicos despontem (a exemplo de Paula Souza e Mascarenhas) como artífices de um movimento bifronte e de interesse do Estado: primeiro, no que diz respeito à promoção do aperfeiçoamento técnico-científico; depois, como de legitimadores – enquanto técnicos que eram – da intervenção estatal e, portanto, política. Deste modo, Mascarenhas e Paula Souza podem ser considerados importantes intelectuais, na área da saúde, reprodutores dos auspícios da ideologia de um Brasil moderno.

Por outro lado, é válido se considerar a ponderação presente no posicionamento de Faria (2007). Segundo esta autora, ainda que o governo Vargas tenha valorizado a saúde e, enquanto política pública, organizado um sistema nacional por meios de centros de saúde, postos e subpostos, por outro lado,

> a saúde pública como ideologia de construção da Nação, como instrumento de "integração" do sertanejo à civilização do litoral

> não alcançou, depois de 1930, o espaço simbólico ocupado na Primeira República, em que pese a atenção às grandes endemias rurais, nas décadas posteriores à de 30 (FARIA, 2007, p. 61).

Mas, embora sua ponderação seja importante, desconsiderar a importância simbólica da saúde, portanto política, na Era Vargas parece um equívoco a de quem o faça. Evidentemente, a luta contra a figura do Jeca, do homem comum do campo, ao poucos vai se tornando uma ideia fora do lugar, dados os processos de êxodo rural e urbanização pelos quais passava o país. Assim, o que se tem não é a desconsideração do peso político da promoção da saúde, mas a ressignificação do objeto e do foco da saúde pública com o fim da era do saneamento e o início de outra, voltada à promoção da higiene urbano-industrial. (HOCHMANN apud FARIA, 2007). A herança mais forte que a Era Vargas teria recebido da Primeira República na área da saúde não teria sido, necessariamente, a preocupação com o caboclo doente dos grotões e campos pelo Brasil, mas sim com a profissionalização e expansão do atendimento, porém agora, mais focado na vida urbana. O Serviço Especial de Saúde Pública (SESP), órgão que "representava os ideais de profissionalização da saúde pública" (FARIA, 2007, p. 48), era a evidência da manutenção desta preocupação. Além da preocupação com a técnica e a profissionalização, concomitantemente estava a defesa e a promoção da centralização da administração da saúde publica em torno do governo federal, discussão esta em voga desde o final da Primeira República. Assim, se por um lado Faria (2007) tem razão em destacar a mudança do sentido simbólico da saúde, por outro lado, a saúde enquanto tema continuou, mesmo depois da Revolução de 1930, sendo encarada como uma questão ou um problema nacional. Com Getúlio Vargas, houve a criação de serviços de saúde mais especializados e urbanos, com foco na saúde do trabalhador ligado ao crescimento industrial, dada a sua preocupação com a agenda desenvolvimentista e, ao mesmo tempo, sua política populista como forma de amortecimento dos conflitos e controle das massas. Logo, para compreender a essência do regime de proteção social getulista seria preciso fazer uma leitura que parte "dos efeitos da estrutura estatal e das próprias políticas governamentais sobre a sociedade e a capacidade de mobilização política de grupos sociais emergentes" (LIMA, 2007, p. 9).

Todas estas variáveis são fundamentais para a compreensão desta reorientação do foco das políticas voltadas à saúde. A moderna estrutura estatal era composta não apenas por novos quadros técnicos e administrativos (portanto, pautada na defesa da tecnocracia), mas também pela criação de uma ampla rede de instituições,[31] que, por meio do insulamento do Estado, garantia a centralização do poder. Por meio deste aparato criava-se condições para a implementação das politicas publicas concebidas, porém não necessariamente resultado da luta social. No caso brasileiro, o peso do Estado na determinação dos rumos das politicas públicas sempre foi evidente: a despeito da história de luta de vários grupos – a exemplo dos sindicatos – marcada por algumas vitórias, não foi a mobilização social que historicamente determinou a agenda das políticas publicas do Brasil. A capacidade de mobilização da classe trabalhadora no início do século é um fato, mas também é fato a forma violenta como sempre reagiram as elites, inviabilizando a democracia por décadas. O que Getúlio faz, por meio do populismo, é construir uma manobra que permitia a aliança entre a classe trabalhadora e a burguesia nacional em torno da causa do desenvolvimentismo pelo bem do Brasil. Assim, sem se considerar estes aspectos que caracterizam os fins e os meios das ações de Getúlio, nao é possível pensar nos moldes de suas políticas para a saúde. Neste sentido, se a ponderação de Faria (2007) outrora aqui apresentada quanto à ruptura de Vargas com a Primeira República no que se refere ao simbolismo da saúde é valida, por outro lado, como destaca Fonseca (2007), a política social de Vargas – a exemplo daquelas voltadas à saúde – é um fator relevante na construção do Estado Nacional.[32]

---

31 Em 30 de julho de 1938, foi criado o Departamento Administrativo do Serviço Público (DASP), que tinha como objetivo promover a ampliação da reforma administrativa de Vargas e a racionalização dos serviços públicos. Segundo Sola (1995, p. 268), "uma nova instituição, de funções aparentemente burocráticas, [o DASP] supervisionava, entretanto, as atividades do interventor; o Departamento Administrativo, existente em cada Estado, subordinado diretamente ao Ministério da Justiça, e cujo diretor era nomeado pelo Presidente".

32 A institucionalização/estruturação da administração da saúde pública nacional obteve enormes avanços no governo Vargas. O antigo Departamento Nacional de Saúde Pública (DNSP), criado na Primeira República, em 1920, é anexado ao Ministério da

Logo, mudança de foco não se trata de desvalorização em si, ao contrário, mas de uma reformulação do valor político de certa área dada pelas mudanças resultantes do dinamismo da sociedade.

A aprovação da Reforma Capanema, na segunda metade da década de 1930, marca o início de uma política nacional de saúde, tendo-se como foco a centralização administrativa e, ao mesmo tempo, a presença capilar em todo o território nacional. A reorganização dos serviços ligados à saúde empreendida por Vargas valorizava o modelo dos centros de saúde já levado a cabo em São Paulo pela proposta de política erigida por Paula Souza e Mascarenhas, ambos sob forte influência da formação patrocinada pela Fundação Rockefeller. Rodolfo Mascarenhas era defensor dos centros de saúde, principalmente como foco de disseminação de uma educação sanitária, um dos aspectos mais importantes e, portanto, determinantes àquela nova fase da medicina social, assumidamente de natureza preventiva. Mas, se a defesa do papel dos centros de saúde pode ser lida como um ponto convergente entre a posição de Mascarenhas (e também de Paula Souza) e a do Estado, a centralização administrativa nos moldes getulistas não era bem vista pelo primeiro. Ao que consta, Mascarenhas acreditava que a "centralização era uma tradição na administração sanitária brasileira em seus diversos níveis e trazia como consequência a falta de agilidade e eficiência aos serviços" (TEIXEIRA, 2015, p. 1.138). Esta posição também constava de sua tese para livre-docência na Faculdade de Higiene, na qual afirmava:

> herdamos de Portugal uma tradição de administração pública exageradamente centralizada. Essa tradição de centralização nada mais foi do que o reflexo de séculos de reinado absoluto, repercutiu em todo o nosso período colonial, atravessou o Reinado e fincou raízes no Império (MASCARENHAS, 1949, p. 29).

Este posicionamento sugere o possível mal-estar de Mascarenhas diante do modo de governar de Vargas, o qual, no âmbito da saúde nacional, havia criado

---

Educação e Saúde Pública (MESP), inaugurado em 1930. Em 1934, o DNSP é extinto, criando-se o Departamento Nacional de Saúde (DNS).

desde os anos 1930 uma estrutura administrativa que, embora orientada pelos centros de saúde e o pelo modelo de administração burocrática, era marcada por uma contradição em sua gênese: ao passo que se propunha uma descentralização administrativa, ampliando a presença dos serviços de saúde pelo território nacional, construíam-se meios para a centralização política. Em sua tese, ele apontava que, embora coubesse ao governo federal a centralização das atividades normativas de saúde pública, mais especificamente no que dissesse respeito ao planejamento geral, deveria caber ao governo "apenas a execução dos serviços de saúde pública que não podem ser descentralizados como atribuições dos governos estaduais" (MASCARENHAS, 1949, p. 549). Além disso, conclui nesse trabalho haver uma "tendência crescente do governo federal em executar diretamente atividades de saúde pública", bem como não existir "uma delimitação precisa entre as atribuições em saúde pública do governo federal e dos governos estaduais, no Brasil" (MASCARENHAS, 1949, p. 539). Isto é, havia uma tendência à centralização e à permanente desorganização e indefinição de responsabilidades entre o Estado e a União. Este descontentamento com a centralização retratado na tese de Mascarenhas (ainda em 1949) pode ser lido como uma oposição ao modelo de Vargas, oposiçao esta também manifestada pelos médicos paulistas em 1932, quando da Revolução Constitucionalista, os quais sofreriam por isso as consequências da reação do governo.

> O ano de 1932 será a clara demonstração da oposição médica e ferrenha a Vargas, com um contragolpe a esse levante médico se dando em várias frentes. Primeiramente, num plano mais amplo, desarticulando o projeto médico-sanitário vigente; depois, com ações pontuais [...] como a tomada do prédio da Faculdade de Medicina pelas forças legalistas federais, em meio a uma crise institucional que já solapava sua diretoria... (MOTA; SANTOS, 2010, p. 127).

Mas em que pese o descontentamento de Mascarenhas e de tantos outros médicos paulista com o que poderia significar a intransigência do governo ou apenas o modelo centralizador de administração que prejudicaria a autonomia dos Estados, deve-se destacar que o modelo de assistência à saúde de São Paulo foi determinante para todo o país, portanto para um projeto de envergadura nacional. Tratava-se da defesa da medicina preventiva nos moldes norte-americanos, haja vista não apenas a presença da Fundação Rockefeller em São Paulo, mas do fato de lá por ela terem sido custeados a formação dos principais artífices do modelo paulista, isto é, Rodolfo Mascarenhas e Geraldo de Paula Souza. Como apontado, esta vertente da medicina, de natureza preventiva, trazia a tona a necessidade de conhecimentos em Ciências Sociais. Portanto, a medicina preventiva, tomada como medicina social, impunha a necessidade de uma formação médica que observasse tal necessidade. A trajetória de Rodolfo Mascarenhas tornou isso patente, pois de aluno passou a professor na ELSP, embrenhando-se nas Ciências Sociais como professor de Ciência Política e Administração Pública. Com aponta Teixeira (2015, p. 1.139), a importância das ciências sociais na formação médica,

> é um aspecto várias vezes observado nos trabalhos do autor [Rodolfo Mascarenhas]. Seu interesse nesse tópico, além de se relacionar com a sua docência em sociologia, se enquadra no movimento mais geral de integração das Ciências Sociais à formação médica, efetuado no âmbito da medicina preventiva.

Ainda em sua tese para livre docência, Mascarenhas discorre sobre a visão consensual existente entre vários países naquele momento quanto ao papel da saúde pública e da higiene. Na apresentação de suas ideias, afirma de forma categórica que "manutenção da saúde e padrão de vida estão intimamente ligados, como irmãos siameses" (MASCARENHAS, 1949, p. 16). Portanto, ficava pressuposto que o conhecimento do padrão de vida, das condições socioeconômicas – enfim, da situação de vulnerabilidade das pessoas seria algo fundamental à saúde, do que se deduz que o papel das ciências sociais era importante instrumental do médico.

Assim, a partir desta constatação do papel da saúde no bojo do ideário modernizador daquele contexto de busca pelo desenvolvimento do país, uma conclusão – ainda que preliminar - pode ser apresentada: a contribuição direta ou indireta da ELSP e de seus professores e/ou alunos na promoção das políticas de saúde em tempos de nacional desenvolvimentismo. Afinal, se o modelo paulista de organização dos serviços da saúde, naquele momento, foi de extrema importância para o governo federal e, se dois dos principais nomes – Geraldo de Paula Souza e Rodolfo Mascarenhas - responsáveis por este modelo foram tanto alunos e professores da ELSP, evidentemente, torna-se patente a contribuição institucional desta última. Além disso, deve-se considerar que a profissionalização da qual se falava anteriormente partia do princípio da necessidade de profissionais da saúde deterem o máximo de conhecimento sobre a realidade social de seu público alvo. Afinal, uma das preocupações da medicina preventiva proposta por nomes como Mascarenhas era conhecer o processo saúde-doença, levando em consideração os determinantes sociais da saúde, dentre eles o padrão de vida dos indivíduos.

> [...] de interesse primordial para essa atividade é o padrão de vida da população [...] Nos grupos de baixo padrão de vida, qualquer ação sanitária não produz senão parcos resultados, pois os seus componentes não dispõem de recursos suficientes ou discernimento bastante para adquirir adequadamente as utilidades mínimas necessárias a uma vida normal: alimentação, casa, vestuário, transportes, etc. Resulta daí que se impõe a elevação do padrão de vida de certos grupos sociais para que possam gozar completo bem estar físico, mental e social. (MASCARENHAS apud TEIXEIRA, 2015, p. 1.139).

Assim, "o perfil desse profissional [da saúde] foi sendo desenhado como um vigilante que conhecia todos os recantos da região sob sua responsabilidade, que conhecia as condições reais e concretas de vida e de saúde da população" (ESCOREL apud FARIA, 2007, p. 67). Deste modo, conhecer a sociedade e ter condições para isso era cada vez mais fundamental ao profissional ligado à assistência médica. Daí a conclusão quanto à importância da ELSP como instituição de ensino e pesquisa que, para tanto, poderia contribuir com esta formação complementar para tais profissionais.

Deste modo, o tema da saúde, ao ser discutido na ELSP, assumia pelo menos dois vieses fundamentais à época: primeiro, a saúde, a biologia e, portanto, a medicina ainda eram levadas em consideração na elaboração das explicações de natureza social ou antropológica, a exemplo das discussões sobre eugenia, higienismo, genética, hereditariedade e serviços sociais; segundo, a saúde, enquanto tema político e, portanto, de interesse do Estado, deveria ser tratada como algo de interesse nacional. Sob a égide da defesa da modernização do país e da necessidade de formação de quadros dirigentes para o Estado, a ELSP seria uma instituição *sine qua non* para o aprofundamento da formação de interessados na administração da saúde pública, como assim o fez Rodolfo Mascarenhas e tantos outros. Neste sentido, um aspecto deve ser ressaltado: para além da história da saúde, tema central de sue tese, Mascarenhas também desenvolveu uma "discussão de temáticas relacionadas ao processo de transformação da higiene em saúde coletiva" (TEIXEIRA, 2015, p. 1.136). Portanto, vale pensar que, se esta transformação era necessária para aquele outro momento da concepção da saúde pública, pode-se dizer que na ELSP, ao se estudar a higiene social dentro de algumas disciplinas, estudava-se desta forma, direta ou indiretamente, as bases da saúde coletiva.

Desde modo, se Paula Souza e Mascarenhas foram artífices da disseminação do modelo norte-americano de assistência à saúde – logo, da noção de medicina preventiva –, bem como atuaram na promoção da reforma da saúde paulista, pode-se concluir que, ao fazerem parte do processo de institucionalização da ELSP e por atuarem nesta ou em torno dela (como signatários do *Manifesto de Fundação*, como professor ou aluno), inseriram-na em um processo mais amplo de modernização da saúde paulista (e brasileira), ainda que de forma marginal.

Entre 1933 e 1943, a ELSP não apenas contava com a presença de ilustres personalidades e intelectuais que mudaram a saúde paulista e nacional,[33] mas

33 Além de Paula Souza e Mascarenhas, outros nomes também importantes à saúde e à medicina paulista e, principalmente, como figuras a frente de cargos importantes na área pública estiveram ligados, de certo modo, à ELSP. Dentre eles, estavam o próprio professor Antônio Carlos Pacheco e Silva, que foi diretor do Hospital Psiquiátrico do Juquey; Cantídio de Moura Campos, diretor da Faculdade de Medicina de São Paulo e Secretário de Estado da Saúde Pública entre 1934 e 1937; Antônio Ferreira de Almei-

também com o apoio financeiro da mesma instituição na qual estes nomes se formaram (antes ou depois da passagem pela ELSP), ou seja, a própria Fundação Rockefeller, aliás, instituição chave naquele momento enquanto promotora do modelo norte-americano de assistência à saúde em todo o mundo.

A trajetória destes nomes aponta para importante conclusão: a Escola Livre de Sociologia e Política de São Paulo fez parte, direta ou indiretamente, do processo de organização e concepção da proposta de Reforma do sistema de saúde pública do estado de São Paulo, proposta esta que por meio da disseminação dos Centros de Saúde se estenderia por todo o país, logo, ganhando envergadura nacional. Desde o estreitamento das relações com Instituto de Higiene (representado na figura de Paula Souza), quando da realização da primeira pesquisa sobre padrão de vida, passando pela presença de Paula Souza e Mascarenhas como alunos (o segundo como professor), até a atuação de Walter Leser, o que se tem é um trânsito de intelectuais que revela a aproximação da medicina com as ciências sociais em um momento chave da modernização da sociedade e do Estado brasileiro.

Mas, se a relação destes saberes (medicina e sociologia) não era um movimento de vanguarda no restante do globo e principalmente no centro capitalista, talvez o fosse para a realidade brasileira, mais especificamente para a paulista. Assim, para além do que isto possa significar do ponto de vista da produção científica, interessa também o sentido político para a estrutura social de um país periférico e, portanto, subdesenvolvido, com problemas de natureza social – a exemplo da saúde – inerentes à dura realidade social pautada pela desigualdade, concentração de renda e exclusão históricas.

Até aquele momento dos idos da década de 1930, a ideia de uma leitura mais profunda e interessada por parte dos médicos quanto aos determinantes sociais da saúde não era uma prática usual, nem tão pouco fazia parte do ensino médico. Predominava o aprendizado clínico em detrimento de conhecimentos mais pautados pela medicina preventiva, e, segundo Garcia (1989, p. 151), "a

---

da, secretário de Estado da Saúde Pública entre julho e novembro de 1945; Walter Leser, secretário de Estado da Saúde entre 1967 e 1971 e entre 1975 e 1979; entre outros.

educação médica latino-americana era avaliada como atrasada cientificamente, desintegrada da prevenção, indisciplinada, metodologicamente anacrônica".

Ainda segundo este autor,[34] pioneiro nos estudos das ciências sociais em saúde na América Latina, a aproximação da medicina com as ciências sociais nesta parte do continente americano seria uma realidade só depois dos anos 1950, com forte participação da Organização Pan-americana de Saúde (OPAS) e de outras instituições estrangeiras (fundações, mas especificamente). Ainda assim, existiriam dificuldades. Na argumentação de Garcia (1989), alguns aspectos se mostravam relevantes na compreensão destes problemas de alinhamento entre médicos e sociólogos em vários países latinos. Dentre eles, estava a falta de conhecimento e clareza quanto ao papel dos cientistas sociais por parte dos professores de saúde pública, os quais eram médicos de formação. Além disso, os cientistas sociais que se aproximavam do ensino da medicina preventiva e social eram oriundos de faculdades com baixa qualidade de ensino, além de não possuírem maior experiência. Contudo, ao se considerar todas as observações e demonstrações aqui apresentadas quanto à efervescência dos anos 1930 na capital paulista, bem como sobre a trajetória de Geraldo de Paula Souza e de Rodolfo Mascarenhas,[35] concluiu-se que a tese de Garcia (1989) não se aplica à história da medicina social no Brasil. Em primeiro lugar, na cidade de São Paulo na década de 1930 já havia importantes instituições voltadas ao ensino de qualidade em Ciências Sociais, a exemplo da própria Escola Livre de Sociologia e Política de São Paulo e da Universidade de São Paulo. No caso da primeira, além de ensino, a ELSP também promovia pesquisas aplicadas (entre 1933 e 1941 já tinham sido três), garantindo aos alunos a experiência que faltara a outros países latinos, como apontado por Garcia. Além disso, o conteúdo da reforma do sistema de saúde promovido por Paula Souza já denotava sua valorização quanto à

34 De origem argentina, Juan César Garcia era médico e sociólogo, vivendo entre 1932 e 1984. Seus estudos, como aponta Nunes (1989), buscavam promover uma análise, bem como divulgar o saber e os conhecimentos relacionados com as determinações sociais na saúde, considerando para tanto a relação entre saúde e sociedade no âmbito das formações sociais da América Latina.

35 Ou mesmo ao se considerar outros também importantes à ELSP, como Pacheco e Silva, Ricardo e Briquet.

importância do entendimento da relação saúde-sociedade, valorização esta que estaria presente na reprodução do ensino médico paulista. Esta visão de Paula Souza (certamente compartilhada por outros como Rodolfo Mascarenhas) se comprova tanto por sua filiação à Fundação Rockefeller na década de 1920, como por ter sido aluno da ELSP já em sua primeira turma. No caso de Rodolfo Mascarenhas, isso ficaria ainda mais patente ao se considerar o fato de ter sido, além de aluno, também professor.

Ainda retomando a leitura de Garcia (1989), segundo ele o que havia na América Latina era uma distância entre objetos e metodologias de médicos e sociólogos. Segundo este autor, na América Latina os médicos estavam interessados em "resolver problemas concretos de suas comunidades" e os sociólogos tratavam de "discutir problemas de maior nível de abstração, tais como a estrutura de poder da população" (GARCIA, 1989, p. 152). Novamente, esta não foi a realidade brasileira nos anos 1950; as pesquisas empreendidas pela ELSP enquadravam-se como produções de natureza aplicada, mais especificamente em consonância com a influência norte-americana voltada ao que se pode compreender como uma Sociologia Aplicada, isto é, de cunho intervencionista. Logo, a produção sociológica da ELSP não se limitava a tratar de problemas abstratos (dos quais, evidentemente, não poderia abrir mão no processo de formação de seus alunos), mas enfatizava a importância daqueles de cunho empírico.

Deste modo, estes elementos permitem uma breve conclusão: a aproximação entre as ciências sociais e a medicina estimulada por intelectuais ligados à ELSP nos anos 1930 teria representado a antecipação, no Brasil, de um processo que, segundo Garcia (1989), só ocorreria no restante da América Latina 30 ou 40 anos depois. À medida que seja possível perceber maiores elementos que possam reforçar esta tese, torna-se cada vez mais patente a essência e a natureza da produção sociológica que se produzia na ELSP: uma sociologia de cunho aplicada e intervencionista, dedicada a alimentar o Estado com as informações necessárias para a formulação de políticas públicas com vistas à mudança social. Dito de outro modo, a produção sociológica da ELSP, seja em termos da reprodução sistematizada do ensino em ciências sociais, seja no que se refere à produção de pesquisas sobre padrão de vida (pelo menos três em seus primeiros dez anos), estaria em consonância com a nova proposta de medicina social brasileira voltada, evidentemente, a uma atividade de natureza preventiva e, doravante, preocupada com o conhecimento das questões de caráter social. Assim, os médicos que passaram pela ELSP, ao assumirem suas posições como intelectuais públicos, realizam um dos objetivos da instituição mais defendidos por seus idealizadores e presente, desde o primeiro momento, no *Manifesto de Fundação*: o de formar quadros técnicos de uma elite dirigente para a intervenção na vida social. Além disso, deve-se destacar que os médicos que passaram pela ELSP como alunos e/ou professores estariam entre aqueles (em todo o país) mais influenciados pelos modelos americanos de assistência a saúde e produção sociológica. A defesa dos centros de saúde e, portanto, de uma medicina preventiva, bem como de uma sociologia de natureza aplicada, é prova disso. Tratam-se, acima de tudo, da evidente contribuição da Fundação Rockefeller para o desenvolvimento destas duas áreas tão importantes ao país naquele momento. Desde a década de 1910, esta fundação de natureza filantrópica já se fazia presente em países ditos subdesenvolvidos como o Brasil. Afinal, havia condições e demandas para que pudesse atuar, fosse pela pobreza dos governos da grande maioria dos estados da federação, fosse pelas demandas da população também vulnerável socialmente. Dito de outro modo, a incapacidade do Estado brasileiro e as demandas impostas pela pauperização predominante eram os fatores que justificariam a presença da Fundação Rockefeller.[36]

Mas, se a contribuição desta instituição foi importante, é evidente que, por outro lado, foram os médicos que lhe eram direta ou indiretamente filiados quem deu o tom dos trabalhos aqui desenvolvidos. Dentre eles, principalmente Mascarenhas e Paula Souza, no caso de São Paulo. Porém, as trajetórias e histórias pessoais destes médicos ligados à ELSP não podem ser tomadas como as únicas (ou principais) explicações para as diferenças existentes entre a medicina social brasileira (de caráter preventivo, acima de tudo) e aquela que se desenvolveu na América Latina em um mesmo período. Havia outros processos conco-

---

36 Ao que consta, quando chegou ao Brasil, esta Fundação reproduziu uma visão que endossava, segundo Farias (2007), os princípios do eugenismo da época, fato que justificaria a escolha de alguns estados do Sul do país para atuar (a exemplo de São Paulo, com maior imigração europeia) em detrimento de outros do Norte e Nordeste (certamente mais necessitados).

mitantes e fundamentais, a exemplo da luta pela defesa do profissionalismo médico que também era latente. Tal luta estaria ligada à busca pela legitimidade e autonomia da profissão e, consequentemente, como aqueles que desempenham esta atividade profissional participam do poder e, portanto, do Estado. Esta relação das profissões ou das categorias profissionais com o Estado tem a ver com a necessidade de ambos em criarem formas de legitimarem suas ações. Afinal, um garantia ao outro aquilo que lhe faltavam, seja legitimidade científica, seja legitimidade jurídica e política. Havia, dessa forma, uma intensa relação entre categoria profissional de médicos e o Estado, uma vez que este é quem garantia do ponto de vista jurídico o exercício de quaisquer atividades profissionais. Do lado das profissões, estas necessitavam de uma legitimidade dada não apenas pela razão científica, técnica, mas pelo próprio Estado, isto é, pelo crivo político. Portanto, "as profissões necessitam de permanente atividade política" e, deste modo, "também alimentam uma dimensão ideológica, ou seja, um conjunto de crenças sobre qual a melhor maneira de resolver os problemas econômicos e políticos que se impõe ao corpo profissional" (ALMEIDA, 2013, p. 22). Já por parte do Estado, este teria nas atividades profissionais os instrumentais necessários para suas ações normalizadoras e de controle diante os desafios de uma sociedade cada vez mais complexa e moderna. Assim, criavam-se condições para a promoção da reciprocidade entre cientistas (neste caso, médicos) e governantes neste contexto de transformações sociais, surgimento de profissões e modernização do Estado, acontecimentos muito peculiares e característicos dos anos 1930 em São Paulo. Portanto, isso significa que a luta pelo profissionalismo da medicina ganhava sentido naquele momento da modernização da sociedade brasileira, pois, enquanto saber, cada vez mais se tornava útil aos interesses de governos reformistas e já filiados à busca pelo desenvolvimentismo. A profissionalização poderia ser compreendida pela legitimação de uma saber específico, portanto técnico, fundamental à promoção da boa saúde principalmente do trabalhador urbano, novo ator político e objeto central das políticas sociais nas décadas de 1930 e 1940.

Mas, se esta relação de reciprocidade aqui se evidencia, qual seria o sentido em se falar em luta pelo profissionalismo? Uma possível resposta estaria no fato de que, exatamente por precisar de conhecimentos como a medicina, o

Estado tenta dominar e acabar com a relativa autonomia daquela profissão. Daí os embates, afinal, como apontou Domingues (2011) sobre a figura do intelectual público, o desejo por independência e a autoridade na fala dada pelo próprio conhecimento que detêm são aquilo que mais tem de preciso e, portanto, submetê-los a interesses que os contrariem (do Estado, por exemplo) seria negar sua própria identidade. A defesa desta identidade é a defesa de um pensamento médico quanto à certeza do caráter imprescindível da profissão médica. Neste sentido, cabe apontar uma fala de Aristides Ricardo, na qual faz importante citação de Afrânio Peixoto:

> Um médico é hoje em dia personagem que conta na coletividade humana, pois dentre os técnicos somos nós exatamente aqueles que, pela amplitude dos conhecimentos, melhores serviços podemos prestar às causas públicas. Delas a mais pertinente, e que é de salvação do presente e do futuro, é a higiene, o aspecto social da medicina, que amplia para as necessidades e urgências coletivas as aptidões individuais da profissão (PEIXOTO apud RICARDO, 1941, p. 221).

Assim, ao se levar a cabo esta convicção do papel do médico como intelectual e figura pública (logo, com responsabilidades especificas), a categoria dos médicos conseguiria obter êxito em pelo menos dois pontos importantes não apenas a ela mesma, mas que também teriam contribuído para aquela relação de proximidade que se constituía entre medicina e ciências sociais: a) primeiro, defendendo a pauta da saúde social, portanto coletiva, logo, uma medicina social como um saber de específico e capaz de enfrentar o problema da saúde que estaria da agenda do Estado; b) segundo, defendendo sua preocupação com uma metodologia de como atuar e, com isso, apontando para a importância das ciências sociais como saber instrumental e imprescindível à medicina social.

Ainda que de forma preliminar, pode-se concluir que os médicos que estiveram em torno da ELSP e que ocuparam funções junto ao Estado para além do exercício profissional e da academia conseguiram, de certo modo, realizar (se não integral, parcialmente) um projeto de intervenção social em coerência com o ideário daqueles tempos de desenvolvimentismo nacional. Este processo, como se vê, não se tratou de um caminho linear e contínuo, mas sim com nuances inerentes ao debate entre as esferas científicas e políticas, as quais o intelectual público – e no caso os médicos defensores de um modus operandi da medicina social – tenta equacionar para avançar na implementação de suas ideias e projetos.

Deve-se registrar, porém, que, no caso paulista, os avanços obtidos em termos de reformulação dos modelos assistenciais de saúde (que depois ganham projeção nacional) não foram obra individual, nem tão pouco circunstancial. É bem verdade que resultaram da capacidade destes homens, mas também da legitimidade e da autoridade científica que tomaram de empréstimos de instituições como ELSP, principalmente ao se considerar sua profícua produção sociológica concomitantemente a conformação deste pensamento médico aqui apresentado. Mais do que isso, enquanto instituição, desenvolveu-se de forma paralela e imbricada ao processo de institucionalização da medicina paulista e contribuiu, desta forma, para a conformação de uma medicina social brasileira. Deste modo, a Escola de Sociologia e Política de São Paulo foi o lugar onde não apenas estes intelectuais estiveram reunidos, mas também onde tanto se formaram como contribuíram na formação de outras gerações, destacando a primazia das questões da saúde pública ou coletiva. Portanto, estas mesmas figuras eminentes aqui tratadas inseriram a primeira instituição de ensino em ciências sociais do país, ainda que de modo coadjuvante, porém não menor, em um processo fundamental de reflexão sobre o papel da saúde e seus determinantes de natureza social.

4. Balanço das interfaces e desdobramentos da relação entre medicina e sociologia na ELSP entre as década de 1930/1940

Reflexões sobre o caso apresentado: evidenciando-se as causas e os efeitos colaterais de uma relação simbiótica entre a medicina e a sociologia paulistas

Parte I: possíveis causas e consequências desta relação, sob a ótica epistemológica, para ambos os saberes

Para iniciar este capítulo, é válido reiterar que o objeto de estudos desta pesquisa é compreender o sentido (no todo ou em parte) da aproximação de importantes médicos paulistas com a primeira escola de ciências sociais no Brasil em meados dos anos 30 do século passado, analisando-se para além das circunstâncias históricas, os interesses e as consequências de tal aproximação. Neste sentido, este quarto e último capítulo tem por objetivo apresentar em linhas gerais, o resultado desta análise e, dessa forma, revelar os possíveis desdobramentos tanto de uma ótica epistemológica (no que se refere à constituição, enquanto ciência, tanto medicina como da sociologia), como de uma possível perspectiva política. Assim, como dito em outro momento, o que se buscou foi compreender as relações e os fios condutores deste processo bifronte, isto é, de proposições e consequências de duas naturezas: científica e política. De todo modo, independentemente das especificidades de cada uma destas frentes, o que importa é reconhecer que estão unidas ou imbricadas na medida em que se projetam na sociedade, no Estado, na vida e no imaginário dos indivíduos de um tempo.

No primeiro item deste capítulo, portanto, iniciar-se-á pela apresentação de algumas conclusões e considerações que possam trazer luz quanto à compreensão das premissas e resultados de cunho epistemológico. Mais especificamente, não se trata apenas de elaborar uma análise epistemológica, grosso modo, sobre o conteúdo do que aqui se convencionou chamar de pensamento médico em si, de forma descritiva apenas, mas de considerar, acima de tudo, o *modus operandi* do processo de sua elaboração, o qual parece ter contribuído, a seu modo, para uma peculiar reflexão sobre a vida social. Contudo, o ineditismo do trabalho por ora apresentado não estaria na revelação de médicos intérpretes da realidade brasileira, afinal, várias são as obras e registros que há décadas revelam estes homens. A originalidade que aqui se reivindica estaria na análise das obras e trajetórias daqueles que passaram pela Escola Livre de Sociologia e Política de São Paulo quando de sua fundação, bem como na forma como evidenciam, minimamente, certa apropriação do conhecimento sociológico e de sua dimensão aplicada, ao mesmo tempo em que influenciam com suas perspectivas médicas a formação dos alunos daquela escola. Portanto, trata-se de uma análise não apenas de um pensamento (ou corrente) em si – em termos de suas características gerais, influências, ou cabedal teórico, mas do processo (e de seus meandros) de conformação deste pensamento, processo este datado e localizado institucionalmente na ELSP em sua primeira década de existência, entre os anos de 1930 e 1940.

Mas para o aprofundamento desta leitura que parte da ótica epistemológica é preciso deixar claro que, ao se falar em pensamento médico, devem-se reiterar alguns aspectos que o definem e o caracterizam, ainda que forma muito pontual (haja vista uma discussão mais profunda já ter sido apresentada no Capítulo 1). Primeiramente, o pensamento médico é tomado como uma perspectiva e visão de mundo do médico, portanto, visão esta comprometida com as ciências biológicas e com as duas categorias fundamentais à própria medicina naquele momento: o normal e o patológico. Portanto, é por meio desta chave que estes médicos enquanto atores sociais, políticos e intelectuais teceram suas análises e prescrições sobre a saúde da sociedade, sobre a condição dos indivíduos e sobre o Brasil. A partir disso, é que se apresenta uma das principais dimensões da medicina – ou do pensamento médico, propriamente dito – e de interesse ímpar para a discussão que aqui se empreita sobre este pensamento: a medicina social.

Esta última por sua vez poderia ser identificada como uma dimensão voltada para a saúde pública que não se encerra no âmbito curativo, mas que, fundamentalmente, tem como meta a promoção da prevenção, bem como a identificação dos determinantes sociais do processo saúde-doença. Portanto, propõe-se esta leitura epistemológica no sentido de desvelar as questões mais gerais e que teriam balizado tal visão médica do mundo, bem como se busca compreender a noção de medicina social inerente a tal pensamento. Desse modo, com relação à esta última, dada sua natureza já tão debatida nos capítulos anteriores, torna-se evidente seu caráter político, principalmente ao se considerar o Estado como o principal promotor da medicina social por meio de políticas públicas. Desta forma, deixar-se-á para o próximo tópico uma discussão mais ampla nesta direção política, porém, evidentemente, deve-se registrar que não é possível separar o pensamento médico em blocos com limites definidos, tão pouco acreditar na existência de uma clara e sólida clivagem entre o que aqui se chamou de esfera científica e política. Ao contrário, são dimensões que, de certo modo, estão imbricadas, são confluentes e, a despeito de suas especificidades – como no caso da medicina social – estão ligadas em torno da figura do médico. Porém, mesmo sendo patente este caráter indivisível, por uma escolha metodológica e pela adoção de um critério, separou-se aqui este Capítulo 4 em dois tópicos.

Assim, para se pensar já no primeiro deles, recoloca-se aqui algumas perguntas que se fizeram presentes nos capítulos anteriores e que ao serem evocadas permitem reabrir a discussão para então ampliá-la. Dentre elas, estaria a seguinte: é possível tomar os médicos presentes na ELSP entre os anos 1930 e 1940 como intérpretes do Brasil? Ao que parece a resposta é positiva, conclusão a que se chega por meio da análise de suas produções. Contudo, é possível considera-los, de certo modo, intérpretes esquecidos ou relegados ao limbo da história, dada a pouca ou nenhuma visibilidade quanto às suas reflexões e ponderações sobre o Brasil dos anos 30, as quais estiveram presentes entre suas elucubrações sobre a saúde. Portanto, professores elspianos[1] como Raul Briquet, André Dreyfus, Almeida Jr, Pacheco e Silva e Aristides Ricardo foram médicos

1 Utilizar-se-á esta expressão para identificar a filiação profissional dos médicos ligados à Escola Livre de Sociologia e Política de São Paulo.

que falaram sobre o Brasil e brasileiro entre suas análises e prescrições sobre a saúde e a doença. Ainda que não tenham produzido direta, objetiva e especificamente obras sobre a realidade brasileira – como assim o fizeram outros nomes também médicos como Nina Rodrigues, Afrânio Peixoto, Manoel Bonfim, Josué de Castro, Arthur Ramos, entre outros reconhecidamente intérpretes do Brasil – certamente contribuíram com suas produções por meio de esquemas explicativos e definições teóricas (erigidas sob a égide de seus conhecimentos de cunho biológico e social) como que fornecendo matéria-prima para outras possíveis reflexões que pudessem creditar nas posições médicas uma visão verdadeira, dada a legitimidade garantida pelo lugar de onde falavam como homens da ciência. São intérpretes do Brasil na medida em que em suas falas em livros, artigos, aulas ou palestras fazem menção sobre a realidade brasileira e acerca dela discorrem ainda que destituídos dos marcos e cânones científicos das ciências sociais. A ausência deste crivo sociológico mais apurado não diminui a importância de suas falas, o que permite concluir que as críticas mais radicais erigidas ao longo do século XX contra os intelectuais chamados ensaístas se fragilizam, no mínimo, por seu caráter anacrônico. Para Gilberto Hochman e Nísia Trindade Lima (2015), o abrandamento daquela dicotomia entre pensamento científico e ensaísmo (característico dos anos 30) que tanto marcou o processo de institucionalização[2] das ciências sociais no Brasil é que permite dar novos "significados a atividade intelectual dos médicos" (Ibidem, p. XVIII), principalmente ao se considerar a forma como estes buscaram perscrutar as doenças, suas causas, e, a partir de então, almejarem o progresso do país. Como mostram Hochman e Lima (2015), "os médicos desde o século XIX desempenham importante papel, participando do debate sobre a viabilidade e as contradições do que se entendia por processo civilizatório do país" (Ibidem, p. XIX). Logo, suas falas, suas impressões e suas leituras não podem ser desconsideradas, em que pese o descolamento do cabedal teórico mais preciso das ciências sociais. Este é o caso

2 Tal dicotomia fazia com que a Escola Paulista de Sociologia desconsiderasse o valor epistemológico das produções anteriores à fundação da Universidade de São Paulo, desconsiderando, portanto, como o processo de elaboração da ciência é, na verdade, um processo cumulativo em termos da produção.

dos médicos da Escola Livre de Sociologia e Política de São Paulo. Portanto, são intérpretes ao passo que tentam explicar a sociedade brasileira mesmo que de modo superficial e ligeiro, mas que, ainda assim, não se furtaram em falar da realidade social, pois perceberam que haveria uma relação direta entre a condição de saúde dos indivíduos e sua condição social, relação esta fundamental para a compreensão do processo saúde-doença. Obviamente, a compreensão deste processo significaria ter de tratar de dilemas sobre o brasileiro. Contudo, é evidente que estes dilemas presentes nas explicações elaboradas naquele momento não se limitavam à consideração da condição social dos indivíduos. Iriam além, pois diziam respeito à outros aspectos ligados, por exemplo, à questão racial e ao biodeterminismo, temáticas estas de natureza polêmica e embotavam tais explicações médicas com pontos de ambiguidade e contradição. De todo modo, ainda que com seus consensos e controvérsias, o fato é que suas falas, mesmo que abafadas pelas circunstâncias da história, devem ser consideradas.

> Ao lado de nomes consagrados e dos textos reconhecidos pelas ciências humanas universitárias, existe uma ainda pouco conhecida tradição de engajamento intelectual e político de médicos que pensaram sobre os dilemas do Brasil e dos brasileiros a partir de temas da medicina, da doença e da saúde. Tal tradução é pouco lembrada pelas ciências sociais, pela história e também pela medicina e pela saúde coletiva (HOCHMAN; LIMA, 2015, p. XXIII).

Ainda que marginalizados e invisíveis, ou mesmo que lembrados apenas como homens públicos por terem transitado pelos salões das elites daquele tempo, não se tratam de intelectuais menores, e suas obras são prova disso. Afinal, nelas está presente uma das principais contribuições dada por todos eles: a defesa da "bandeira da saúde pública como uma ideia-força de organização da vida brasileira". (PAIVA, 2015, p. 324). Este é mote de suas produções, portanto, chave principal para compreender de que modo constroem suas ideias e suas interpretações. Mais do que isso, esta noção de "ideia-força" da saúde era inerente a preocupação primordial dos tempos de um Brasil moderno: o progresso e a civilização. Assim, sejam como acadêmicos ou intelectuais públicos depreende-se que os médicos eram agentes civilizatórios, paladinos do progresso. O desafio que se colocava para estes intelectuais era como construir um país civilizado, sadio, desenvolvido e moderno, a despeito de seus problemas e, para tanto, com seus posicionamentos mobilizavam a ciência, a sociedade e o Estado. Diferentemente da Europa pós-revoluções burguesas, principalmente depois da revolução industrial e do recrudescimento do processo de urbanização, no Brasil da primeira metade do século XX a luta não era, necessariamente, contra o "mal-estar da civilização" (FERLA, 2009), mas sim pela construção de um país dito civilizado. A civilização, portanto, não era um problema, mas a solução e o objetivo almejado. Na São Paulo que se industrializava, não se tratava apenas de lidar com a normatização daqueles considerados como desajustados – nas palavras de Aristides Ricardo ou Pacheco e Silva, mas sim de buscar meios e condições de superar os obstáculos que impediam a civilização, males estes causados, segundo parte de uma intelectualidade ainda atuante naquele momento, pela própria miscigenação, pelo meio, e pela condição histórica do Brasil.

Logo, se é fato que em suas interpretações sobre a realidade reproduziram muito dos discursos biodeterministas, por outro lado, aos poucos acenam com uma preocupação com questões de natureza social, isto é, ligadas à estrutura social e à condição dos indivíduos. Isso pressupõe a existência de uma reorientação das formulações ideológicas predominantes até então e que explicavam o Brasil, embora não se possa falar em uma quebra radical com a perspectiva biologizante. Não se tratava de uma ruptura, mas da ressignificação da ótica eugênica outrora pessimista (apenas). A degeneração ou desajustamento às novas condições não necessariamente era algo inerente ao homem brasileiro, mas resultado de sua situação, fato que reforçava as teorias do degeneracionismo, o qual "iria incluir no processo evolutivo a possibilidade de reversão, de decadência e de degeneração" (FERLA, 2009, p. 35), ao mesmo tempo em que se permitia a esperança da regeneração. Não era uma degeneração dada pela raça, mas pela condição social. Portanto no Brasil, a realidade que se impunha como evidente levaria à necessidade de revisão das leituras mais pessimistas. Logo, não apenas a luta contra o degeneracionismo começa a fazer sentido, como aos poucos o biodeterminismo daria espaço – ainda que paulatinamente – para os determinantes sociais na produção de leituras sobre a realidade (e a saúde) do brasileiro.

Assim, entre falas conservadoras em maior ou menor grau, é desta perspectiva, quanto à possibilidade da mudança, de que falam os médicos professores da ELSP sobre o Brasil. Mudança pelo progresso, pela higiene, pela educação sanitária e pelo desenvolvimento da sociedade. Deste modo, suas interpretações acerca da realidade brasileira (ou, em alguns casos, mais especificamente paulista) são tributárias desta busca por explicações e formas de superação do atraso e promoção da civilização. Isso é o que se pode depreender: dos "Ensaios de Sociologia Aplicada" de Aristides Ricardo; das aulas de serviço social de Pacheco e Silva; das discussões sobre "As provas genéticas da filiação" de Almeida Junior e sua preocupação com o casamento e o aumento dos filhos ilegítimos; da fala de Raul Briquet sobre as "Tendências da Sociologia Contemporânea" ou de sua obra "Psicologia Social", das preocupações de Dreyfus com os avanços da genética; enfim, de uma série de trabalhos (para citar apenas alguns), registros e falas de médicos professores da ELSP entre 1933 e 1943. Deste modo, assim como fizeram tantos outros de seus pares reconhecidos pelo pensamento social brasileiro, estes médicos "não apenas interpretaram, mas, sobretudo, participaram da construção simbólica e material da sociedade brasileira" (HOCHMAN; LIMA, 2015, p. XXIV). Portanto, é possível considera-los como pelo fato de que, ainda que em outro momento ou partindo de outras chaves explicativas, estes defendiam a saúde como uma ideia-força (e de posição destacada) de organização da sociedade brasileira, ao mesmo tempo em que se colocavam como corresponsáveis pela construção de um país moderno.

Assim, considerado a contribuição destes médicos, mais uma questão se coloca: de que modo a interpretação dos médicos da ELSP sobre a realidade social dialogou com as produções mais importantes daquele momento como as de Gilberto Freyre, Sergio Buarque de Holanda e Caio Prado? Afinal, tratam-se de uma matriz intelectual que, naquele momento, rompiam com outras leituras de natureza mais pessimista e de uma perspectiva raciológica sobre o Brasil e os brasileiros, trazendo a tona interpretações de cunho culturalista, histórico e econômico. Neste sentido, o breve cotejamento destas obras – reconhecidamente clássicas – com aquelas objeto deste trabalho parece ser produtivo na medida em que tal cotejamento permite validar, de certo modo, o grau de relação existente entre elas.

Este exercício de análise aqui proposto deve se iniciar pela obra de Gilberto Freyre e, a escolha pela primazia deste autor em detrimento dos outros dois apontados não se trata de algo arbitrário, mas sim justificado. Tal justificativa se dá pelo fato de que em 1967 Gilberto Freyre publicaria em Portugal um livro intitulado *Sociologia da Medicina*, tornando público seu interesse e suas reflexões sobre a medicina, o médico, a prática e o ensino médico. Publicado posteriormente na Itália em 1975, sua primeira edição só chegaria ao Brasil em 1983, porém, com outro título - *Médicos, Doentes e Contextos Sociais: um a abordagem sociológica*. Contudo, embora o interesse deste cotejamento se dê no sentido de perscrutar os possíveis pontos de convergência entre as linhas gerais do pensamento de Freyre e dos médicos da ELSP, o interesse pela medicina retratado no livro acima citado já é, por si só, um significativo ponto de tangência entre eles, sobre o qual se buscará percorrer inicialmente. Freyre neste trabalho busca aproximar a medicina das ciências sociais "referindo-se à necessidade dessa aproximação e da formação sociológica e antropológica do médico, como condição para um entendimento do homem, não só do homem doente, mas das circunstâncias que envolvem o adoecimento" (RASIA, 2009, p. 13). Portanto, assume um posicionamento crítico ao tipo de ensino médico que não somente prescindia deste conhecimento das ciências sociais, como valorizava uma perspectiva ao mesmo tempo organicista, extremamente especializada, e pautada na aplicação de tecnologias altamente complexas para tratar da doença, além de uma total desconsideração do paciente como sujeito ativo na experiência de sua situação enquanto doente. Ou seja, a crítica de Gilberto Freyre não se encerra na prática médica em si, mas fundamentalmente na visão equivocada do médico em relação ao doente e à sua condição. Afinal, desconsiderar o paciente como sujeito seria desconsiderar a sua dimensão social e histórica. Partindo-se desta crítica tecida por Freyre na segunda metade do século XX, pode-se concluir que tais aspectos já eram considerados, se não no todo, ao menos parcialmente, pelos médicos professores da ELSP, dado o posicionamento tanto no que se refere à ressignificação do peso da leitura biológica predominante em fins do XIX, como no que diz respeito a consideração dos aspectos sociais como determinantes do processo saúde-doença. Era necessário, portanto, o reconhecimento de que para se compreender a doença não se poderia limitar à sua dimensão biológica, mas também se debruçar sobre aquela de natureza "sócio-antropológica e psíquica" (RASIA, 2009, p. 15). Esta dimensão estaria ligada a condição do indivíduo, "às culturas, os sistemas socioculturais a que pertencem os doentes" (RASIA, 2009, p. 264). Partindo desta premissa, já no prefácio da primeira edição deste livro Freyre vai discorrendo sobre a importância em considerar não apenas a racionalidade absoluta da medicina, mas também os saberes das culturas que, para o saber científico, muitas vezes seriam apenas crendices ou curandeirismo.

Mas com este seu posicionamento se tem aqui um ponto de divergência com aquilo que não apenas os médicos mais ligados à ELSP pensavam, mas a categoria como um todo. Paladinos da razão científica, não toleravam aquilo que de forma cartesiana não pudesse ser esmiuçado ou explicado. Um livro de Raul Briquet intitulado *Crendices Biológicas à Luz da Genética* (1955) seria prova disso, quando na introdução destacava que concepções científicas eram úteis "ao cientista, ao homem da cultura, prático. Este ciente do erro, poderá orientar-se de modo mais eficiente" (BRIQUET, 1955, p. 4) bem como advertia que "seria lamentável, nessas circunstâncias, que se deixassem eles perder num mundo de fantasia e lógica primária que, atualmente, só é permissível nas pessoas desprovidas de instrução secundária" (BRIQUET, 1955, p. 4). Portanto, embora o culturalismo e a consideração dos determinantes sociais estivessem presentes por entre as produções dos médicos da ELSP, obviamente não reproduziriam em suas interpretações uma leitura da realidade que colocasse em xeque as bases do discurso médico: a supremacia da razão científica em detrimento ao sendo comum.

De todo modo, Freyre apontava o registro na história de um movimento por parte de alguns médicos brasileiros, desde o século XIX, que já consideravam os aspectos de natureza social e cultural da saúde, e também reconhecia a existência de outros tantos já no século XX, chegando a citar Pacheco e Silva – importante psiquiatra paulista e professor da ELSP. Ou seja, para Freyre, estes talvez fossem médicos mais esclarecidos quanto ao seu papel social, diferentemente de outros que, segundo o autor, "tornaram-se médicos, paramédicos e estudantes de medicina e de paramedicina tocados, por assim dizer, pela graça; mas confusos, em vários casos, quanto ao que devesse ser sua orientação com respeito ao desempenho de seu papel social" (FREYRE, 2009, p. 28). Contudo, é preciso ponderar que esta afirmação do autor talvez não faça justiça às figuras como Aristides Ricardo e Rodolpho Mascarenhas, apenas para citar alguns dentre aqueles ligados à ELSP, afinal, a despeito de seus consensos e controvérsias, predominavam em seus posicionamentos a defesa da necessidade da intervenção e do reconhecimento não apenas da dimensão do social da saúde, mas do papel social do médico. Estes, mesmo que por vezes contraditórios, eram assertivos no que se refere à convicção que tinham acerca do papel transformador da saúde. De todo modo, as críticas feitas de modo generalizado (daí, a fragilidade) por Gilberto Freyre à classe médica e sua alienação quanto à dinâmica da sociedade ao longo do século XX não é o ponto alto desta obra. O que merece destaque, e que sem dúvida alguma contribui para a presente pesquisa, é sua categorização da noção de sociologia da medicina e sua especificidade. Afirma ele que:

> A sociologia da medicina não é medicina: é sociologia aplicada – ou aplicável – a assuntos e problemas médicos e paramédicos nos seus aspectos de relações entre médicos e paramédicos e enfermos, de relações entre médicos e paramédicos e situações socioculturais em que se encontrem tais enfermos, e dentro ou à margem das quais se desenvolvam tipos de enfermidades assim socioculturalmente condicionadas. Condicionadas ou influenciadas (FREYRE, 2009, p. 30).

Assim, para Freyre a sociologia da medicina é uma sociologia aplicada aos temas da medicina, isto é, que os toma como objeto de reflexão sociológica para compreender suas características, relações, processos, entre outros aspectos e, neste sentido, evidencia a dimensão histórico-social da saúde, da doença, e da prática médica.[3] No capítulo 18 de sua obra deixa ainda mais

3 Contudo, deve-se observar que a sociologia da medicina não deveria apenas promover a mera reflexão sobre a prática médica e sua reprodução. Ele deveria permitir a ampliação do conhecimento, por parte dos médicos, da dimensão social e cultural da saúde, o que significaria terem de dominar, ainda que minimamente, alguns conhecimentos sociológicos e antropológicos.

claro qual seu entendimento da sociologia da medicina, apontando que para defini-la partiu do mesmo "critério pelo qual, noutros trabalhos, vem procurando projetar a sociologia sobre outras matérias suscetíveis de tratamento especificamente sociológico: sociologia da educação, sociologia da economia, sociologia do direito, sociologia da cultura, sociologia da religião, sociologia da arte" (FREYRE, 2009, p. 259).

Ao demarcar sua definição sobre sociologia da medicina, Freyre busca também definir o que ela não é, esclarecendo que não se trataria da mesma coisa que medicina social. Segundo ele, sobre os estudos de medicina social era possível afirmar que "o critério médico seja de tal modo preponderante e torne as matérias sob análise de tal maneira substantivamente médicas que o elemento sociológico se dilua num vago adjetivo: social" (FREYRE, 2009, p. 259). Portanto, para Freyre, apenas a sociologia da medicina promoveria de fato a análise sociológica necessária para a identificação da dimensão social. Este seria seu posicionamento em uma obra publicada por volta de 30 anos[4] depois das discussões e publicações dos médicos ligados à ELSP, os quais de certo modo já teriam praticado uma medicina social na qual, a despeito do destaque do elemento médico, a sociologia ou os conhecimentos das ciências sociais, de modo geral, não eram coadjuvantes. Ao contrário, tinham uma importância ímpar, o que ajuda a compreender a aproximação de alguns médicos da ELSP, seja como professores, seja como alunos. Mas o que também vale destacar ainda nesta reflexão de Gilberto Freyre sobre a medicina de uma perspectiva sociológica é o que ele diz sobre os interesses que deveriam ser objeto tanto do "sociólogo da medicina" como do "médico sociologicamente orientado" (FREYRE, 2009), a saber, a promoção do desenvolvimento nacional e a possibilidade de intervenção para tanto.

> O médico sociologicamente orientado, o antropólogo-sociólogo informado sobre assuntos sanitários, o sociólogo da medicina, tendem a ser consultores ou assessores essenciais de homens de governo empenhados em projetos de planejamento nacional que ultrapassem o simples planejamento político, administrativo ou

4 No caso da versão brasileira, seriam 50 anos, pois a versão brasileira é de 1983.

> econômico. À sociologia da medicina cabe uma responsabilidade específica em tais projetos, pois ninguém como o sociólogo da medicina ou o médico sociologicamente orientado estará mais apto a concorrer para dar a qualquer planejamento, verdadeiramente idôneo, de reconstrução nacional, a perspectiva capaz de tornar esse planejamento pansocial e até pan-humano; e não apenas administrativo ou político ou econômico (FREYRE, 2009, p. 262).

Como se viu nos capítulos anteriores, este objetivo estava sempre se fez presente, direta ou indiretamente, falas e intepretações médicas acerca da realidade, como algo no horizonte e possível. Afinal, o progresso e o desenvolvimentismo, como valores sociais, faziam parte daquele do ideário de um Brasil moderno, pelo qual os médicos com seus saberes sentiam também construtores da nação. Isso significa que as advertências e observações feitas por Freyre na citação acima já eram consideradas pelos trabalhos produzidos pelos médicos professores da ELSP entre os anos 1930 e 1940. A preocupação com o desenvolvimento do país, com o progresso da ciência, da educação, com a higiene, com o bom desempenho do trabalho graças à boa saúde do trabalhador, enfim, são temas na obra de Aristides Ricardo, bem com são tratados por outros como Pacheco e Silva, Almeida Junior, Raul Briquet e Rodolpho Mascarenhas. Esta preocupação com o progresso estaria assentada, evidentemente, em bases nacionalistas.

Aliás, o nacionalismo como um valor social já permeava a consciência da intelectualidade desde o século XIX (principalmente mais ao final da segunda metade), bem como estava presente – em maior ou menor grau de intensidade – entre as primeiras interpretações sobre a realidade brasileira. Nos anos 20, período que antecede a publicação das ideias de Gilberto Freyre, esta preocupação com a questão nacional era materializada nas obras que tratavam da identidade nacional, isto é, que buscavam construi-la, inventando-se uma tradição para responder uma questão, como bem pontuou Bastos (2006, p. 61): "afinal, que país é este?" Ao se criar uma tradição, cria-se os símbolos da coesão social. Contudo, como se viu no capítulo 01, entre a passagem do século XIX e início do XX as teorias raciológicas estavam por entre as principais explicações que tentavam responder àquela pergunta. Tais teorias ensejavam em um pessimismo que se instaurava diante da realidade que se impunha aos olhos desta elite intelectual conservadora e autoritária, crente de seus desígnios enquanto tutores desta população, em sua maioria, racialmente inferior e incauta, na perspectiva daqueles. Esta elite se empenhava em debater um dos pontos mais importantes dentre aqueles inerentes ao nacionalismo brasileiro naquele momento, isto é, debater sobre o "clima de civilização" (BASTOS, 2006, 69), o que tornava claro que a questão racial era um componente fundamental à questão nacional. Porém, ainda que a preocupação com a questão nacional, com nacionalismo propriamente dito, fosse uma temática compartilhada tanto pelos ensaístas da década de 20 como por Gilberto Freyre, o fato é que a teoria freyriana sobre o Brasil marcaria um rompimento com este pessimismo de outrora.

> A partir dos novos critérios para a análise sociológica introduzidos por Gilberto Freyre na década de 1930, este processo [de reflexão sobre questão racial e questão nacional] tomará corpo de modo diverso, levará a outra direção as sugestões do ensaísmo dos anos 20 e alterará a reflexão sobre o social. *Casa Grande & senzala* marca definitivamente a necessidade de assumirem-se os valores culturais em torno dos quais gira o social, os quais levam a sociedade brasileira a se distinguir das outras. É nesse ponto de inflexão que se coloca a obra freyriana (BASTOS, 2006, p. 71).

Deste modo, como apontado no Capítulo 3, é a releitura do peso da miscigenação presente em *Casa Grande & senzala* que, talvez, pode ser apontada como o principal ponto de convergência e aproximação deste autor como os médicos professores da ELSP. Ao longo da obra o que se percebe é um posicionamento que delega à miscigenação uma importante função de ter corrigido a distância social entre brancos e negros. A despeito das críticas em torno desta ideia, principalmente no que diz respeito a noção de democracia racial tão criticada por autores como Florestan Fernandes, tratava-se de um aspecto positivo quanto à busca pela construção de uma identidade nacional. Seria o reposicionamento do mito fundante por meio da valorização daquilo que seria resultado do amálgama cultural entre europeus e não-europeus (negros e índios) erigido no processo de formação social do Brasil. Assim, esta releitura reposicionava a ideia do Brasil como um grande hospital, fadado ao fracasso dado pelo predomínio de um tipo humano resultante de uma raça inferior. "Gilberto Freyre, ao colocar sob outra luz a questão [racial], permite o equacionamento do problema em outro patamar. A raça vista como um 'problema', um obstáculo à integração, perde sua força" (BASTOS, 2006, p. 76).

Evidentemente, os preceitos eugênicos não sairiam de cena ainda na primeira metade do século XX, mas não estariam mais orientados pela visão predominantemente pessimista. Freyre deixa claro que seu trabalho estaria assentado na diferenciação entre raça e cultura, ao mesmo tempo em que valoriza a influência do meio, abordando mais especificamente a questão da aclimatabilidade, o que explicaria, segundo ele, o sucesso do povo português em detrimento de à empreitada de outros povos europeus. Isso não se explicaria só pelas características do meio, mas evidentemente por aquelas de natureza biotipológicas inerentes aos portugueses[5] segundo Gilberto Freyre. Portanto, guardadas as devidas proporções, a relevância das características biotipológicas, o papel da miscigenação dentro de uma perspectiva menos negativa, a influência do meio, enfim, eram todas temáticas tratadas de também de uma perspectiva médica presente no corpo docente da ELSP ao mesmo tempo quando da publicação deste livro, em 1933. O que se vê da leitura de suas obras, aulas ou programas de ensino é a inserção de discussões também pertinentes à este clima de civilização, porém, de uma perspectiva menos negativa ao passo que reconhecem o peso das questões de natureza social, da estrutura social e da condição dos indivíduos. Além disso, tomada a medicina social ou áreas como o serviço social, (as quais chegariam a se confundir muitas vezes na falas de Pacheco e Silva e Aristides Ricardo), os impasses outrora presentes nas interpretações dos ensaístas da década de 1920 (resultantes das certezas do racismo biológico) estariam fragilizados dada a natureza intervencionista de ambas. Era preciso mudar o país pelo caminho da saúde, da higiene, da educação sanitária. Portanto, ainda que os médicos elspianos tenham feito citações de autores como Oliveira Vianna (como

---

5 Aliás, explicações deste tipo foram importantes para Freyre ao explicar o papel da vida sexual e da sexualidade nesta relação entre a casa-grande e a senzala.

se vê também em Aristides Ricardo), ao admitirem o peso das questões sociais e a cultura para compreender as condições de saúde, bem como ao relativizarem as certezas do racismo biológico em voga décadas antes, é possível afirmar que possuíram certo alinhamento com as ideias freyrianas.

Mas se a proposta aqui colocada é de se fazer um cotejamento com os autores considerados clássicos ao pensamento social brasileiro e que teriam publicado suas obras neste ínterim de 1933 a 1943, faz necessário também citar Sérgio Buarque de Holanda e Caio Prado Júnior. Contudo vale ponderar que, nestes casos, suas obras possuem um grau diferente de proximidade com o pensamento médico – e suas interpretações da realidade brasileira – quando comparadas com o que se viu na obra de Gilberto Freyre o qual, aliás, dedicou um livro sobre o tema da medicina. Talvez, outra diferença estaria no modo de produzir os textos propriamente ditos, havendo muito mais semelhança entre Freyre e os médicos elspianos, no que diz respeito ao caráter ensaístico de suas produções, que entre estes, Holanda e Prado. Tanto em *Raízes do Brasil* (1995) como em *Formação do Brasil Contemporâneo* (2011), há um rigor e um método[6] melhor definidos, bem como uma crítica mais assertiva com relação ao processo de formação da sociedade brasileira quando comparados à Casa-grande & senzala. Além disso, e talvez um dos pontos mais significativos no que tange às diferenças de estilo e tratamento temático, seria a não abordagem da miscigenação racial da mesma perspectiva (de enfoque biológico e, portanto, no que diz respeito à uma leitura biotipológica) que Freyre e os médicos da ELSP. Porém, é importante reconhecer que não haveriam apenas diferenças, mas também similitudes importantes para além da contemporaneidade das obras. Publicada em 1936, *Raízes do Brasil,* nas palavras de Antônio Cândido, "puxou a análise para o lado da psicologia e da história social, com um senso agudo das estruturas" (CÂNDIDO, 1995, p. 20). Neste sentido, é esta abordagem de perspectiva psicológica que pode ser tomada como o principal ponto de contato desta obra

6 Talvez isso fique mais claro, principalmente, no que diz respeito à abordagem da história, portanto, em temos do tratamento da historicidade, bem como à forma como se lidaram com conceitos e categorias da sociologia, ou no que se refere a forma como imprimem um caráter crítico ao processo de formação da sociedade brasileira, diferentemente de Gilberto Freyre, o qual teria uma visão mais positiva e menos crítica.

com a produção destes médicos. A figura do homem cordial seria a reprodução de um determinado comportamento, portanto, um traço psicológico do caráter do homem brasileiro, resultante da herança portuguesa, portanto também ibérica, tão marcante na cultura brasileira.

> Já se disse, numa expressão feliz, que a contribuição brasileira para a civilização será de cordialidade – daremos ao mundo o 'homem cordial'. A lhaneza no trato, a hospitalidade, a generosidade, virtudes tão gabadas por estrangeiros que nos visitam, representam, com efeito, um traço definido do caráter brasileiro, na medida, ao menos, que permanece ativa e fecunda a influencia ancestral dos padrões de convívio humano, informados no meio rural e patriarcal (HOLANDA, 1995, p. 146).

Assim, Sérgio Buarque de Holanda, ao passo que reconstrói a história da formação da sociedade brasileira, olha para a cultura e aponta a relação entre tradição e costume, relação esta que explicaria a permanência do que chamou de cordialidade. Fazendo uma leitura de natureza psicológica sobre a vida social, algo de tom psicanalítico, dizia que as tradições, "costumam ser decisivas e imperativas durante os primeiros quatro ou cinco anos da vida da criança" (HOLANDA, 1995, p. 144), e desta forma, dadas as transformações rumo a modernização da sociedade, as personalidades eram forçadas a "ajustar-se, nesses casos, a novas situações e a novas relações sociais que importavam na necessidade de uma revisão, por vezes radical, dos interesses, atividades, valores, sentimentos, atitudes e crenças adquiridos no convívio da família" (HOLANDA, 1995, p. 144). Deste modo, estes traços psicológicos oriundos da tradição portuguesa eram um ponto de desequilíbrio diante o processo de modernização da sociedade. Portanto, a partir desta perspectiva os problemas da sociedade brasileira não eram dados por questões de natureza racial, pela miscigenação, mas principalmente por este descompasso entre o costume e a nova realidade social que se impunha. No caso dos médicos elspianos, este descompasso resultante de questões de natureza cultural entre o arcaico e moderno, também estaria entre os problemas da sociedade. Evidentemente, fazem uma leitura menos complexa e por vezes simplista, muito aquém de Sérgio Buarque, mas reconhecem tal descompasso, embora limitando-se à uma leitura que o toma como um complicador à saúde. Assim, este descompasso entre os valores de ontem e do hoje, que emperrava a civilidade, era conduzido à esfera educacional, portanto, entendido como um problema de natureza instrucional, o qual deveria ser combatido pela promoção da educação e, no caso da saúde, pela educação sanitária. Entre suas falas eram muito comuns referências quanto à ignorância dos incautos, a qual deveria ser enfrentada para garantir melhores condições de vida e de trabalho. Não gratuitamente, autores como Aristides Ricardo e Almeida Junior publicariam *Como educar as crianças* de 1946 e *Saneamento pela Educação* em 1922, respectivamente. Portanto, ainda que de um modo indireto, é possível afirmar que entre Holanda e os médicos da ELSP houve em comum, naquele momento, uma crítica à falta (ou aos rumos que tomara) de modernização dada, principalmente, por tais traços psicológicos. Esta conclusão seria possível ao se destacar o papel da psicologia social como ferramenta para a compreensão da sociedade, tese da qual Raul Briquet certamente compartilhava. Médico dedicado em compreender a psicologia social, escreveria um livro em 1935 uma obra resultante de suas aulas do curso de Psicologia Social ministradas no segundo semestre de 1933, na Escola Livre de Sociologia e Política de São Paulo. Aliás, já na aula inaugural da ELSP, afirmava Briquet que a "psicologia social deve preceder a individual" (BRIQUET, 1933, p. 8), por compreender o papel determinante da consciência coletiva na ação dos indivíduos. Dizia ele que a "mentalidade do indivíduo é produto do meio social, e só depois de conhecidos os efeitos dos fatores sociais sobre ele, é que pode ser apreciado em toda sua plenitude" (Ibidem, p. 08). Por isso, mais especificamente em seu livro Psicologia Social (1935), afirmava que "a psicologia social tem por fim o estudo do conhecimento psíquico resultante das relações entre duas pessoas no mínimo; a psicologia individual estuda o conjunto das experiências do indivíduo em um grupo ou mais..." (BRIQUET, 1935, p. 9). Como é sabido, seria neste período que tanto a psicologia como a psicanálise brasileiras estariam vivendo um dos mais importantes momentos de seus processos de institucionalização, dos quais, aliás, não apenas Briquet participou, como outros nomes de vulto ligados à ELSP a exemplo de Virgínia Bicudo.[7]

7 O livro *Atitudes raciais de pretos e mulatos em São Paulo* (2010) apresenta a importante contribuição de Virgínia Bicudo não apenas à área da psicologia, mas às ciências sociais

Mas para além deste ponto em comum entre Sérgio Buarque de Holanda e os médicos da ELSP, há um outro a ser destacado do ponto de vista do método da escrita e da construção do argumento. Trata-se daquilo que Antônio Cândido chamou de "jogo de oposições e contrastes" (CÂNDIDO, 2009, p. 20), a exemplo da discussão que Holanda faz sobre a diferença entre a proposta de colonização do ladrilhador (espanhol) e o semeador (português). No caso dos médicos, os pares de oposição estariam entre as noções de normal e patológico, sujo e limpo, civilizado e inculto, saúde e epidemia, entre outros. Para citar apenas um exemplo disso estaria a comparação, feira por Almeida Junior, entre nupcialidade da cidade e aquela do campo, tão bem construída por ele para falar sobre a idade mais adequada ao casamento do ponto de vista da saúde. De certo modo, o que se percebe como ponto comum entre tais autores é a discussão de cunho dialético, a qual pressupõe a necessidade da compreensão do que é o atraso para entender o moderno, o que é o privado para compreender o público, o que é a doença para compreender a saúde.

E as similitudes entre estes autores clássicos e os médicos elspianos não se encerram nisso, sendo possível chamar a atenção, mais uma vez, para a preocupação com a historicidade, com a perspectiva histórica da formação da sociedade brasileira. Este método não só está presente em Raízes do Brasil como também foi considerado por Caio Prado Junior em *Formação do Brasil Contemporâneo* (2011), obra publicada em 1942, na qual o que se tem é uma explicação mais profunda do processo de formação da sociedade brasileira que considera a colonização e o seu "sentido" como determinantes dos rumos do país mesmo séculos depois. Para Caio Prado, o sentido da colonização, isto é, seu objetivo, estava voltado para fora e, dessa forma, de costas para o interesse nacional. Segundo ele:

> É com tal objetivo, objetivo exterior, voltado para fora do país e sem atenção a considerações que não fossem o interesse daquele comércio, que se organizarão a sociedade e a economia brasileiras. [...] Esse início, cujo caráter se manterá dominante através

---

de modo geral. Embora esta seja a dissertação defendida em 1945 por Bicudo, é Marcos Chor Maio quem organizará sua publicação.

> dos três séculos que vão até o momento [década de 1940] em que ora abordamos a história brasileira, se agravará profunda e totalmente nas feições e na vida do país (PRADO, 2011, p. 29),

Não teríamos evoluído da economia colonial para a nacional e, até aquele momento, predominava uma produção voltada para o mercado exportador, bem como faltava um mercado interno alicerçado. No terreno social, também teriam permanecido os traços do período colonial e da escravidão, havendo uma disparidade entre a população rural e urbana, a qual não se daria apenas em termos da vida material, mas também em termos do estatuto moral vigente. Os acontecimentos históricos são partes de um todo. Assim compreendemos a especificidade de um povo, uma nação. Era o reconhecimento de nossos problemas de natureza social, econômica e política oriundos, portanto, de nosso processo histórico de formação da nossa organização do modo de produção e, consequentemente, de nossa estrutura social. Deste modo, Caio Prado apresentava, de forma mais objetiva, uma explicação para o Brasil por outras chaves que não a miscigenação. Neste sentido, esta mesma preocupação com as questões estruturais que reproduziam a pobreza e a miséria estava presente, de certo modo, também das elucubrações dos médicos da ELSP, ao que parece também já convencidos das heranças do passado naquele momento presente. A despeito das contradições, dissensos ou posicionamentos ainda enviesados por leituras biologizantes, é inegável que estes médicos na produção de suas interpretações sobre o país já reconheciam o fato de que as explicações mais pessimistas que classificavam o Brasil como um grande hospital devido os males da raça já eram frágeis, portanto, superadas. O materialismo histórico adotado como método de análise da realidade por autores marxistas como Caio Prado revelava os problemas estruturais do país – não apenas da perspectiva econômica, mas política e histórica – e ganhava eco nas falas destes médicos aqui estudados, embora isso não necessariamente tenha se dado de forma consciente ou objetiva por estes últimos. Evidentemente, estes médicos assim como outros intelectuais, desejavam também a transformação da realidade, da nação, principalmente enquanto intelectuais públicos que eram, mas as leituras que faziam eram para dentro, atrofiadas de certo modo, ao não relacionarem a condição do país ao contexto internacional, focados das circunstâncias nacionais e nos seus "males", sem olharem para fora.[8]. Por motivos óbvios, não eram ainda capazes de leituras mais amplas e complexas como de outros sociólogos como Caio Prado, nem tão de pouco de algo parecido com o que se veria nas discussões de Florestan Fernandes sobre as causas do subdesenvolvimento nacional e as possibilidades do salto.

Assim, embora no material analisado não se tenha registrado citações específicas destes autores clássicos do pensamento social brasileiro, é possível reconhecer ideias e proposições destes autores que representavam uma nova matriz de interpretação do Brasil por entre os escritos dos médicos aqui estudados.[9] Isto se explicaria pelo menos por dois aspectos: Primeiro, porque certamente tiveram acesso a esta literatura, o que parece muito provável, tanto pela efervescência cultural daquele momento dos anos 1930 (vide a presença do modernismo em São Paulo), como pelo fato de estarem transitando pelo universo acadêmico paulistano. Segundo, porque a rapidez das transformações sociais evidenciavam, cada vez mais, as fragilidades das explicações apenas biodeteministas (e que tinham predominado por décadas entre a intelectualidade, principalmente médica) em detrimento daquelas que destacavam na história, na cultura e na estrutura social os pontos da explicação para a condição do país.[10] Evidentemente, não se pretende aqui forçar nenhuma relação direta entre as produções clássicas citadas e aquelas interpretações historicamente marginais ao núcleo do pensamento social brasileiro produzidas pelos médicos estudados, tão pouco concluir, precipitadamente, que estes tenham sido influenciados ou optado por alguma filiação ideológica com aqueles autores. De todo modo, o

8 Olharam para fora apenas no que diz respeito a um modelo de saúde higienista e intervencionista inspirado no modelo norte-americano, dada a influencia da Fundação Rockfeller no Brasil ao longo da primeira metade do século.

9 Apenas algumas menções à Oliveira Vianna, de forma mais literal, foram feitas por Aristides Ricardo, para além, é claro, de outros tantos autores nacionais e estrangeiros, mas não especificamente à três (Freyre, Holanda e Prado) aqui discutidos neste ponto.

10 As leituras que surgiam na década de 30, embora ainda consideradas como conservadoras e de natureza ensaísta pela tradição do pensamento social brasileiro até hoje, já apontavam os desafios que se colocam ao Estado para superar os problemas do subdesenvolvimento inerentes ao processo de formação social do Brasil.

que se tenta destacar é aquilo que, em certa medida, é possível identificar como similitudes ao se cotejar os autores considerados clássicos e estas interpretações tidas como marginais.

Como ficou evidente na análise e apresentação de boa parte da produção destes médicos, não havia necessariamente uma linearidade plena entre seus posicionamentos, seja internamente ao núcleo dos argumentos individuais, seja na comparação entre eles, isto é, entre o conteúdo de suas falas. Contudo, a despeito disso, não é menos evidente a forma como compartilhavam de posicionamentos e visões da realidade. Se por um lado não é possível localizar os médicos ligados à ELSP como um grupo coeso, com posicionamentos coerentes e convergentes, ainda assim é possível tentar compreender a relação entre eles, suas afinidades e similitudes. "Neste sentido, embora existam diferenças às vezes profundas entre os pensadores de um período, pode-se perceber uma unidade interna entre eles, caracterizando-se um estilo de pensamento". (BASTOS, 2006, p. 60). Ainda que não tenham sido um grupo organizado como aquele composto pelos jovens[11] críticos do Grupo Clima na década de 1940 (portanto contemporâneos e com atuação e produção intelectual concomitantemente ao trabalho destes médicos), como bem retrata Heloisa Pontes em sua obra *Destinos Mistos* (1998), possuíam singularidade e posições intelectuais comuns. Isso ficaria parente, por exemplo, no que se referia ao papel social do médico, da medicina, na ressignificação, naquele momento, da visão biologizante que teria predominado ao afinal do século XIX, bem como na defesa de um posicionamento intervencionista que mais tarde seria classificado como sanitarismo desenvolvimentista (sobre qual se discorrerá à frente). Afinal, tais médicos não apenas também faziam parte de uma mesma geração (com pouca diferença de idade entre ele), como teriam recebido as mesmas influências teóricas quando da formação médica, além do fato, como apontado, do trânsito comum e constante entre as mesmas instituições paulistas de pesquisa e ensino, seja de medicina, seja de ciências sociais. Daí outro ponto importante quanto à singularidade, pois, ao que parece, no processo de insti-

11 Faziam parte do Grupo Clima: Antonio Cândido, Decio de Almeida Prado, Paulo Emilio Salles Gomes, Lourival Gomes Machado, Ruy Galvão de Andrada Coelho, Gilda de Mello Sousa, entre outros.

tucionalização das ciências sociais em outras localidades brasileiras – como no Rio de Janeiro – não houve trânsito semelhante de médicos como professores.

Contudo, a singularidade de que aqui se fala não se encerraria nestes pontos apresentados até o momento, mas vão além. Dada a filiação institucional que possuíam, tais médicos tiveram importância significativa como coparticipantes do processo de institucionalização das ciências sociais em São Paulo, logo, no Brasil, o que é possível constatar não apenas pela presença entre o corpo docente (ou mesmo como alunos) da Escola Livre de Sociologia e Política de São Paulo, mas no que se refere à tônica dos conteúdos de muitas das disciplinas oferecidas por esta instituição já em 1933, ano de sua fundação. Logo, do ponto de vista do caráter singular da atuação dos mesmos, este é um fato que merece destaque. A contribuição como intérpretes não estaria, deste modo, apenas nas páginas ou trechos de seus livros, artigos ou momentos de suas falas, mas também, ao que tudo indica, ao participarem como professores na formação dos primeiros sociólogos brasileiros formados no Brasil, alunos da ELSP, uma vez que incutiam nestes suas percepções sobre a realidade social. Assim, suas interpretações da realidade não eram apenas registradas em suas obras e publicações, mas reproduzidas em sala de aula ou em quaisquer oportunidades de debate e reflexão com exposições públicas. Deste modo, é possível se pensar em mais uma pergunta fundamental à este balanço que aqui se propõe: qual a contribuição às ciências sociais, mais especificamente à proposta de ensino na ELSP?

Para se esboçar uma possível resposta à questão que se coloca, entende-se que a retomada da análise feita entre os Capítulos 2 e 3 deste trabalho, ainda que de forma sucinta, pode ajudar a esclarecer. Como se identificou, entre 1933 e 1943 foram ofertadas pelo menos 11 disciplinas ministradas por 9 (nove) médicos. Como também se mostrou, foi possível classifica-las conforme o grau de afinidade com a área biológica, classificação que levou em consideração as temáticas e abordagens indicadas em seus respectivos programas de ensino. As disciplinas de Biologia Social e Fisiologia do Trabalho, lecionadas por André Dreyfus e Almeida Junior, respectivamente, seriam as duas com maior grau auferido no que diz respeito as discussões de perspectiva biologizante, segundo a classificação proposta. Ambos foram professores da Faculdade de Medicina de São Paulo, bem como iniciaram suas atividades na ELSP na primeira turma de 1933. André

Dreyfus se destacaria na produção de estudos acerca da genética[12] e sua disciplina, Biologia Social, apresentava certo vanguardismo, pois nela se discutia já a genética e as leis da hereditariedade que davam outros rumos para as leituras mais clássicas quanto ao determinismo. Inegavelmente, isso mudaria a perspectiva dos jovens sociólogos no que se refere às visões biologizantes como marco explicativo, desconstruindo-se aos poucos as crenças quanto às influências do meio, ampliando a capacidade interpretativa acerca do Brasil. Neste mesmo sentido é que se poder constatar a contribuição de Almeida Junior, o qual se destacava na Faculdade de Medicina como importante professor na área da medicina legal, atuando na ELSP a frente da disciplina de Fisiologia do trabalho. Aliás, vale destacar que, dada a natureza das preocupações da medicina legal vigentes naquele momento, tratava-se da área médica que mais tangenciava a antropologia ou outras áreas do saber ligadas à compreensão do comportamento individual ou social, como sociologia ou a psicologia. Suas obras deixam clara sua defesa do conhecimento dos aspectos biológicos no comportamento das pessoas e, talvez, diferentemente de Briquet e Dreyfus (embora também defensores da biologia), Almeida Junior[13] tenha sido mais enfático na defesa da visão biologizante, principalmente devido sua ligação à medicina legal, porém, como dito de outro modo, sem perder de vista a importância das transformações sociais, principalmente aquelas ligadas ao mundo do trabalho. Também como apresentado, dentre as temáticas discutidas na ELSP, estavam questões desde aquelas ligadas à aspectos do funcionamento da "máquina humana" e "rendimento do motor humano" (nos termos do programa de ensino da disciplina), até outras mais específicas às condições de trabalho e a acidentes e doenças causados na atividade profissional. Ferla (2009) aponta uma citação de Almeida Junior na qual fica explícita sua preocupação com o tema do trabalho.

---

12 No Brasil, a introdução da genética como área de estudo ocorre, em São Paulo, através dos Institutos Agrícolas entre as décadas de 10 e 20 do século XX.

13 Almeida Junior, assim como outros de seus pares é figura contraditória, ambígua, homem defensor da ciência e do progresso contido nos avanços da genética, ao mesmo tempo em que tem interesse em compreender a distribuição de ilegítimos no estado ao passo que encontra explicações de ordem moral para tal evento.

> O que realmente interessa ao operário, ao patrão e à sociedade, é que não haja acidentes e, para nos aproximarmos cada vez mais desse ideal, torna-se indispensável a cooperação ativa dos médicos. Cooperação no exame prévio do candidato a emprego, a fim de que se promova o tratamento antecipado dos doentes, o afastamento dos que representem perigo aos outros, e, ainda, a adaptação de cada operário ao tipo de atividade que mais lhe convenha. Cooperação, em seguida, na influência que a Medicina possa exercer sobre as condições de instalação, de organização e de regime de trabalho. Cooperação, finalmente, na educação preventiva do povo, e, particularmente, da classe operária (ALMEIDA JUNIOR apud FERLA, 2009, p. 247).

Portanto, entendia-se que este conhecimento em torno do trabalho deveria compor o conjunto de saberes necessários aos novos cientistas sociais, afinal, enquanto atividade humana ele era cada vez mais ressignificado segundo a lógica capitalista e à ordem competitiva que, embora claudicante naquele contexto, já se fazia presente. Com a industrialização surgem "dispositivos e tecnologias disciplinares de adestramento do corpo [...] Tratava-se então de disciplinar o conjunto da sociedade estabelecendo padrões e vigiando os desvios" (FERLA, 2009, p. 36), e desta forma os cientistas sociais que se formavam deveriam estar a par deste processo. Assim, ter aulas de Fisiologia do Trabalho significaria reconhecer a necessidade do estudo do trabalho não apenas como fenômeno social, mas também biológico. Logo, considerando-se esta perspectiva da qual falava Almeida Junior para seus alunos na ELSP, pode-se identificar nela preocupações inerentes à uma outra frente da medicina social que não apenas aquele preocupada com o sanitarismo e o higienismo, mas aquela que tem como foco a preocupação com a saúde do trabalhador e, portanto, com uma preocupação com o contingente de mão de obra disponível ao desenvolvimento da produção econômica. Aliás, vale destacar que a Segunda Semana Paulista de Medicina Legal e Criminologia de São Paulo promovida em 1940 pela Sociedade de Medicina Legal e Criminologia de São Paulo teve como tema a infortunística, dado o contexto de valorização da racionalização do trabalho. A intelectualidade médica, da qual Almeida Junior fazia parte, estava convencida de que era preciso cuidar do trabalhador urbano, tratando da "racionalização médica na fábrica e da resposta científica à desorganização representada pelo acidente e pela doença profissional" (FERLA, 2009, p. 240), o que sugere que havia o entendimento de que, naquele momento, a medicina legal era também a medicina do trabalho. A despeito dos médicos reconhecerem a influencia de fatores externos às ocorrências de acidentes de trabalho, o chamado fator humano era o mais destacado. Daí a necessidade, do ponto de vista médico, de perscruta o indivíduo para conhecer suas propensões (ou não) ao trabalho e ao acidente. O que se tinha era a "culpabilização da vítima, o acidentado trazendo em si mesmo a causa do acidente" (FERLA, 2009, p. 250). Assim, se o trabalho e sua produtividade, bem como a ocorrência ou não de acidentes dependiam mais do trabalhador que de outro aspecto, isso por si só justificaria disciplinas como Fisiologia do Trabalho.

Portanto, a explicação para uma disciplina como esta entre aquelas lecionadas para a primeira turma da ELSP tem de levar em conta pelo menos dois aspectos: o primeiro, tem a ver esta forma como a medicina legal se apropriou do tema do trabalho de um perspectiva, evidentemente, biológica; o segundo, trata-se do fato de que um dos principais idealizadores do projeto da Escola Livre de Sociologia e Política de São Paulo foi Roberto Simonsen,[14] presidente da FIESP e fundador do IDORT, portanto, alguém extremamente interessado no desenvolvimento de reflexões acerca dos modos mais modernos (naquele momento) para otimização da mão de obra disponível e ampliação da produção industrial. Assim, relacionados estes dois pontos, justifica-se a presença das discussões sobre a "máquina humana" desenvolvidas por Almeida Junior naquela

14 Segundo Cepêda (2011), dentre os pontos que indicam a relevância da figura de Roberto Simonsen, estão pelo menos três: "a posição de liderança de Simonsen na configuração de uma identidade singular para os interesses do setor industrial na etapa mais crucial do conflito entre vocação agrária versus vocação industrial [...]; 2. a formulação dos primeiros textos de compreensão do lugar da industrialização e do planejamento como ferramentas da mudança social em direção à modernização; 3. a efetiva atuação no aparelhamento dessa vocação industrial através de inúmeras atividades e instituições: a criação da FIESP, da CNI, da ESP (Escola de Sociologia e Política), da ABNT, do IDORT, do SENAI, entre outras" (CEPÊDA, 2011, p.02).

escola. Desta forma, esboçando-se aqui um breve saldo quanto à uma possível contribuição destas duas disciplinas (Biologia Social e Fisiologia do Trabalho) à proposta de ensino da ELSP, pode-se afirmar que ambas imprimiram aos alunos uma noção dos conceitos biológicos como conhecimento ou instrumento necessário para desvelar as práticas humanas e sociais, e, dessa forma, como ferramenta à favor da modernização e do desenvolvimento do país.

Contudo, como se apresentou no capítulo 02 e se desenvolveu de forma mais ampla no Capítulo 3, outras disciplinas e seus respectivos professores merecem destaque neste processo. Dentre elas estariam aquelas aqui classificadas como de um grau mediano em termos da influencia das explicações de natureza biológica, mas que em boa medida também delas se valeram. Tratam-se das disciplinas de Psicanálise e Higiene Mental, Psicologia Social e Serviços Sociais. Dentre elas, nesta pesquisa só foi possível ter acesso a conteúdos e materiais trabalhados pelos professores com relação à estas duas últimas. A disciplina de Psicanálise e Higiene Mental não possuía nenhum registro do qual se pudesse lançar mão como fonte primária. A única informação mais evidente e da qual é possível fazer algumas conjecturas, ainda que superficiais, é que esta disciplina foi lecionada por Durval Marcondes, destacado psicanalista e um dos fundadores da Sociedade Brasileira de Psicanálise. Evidentemente, a presença desta disciplina pressupõe que os alunos da ELSP naquele momento, apenar das aulas com conteúdos com forte peso da biologia, já estariam tendo contato com o que de mais sofisticado existia à época em termos de reflexão sobre o comportamento humano de uma perspectiva psicológica, para além das discussões sociológicas. Não restam dúvidas de que esta disciplina certamente contribui à formação e, de certo modo, ajudou à ponderar ou contrabalancear, por ser algo de vanguarda, aquilo que ainda havia de reacionário ou conservador entre os ensinamentos de seus professores. Já no caso da disciplina Psicologia Social, a qual era ministrada por Raul Briquet também desde a primeira turma, em 1933, é possível tecer algumas considerações de maior alcance. Embora não tenha sido possível ter acesso ao conteúdo de suas aulas, foi possível constatar, no livro por ele escrito e que leva o nome da disciplina, algumas das temáticas mais importantes por ele consideradas em torno desta discussão. Dividido em duas partes, uma "Geral" e uma "Especial", Briquet (1935) discute o que ele chama de " fatores psíquicos" e "vida social", abordando temas como os "subsídios" da biologia, da psicologia e da sociologia para o estudo da psicologia social, além de outros à exemplo de instinto, hábito, grupos sociais, eu social, personalidade, preconceito de raça, opinião pública, multidão, revolução, entre outros. Se é verdade que entre estes assuntos o espectro da biologia ainda se fazia presente, por outro lado, aquelas de natureza psicológica e social ganhavam força. Como foi possível perceber na fala de Briquet quando da apresentação da aula inaugural da ELS, ele já destacava a importância da investigação social e da reconstrução social por meio da sociologia, fato que evidenciava seu apoio e filiação àquela instituição que se fundava naquele momento. Assim como outros de seus pares, a exemplo de Dreyfus e Almeida Junior, não perde de vista a valorização da biologia na compreensão da realidade tendo ela um papel social, embora dentro de outra chave que não necessariamente a aquele do final do século XIX. Porém, Briquet aceitava o culturalismo de Franz Boas, assumindo publicamente um posicionamento contrário as teorias raciológicas, não defendendo o determinismo biológico, nem tão pouco o do ambiente, chegando a ponderar que não acreditava, portanto, da diversidade psíquica dos indivíduos. Além disso, identificava na sociologia uma forma de promoção da educação – um dos maiores problemas nacionais – opinião esta que certamente teria contribuído para que fosse responsável pela disciplina de Educação Nacional na ELSP, sobre a qual discorreu em seu livro que tratava da História da Educação, publicado em 1946. Portanto, o que se percebe na trajetória de Briquet pela ELSP é a forma como transitou por entre uma multidisciplinaridade que acreditava ser importante para aquele profissional que ali de formava. Neste sentido, enquanto contribuição à proposta de ensino da ELSP é possível perceber esta visão e este interesse plural dos médicos por temáticas consideradas como de primeira ordem a uma agenda nacional.

Além das disciplinas de Briquet, o serviço social estava entre aquelas que aqui se classificou como de grau mediano em termos de uma influência da biologia. Lecionada por Pacheco e Silva e Aristides Ricardo, talvez esteja entre aquelas que mais se aproximou de uma perspectiva aplicada, isto é, de natureza intervencionista no que se refere ao enfrentamento dos problemas sociais. Seria inerente a ela uma multiplicidade de temáticas necessárias ao melhor conhecimento da condição social dos indivíduos, ao mesmo tempo em que lançava mão de instrumental de saberes para além daquele pertinente à medicina, aproximando-se também das ciências sociais. Ao ser chamado de ciência da saúde por Aristides Ricardo é possível ter uma noção do papel atribuído ao serviço social naquele momento ímpar de modernização do país. Sua contribuição como disciplina presente na grade curricular da ELSP pode ser lida como a indicação da saúde (e da necessidade da assistência) como um problema, ao mesmo tempo, social e sociológico, político e teórico, de interesse da academia e de fora dela. Isso ficou patente na obra analisada de autoria de Aristides Ricardo, *Ensaio de Sociologia Aplicada*, na qual apresentou uma explicação mais pormenorizada quanto à importância do serviço social, da assistência e da saúde, adotando um posicionamento muito claro: a sociologia aplicada ou aplicação dos conhecimentos sociológicos devem contribuir para o desenvolvimento do serviço social. O conhecimento sociológico é que orientaria a intervenção sobre o objeto ao qual se buscava intervir, ou seja, a sociedade pobre, sem higiene, incauta. Mais do que isso, o serviço social seria a expressão da aplicação da sociologia com um objetivo claro e preciso: a promoção da saúde e da assistência. Embora muitas vezes ambíguo e contraditório no discurso, transitando entre o determinismo do meio[15] e o culturalismo, Aristides Ricardo – bem como Pacheco e Silva – marca sua posição, deixando clara sua preocupação com o reajustamento do indivíduo e sua recolocação na mediania da sociedade, o que poderia ser promovido meio da intervenção de instrumentos como o serviço social. Seu posicionamento deixa evidente sua filiação ao que mais tarde seria chamado de sanitarismo desenvolvimentista, defendido poucos anos depois por outros médicos importantes como Mário Magalhães e Samuel Pessoa. Assim, do ponto de vista das contribuições desta disciplina à proposta e ao modelo de ensino desenvolvidos na ELSP, pode-se dizer que corroborou para o espírito intervencionista que se fazia presente, estimulado pela não apenas pela influencia de uma sociologia americana que se instaurava, mas pelo ímpeto progressista de seus idealizadores. Além disso, deve-se considerar que, ao destacar a saúde como um objeto de estudo sociológico, esta disciplina submetia à reflexão dos alunos um

15 Este seu posicionamento o coloca em uma relação muito próxima de leituras como a de Josué de Castro, também médico e um intérprete do Brasil.

problema de interesse nacional, como aqui já se destacou. Mais do que isso, permitia aos alunos conhecer com maior propriedade uma temática interessante ao Estado, portanto, colaborando para que os mesmos, na condição de futuros dirigentes e quadros técnicos, pudessem proceder junto à administração com sucesso e eficiência.

Ao se falar da administração, tem-se o ensejo para apenas citar uma importante disciplina – Administração Pública – a qual, como se viu no Quadro 4 do Capítulo 2 deste trabalho faz parte daquele grupo de matérias como baixo grau de discussão biológico. Ministrada inicialmente também por um médico, mais precisamente por Rodolpho Mascarenhas, certamente promovia o preparo de modo mais técnico e objetivo para a prática de administrar, somando-se à isso conhecimentos práticos e de natureza política, o que se pode atestar não apenas por ter sido Mascarenhas também professor de Ciência Política da ELSP, mas por atuado como Prefeito em São José dos Campos na década de 30. Ao se comparar, ligeiramente, as disciplinas de Administração Pública, Serviço Social e Estatística, todas estariam em consonância com interesses do Estado, colaborando à ideia de constituição de uma ciência social aplicada para a promoção da gestão pública.

Se é bem verdade que a ELSP tinha por objetivo formar quadros para a construção do país, por outro, assim o fazia mesclando o velho e novo, ideias progressistas e conservadoras. Isto ficaria patente na forma como na grade do curso estavam, ao mesmo tempo, preocupações com a Sociologia aplicada e Biologia Geral, mais especificamente com discussões sobre eugenia, temática esta usada desde o século XIX como uma das possíveis fórmulas reformista da sociedade. Além disso, ainda dentro da chave da biologia, se por um lado havia uma defesa daquilo que se pode considerar como algo novo a exemplo da genética por parte de Dreyfus, por outro, ainda havia outras posições mais conservadoras como se vê em Aristides Ricardo e Almeida Júnior, tanto ao considerarem a influência do meio, como também ao serem acríticos em relação ao capitalismo. Portanto, entre ideias novas e velhas, tradições e vanguardismos (neste caso, ainda que não criados na ELSP, contudo, reproduzidos ali), em linhas gerais pode-se destacar como saldo para às ciências sociais produzidas na ELSP os seguintes aspectos: a) a saúde como tema de estudo, ainda que de forma indireta, com discussões sobre serviço social, higiene e higiene mental; b) a assistência social, ligada à saúde, não apenas como tema, mas como área de desenvolvimento de uma sociologia de natureza aplicada; c) a presença de médicos e, portanto, de uma interdisciplinaridade materializada, principalmente, na eugenia e na biologia como tema ou área de conhecimento que, naquele momento, eram consideradas (ainda) como necessárias para a compreensão e explicação do homem brasileiro (o que legitimaria a importância da medicina na leitura sobre o Brasil); d) a leitura da eugenia dentro uma chave considerada positiva, ou seja, menos enviesada por questões raciológicas de cunho pessimista, em consonância com a defesa do higienismo. Além destes pontos vale destacar que entre as disciplinas oferecidas na ELSP, principalmente aquelas ministradas por professores médicos, já se fazia presente uma preocupação de enviesada todas elas (umas mais que outras, evidentemente): a importância da intervenção para a medicina social, como se discutirá mais à frente neste capítulo.

Portanto, no processo de elaboração do projeto pedagógico/acadêmico da ELSP, ou seja, na definição das disciplinas que iriam compor sua grade curricular, dois pontos se destacam e, por isso, necessitam de análise: um já se faz comprovado e evidente; o outro, a despeito das fortes evidências, ainda permanece como uma hipótese. O primeiro, e sobre o qual a análise já se faz aqui adiantada, diz respeito à presença das disciplinas de natureza biológica, por meio das quais se evidenciariam "perspectiva médica ao observar a sociedade" (HOCHMAN; LIMA, 2015, p. XXI). Destaca-se que esta perspectiva, traduzida na presença de várias disciplinas com viés biológico seria um aspecto de singularidade inerente à proposta da ELSP, uma vez que a mesma abordagem ou disciplinas similares não se faziam presentes na primeira turma do curso de ciências sociais e políticas da Universidade de São Paulo, como é possível constatar da leitura do Decreto de nº 39, de 3 de setembro de 1934 no qual, eram aprovados os estatutos da Universidade de São Paulo. Segundo este documento, deveriam compor a grade de ensino do Curso de Ciências Sociais as seguintes disciplinas: Sociologia, Economia política, Finanças e História das doutrinas econômicas, Direito político e Estatística, sendo possível ainda o estudo de Etnografia Brasileira e Língua tupi-guarani. Portanto, não nenhuma menção à área biológica. O segundo aspecto, embora mais como hipótese ou conjectura que propriamente uma constatação como já se ponderou, trata-se da possibilidade da participação direta destes médicos na elaboração da proposta de ensino da ELSP por razões menos acadêmicas ou intelectuais que pessoais. Ou seja, não se pode desconsiderar o trânsito destes nomes por entre aquela parte da elite paulistana fundadora da ELSP, nem mesmo o fato que alguns deles já faziam parte dela, evidentemente. Isso fica evidente em fatos mais elementares como a presença de alguns destes nomes no manifesto de fundação, ou mesmo pela eleição de Cantídio de Moura Campos para a o cargo de primeiro diretor, ele que naquele ano, 1933, era também diretor da Faculdade de Medicina e Cirurgia de São Paulo. Mas o que se tem como ponto mais curioso é se perceber que as disciplinas de Biologia Social, Fisiologia do Trabalho, Psicanálise e Higiene Mental, Psicologia Social e Serviço Social contavam nada mais nada menos do que com os principais intelectuais da cidade de São Paulo nestes assuntos desde a primeira turma formada pela Escola. Por isso, embora não se tenha registro em nenhum documento da instituição dos nomes que tenham formado uma comissão para a elaboração do projeto pedagógico, ao que parece estes médicos não apenas foram consultados pelo grupo encabeçado por Roberto Simonsen, como defenderam a primazia de suas áreas e matérias como conhecimento necessário à formação dos jovens cientistas sociais. Além disso, é possível supor que, se de fato estes médicos tiveram uma participação direta na conformação da grade curricular da ELSP, ao que parece, tentaram implantar uma estrutura composta por matérias em consonância com uma agenda de estudos favoráveis àquela medicina social que erigia naquele momento no seio do pensamento médico. A preocupação com o desenvolvimento do país e a superação do atraso presentes nas falas destes médicos – e, portanto, no também como objetivo da medicina social que se almejava promover – é o ponto fulcral do pensamento nacional desenvolvimentista defendido por nomes de como Roberto Simonsen. Este fato, deste modo, reforça a tese da possibilidade da escolha discricionária dos médicos por esta elite paulistana, dada as relações pessoais e filiações ideológicas daqueles primeiros, para participarem do projeto acadêmico da ELSP levado a cabo em 1933.

Deste modo, considerando-se a validade desta hipótese, a observação feita por Pontes (1998) sobre o Grupo Clima acerca de sua singularidade enquanto grupo pode ser válida também para se pensar nos médicos professores da ELSP.

Afinal, assim como em relação àqueles jovens críticos de arte da São Paulo dos anos 1940, sobre médicos elspianos é possível dizer que a "singularidade desses intelectuais não se dissolve nas características gerais de sua época nem se resume às obras que produziram. Reside antes no entrelaçamento das injunções sociais, culturais, políticas, institucionais e intelectuais" (PONTES, 1998, p. 215) a que foram submetidos e estiveram envolvidos. Portanto, é possível conjecturar que a participação efetiva na fundação da Escola Livre de Sociologia e Política de São Paulo, bem como o peso da contribuição que deram à proposta de ensino da Escola não foram gratuitas e nem mesmo se explicam apenas pela natureza científica do que defendiam tais médicos. É preciso ir além, e considerar de que maneira o pensamento médico descrito no Capítulo 1 encontrou lugar e ganhou impulso indo ao encontro de outros interesses não necessariamente científicos, mas, acima de tudo, políticos e econômicos, mais especificamente voltados à promoção do desenvolvimento e da modernização nacional. Evidentemente, não se pretende aqui concluir que estes fossem objetivos estranhos ao pensamento médico, ao contrário. Apenas se destaca que não seriam, necessariamente, as únicas finalidades postas à busca da consolidação deste pensamento médico. Neste sentido, embora a análise tenha sido feita em relação às obras individuais ou aos conteúdos das disciplinas que lecionavam, a ideia é pensar nos médicos como uma classe ou grupo com valores ou ideias que, minimamente, convergiram e que desta maneira fizeram permanecer em torno deles algo em comum e que pudesse ser considerado como um pensamento de um grupo ou uma categoria, a despeito de suas ambiguidades e contradições. Mais importante que a coerência ou afinidade entre os pensamentos, o que de fato valia a classe médica era poder validar o lugar de onde falavam. Não se tratava assim de um bloco coeso, mas de posições múltiplas que dialogavam e, dessa forma, por meio da imbricação das ideias, buscava-se definir e justificar o discurso médico, bem como sua necessidade – e protagonismo - para a sociedade.

Portanto, a partir da conformação e identificação deste pensamento médico multifacetado, bem como de seus objetivos explícitos ou implícitos, é que se pode pensar na compreensão das causas que levariam tais médicos à estarem próximos da ELSP e, portanto, à participarem do processo de institucionalização das ciências sociais. Neste sentido, outra pergunta se faz muito pertinente, embora boa parte de uma possível resposta à ela esteja esboçada já no primeiro capítulo: qual seria o interesse mais imediato - explícito ou não – destes médicos paulistas ao se aproximaram da ELSP ou, mais especificamente, de um pensamento de cunho sociológico e antropológico que naquela escola se institucionalizava? Ao se esboçar uma resposta para tal questão, talvez seja válido ponderar de que talvez não se tratasse de apenas um, porém, de vários interesses, dado o caráter multifacetário do pensamento médico como bem já se pontuou. Tal pergunta auxilia na localização ou esclarecimento, antes de tudo, do que poderia ser atribuído como causa (ou causas) para o trânsito intelectual que empreitaram tais médicos entre as primeiras escolas de medicina e de ciências sociais paulistas na primeira metade do século XX. Da mesma forma como se afirmou existirem resultados deste trânsito tanto de natureza científica (ou epistemológica) como de natureza política, pode-se dizer, consequentemente, que as causas também se dividem segundo esta classificação.

Contudo, é válido também retomar a ponderação feita anteriormente acerca da existência de uma linha muito tênue entre estas duas esferas (científica e política), dada a relação natural entre ambas como também se destacou. Assim, ponderações a parte, é possível identificar que dentre os interesses deste grupo de médicos certamente estaria a preocupação com a legitimidade, cada vez maior, de seu discurso normatizador da realidade. Portanto, havia em uma preocupação com o fortalecimento de uma linguagem, biológica por natureza, mas que definia a especificidade do médico e o lugar de onde ele falava. Evidentemente, embora defensores de uma verdade científica e certos de estarem defendendo um saber imparcial, este por sua vez não o era, afinal, a certeza destes médicos em fazerem parte de um grupo *sui generis* enquanto promotores do progresso é o que os impelia pela busca de lugar privilegiado e reconhecido, dado o poder que desta forma detinha. Portanto, era um saber produzido com um objetivo que, ao que parece, não se encerrava apenas na produção científica em si. Ou melhor, na busca pela promoção desta última tinha como objetivo concomitante a delimitação de fórum privilegiado não apenas no que se refere à construção de uma leitura racionalizante da vida, mas também em termos de um poder de julgamento moral dos indivíduos, julgamento este balizado pelas leituras biologizadas da medicina. Afinal, da análise dos comportamentos e dos corpos era possível identificar o são e o doente, o perigoso e o pacato, a patologia e a normalidade. E assim, as "desproporções físicas denunciavam a desarmonia corporal, que por sua vez denunciava desarmonias espirituais, de ordem moral e intelectual" (FERLA, 2009, p. 261). Deste modo, é possível concluir que dentre as causas para a associação ou aproximação da ELSP por este grupo estaria a busca pela sofisticação da análise médica dos determinantes da saúde, em que pese a permanência da biologia por entre as leituras mais ligadas a uma visão de cunho sociológico. Quanto mais sofisticado, mais o discurso médico se colocaria como paradigma para o desenvolvimento da reflexão social sobre o Brasil (ANTUNES, 2009), e desta forma, legitimaria a posição que tais médicos almejavam como figuras eminentes do projeto de reconstrução nacional.[16]

Assim, para se compreender as possíveis causas que levariam a aproximação entre medicina e sociologia produzida nos anos 30, é preciso fazer, a priori, este exercício de reflexão sobre os objetivos deste pensamento, evidentemente constituídos antes deste período ou da própria fundação da ELSP. São objetivos anteriores porque, como se viu, o desejo pela institucionalização da medicina se deu de modo inerente à formação do Estado brasileiro, antes mesmo dos auspícios pela modernização da sociedade erigidos ao final do século XIX. A aproximação, portanto, resultado ou não de um projeto consciente de poder, foi antes de tudo uma etapa mais acabada (naquele momento) do processo de desenvolvimento do pensamento médico paulista e, desta forma, da medicina social dele resultante. Tais conclusões seriam resultado, assim, da reflexão epistemológica aqui empreendida quanto às origens sociais do pensamento, tal qual Mannheim

16 De todo modo, talvez seja válido também ponderar que, ainda que neste trabalho se busque explicar e sistematizar a trajetória, os discursos e as ações destes médicos, deve-se considerar a possibilidade de como tais atuações (de cada um deles aqui estudados) talvez não tenham sido resultado de um cálculo consciente, isto é, nem mesmo dotadas de um objetivo plenamente claro para o próprio médico como aqui se pressupõe. Evidentemente, deveriam ter objetivos, mas ao se tentar desvelar quais eram, deve-se se assumir o risco de que a despeito das evidências aqui apresentadas em suas obras e falas (as quais sustentam o argumento aqui defendido), podem ter havido outros até mesmo de natureza pessoal, subjetivos acima de tudo, impossíveis de serem detectados apenas pela leitura destes registros. A limitação metodológica para o aprofundamento, neste caso, se dá por razões obvias de temporalidade entre o presente e estes atores.

propunha ao falar da sociologia do conhecimento. Aqui, o conhecimento é a medicina, prática que ao longo da história se fez como saber imprescindível à modernidade, construindo-a e sendo por ela construída. Portanto, este exercício visto em Mannheim é equivalente àquele que se viu na argumentação de Freyre (2009) com sua "Sociologia da Medicina". Afinal, tratam-se de análises não apenas sobre o processo de constituição de um saber, mas quanto à forma como se desenrolou a prática médica (e o pensamento) e quais as verdades e os motores que, efetivamente, impeliam este saber à busca por mais espaço, levando-o à interpenetrar nas mais diversas áreas, não apenas do conhecimento (como a Sociologia), mas da vida e do cotidiano dos homens.

Exercício similar e de enorme valia é a reflexão de Donnangelo (1976) em sua obra *Saúde e Sociedade*. Nesta obra, a autora faz uma importante discussão sobre a medicina não como ciência, mas sim como prática técnica plenamente influenciada por práticas sociais, o que significa que ela refletiria, desta forma, o dinamismo e as transformações inerentes à organização social, principalmente aquelas ligadas à esfera econômica. Para a autora, haveria um "vínculo direto e específico entre a medicina e os objetivos básicos da produção econômica" (DONNANGELO, 1976, p. 20), fenômeno este que não seria datado, mas que teria perpassado toda a história da medicina moderna. Para a autora, "essa articulação da medicina com as demais práticas sociais constitui o ponto estratégico do qual melhor se pode apreender o seu caráter histórico" (DONNANGELO, 1976, p. 15),[17] portanto, também transitório e dinâmico, em consonância com as mudanças sociais mais significativas. Neste sentido, a autora pondera que ao se mudar as práticas sociais, muda-se a prática médica, a qual seria exercida pelo médico através da clínica como meio de trabalho, com "relativa independência frente àqueles princípios e técnicas" (DONNANGELO, 1976, p. 17) de natureza biológica e tecnológica. Tal independência estaria relacionada a forma como o médico construiria sua relação com o paciente, relação esta de natureza parti-

17 Tal afirmação da autora é o que permite, na análise aqui empreendida sobre os médicos em torno da ELSP, afirmar que a aproximação entre medicina e sociologia aqui analisada é, portanto, resultado direto de um período histórico propício para tal evento, em que este pensamento médico e os interesses pelo desenvolvimento das ciências sociais confluíam para um ponto em comum: a promoção da modernização do país.

cular, e que deveria ser lida do ponto de vista cultural. Como consequência desta relação, segundo a autora a clínica:

> [...] como meio de trabalho, como forma singular de conhecimento do indivíduo enfermo parece ter assentado sua origem menos em resultados específicos do progresso técnico e científico do que em uma reorganização geral do campo de visão do terapeuta, em uma reorientação espacial e temporal de ato médico (DONNANGELO, 1976, p. 17).

Desta fala de Donnangelo (1976) o que se pode inferir é que a dimensão prática da medicina permite, no desenrolar de seu desenvolvimento, que a figura do médico seja sensível às mudanças sociais, o que o permitira repensar a própria natureza e a forma de reprodução da prática médica. É sua "visão de terapeuta" e a "reorientação espacial e temporal de ato médico" que determinariam a prática. Portanto, partindo este princípio de que o médico em sua prática seria sensível às transformações sociais, talvez isso também possa ser visto como uma causa da aproximação entre sociologia e medicina em São Paulo quando da fundação da ELSP. Considerando-se o que se viu no capítulo 02, o interesse da medicina pela sociedade não foi algo novo que surgia nos anos 30. Este interesse se fez presente desde a formação do Estado nacional, porém, estaria assentado em outros parâmetros. Mas no século XX, as novidades eram a própria ELSP (portanto, uma instituição de natureza especializada para o estudo e a pesquisa da sociedade) e a ressignificação do olhar médico para sociedade, pois ao lado das visões biologizantes (embora menos pessimistas que outrora) seriam considerados os determinantes sociais do processo saúde-doença, o que justificaria o interesse nas ciências sociais e a filiação institucional à primeira escola de sociologia do país. Tanto nos relatos dos sanitaristas do século XIX, como nas falas dos médicos aqui analisados, (apesar do caráter ensaísta de suas interpretações) seus relatos devem ser considerados como registro deste contato direto com a realidade e, portanto, atestam esta sensibilidade quanto às transformações sociais.

Dito de outro modo, a experiência do médico com a realidade é determinante em seu trabalho, logo, não apenas seus conhecimentos especificamente médicos é que determinariam seu trabalho. Assim, o "desenvolvimento dos meios de trabalho médico e com eles, o da prática médica, responde a outras ordens e determinações não redutíveis ao científico" (Ibidem, p. 18). Além disso, dada a aproximação com as ciências sociais, pode-se concluir que a prática médica também responderia a determinações de outras áreas científicas, as quais assumiriam para ela um papel instrumental, de auxílio propriamente dito, ampliando sua capacidade de ação, de prática e de intervenção para garantir a normatização da sociedade. E ao se tratar desta última, "e ao tomá-la como ponto de referência para compreender o objeto da prática médica, é necessário precisar o sentido dessa normatividade para uma dada forma de organização social [...]". (DONNANGELO, 1976, p. 25). Na São Paulo dos anos 30, a normatividade vigente era aquela que defendia, para além das verdades biotipológicas ou biodeterministas, as condições de higienes, mental e física, consideradas coerentes e propícias ao desenvolvimento econômico, ao trabalho como valor social, ao comportamento moral.

Portanto, dentre os interesses que mais parecem ser imediatos por parte destes médicos reunidos em torno da ELSP seria não apenas inserir a medicina como tema das ciências sociais, mas delas se apropriarem em prol da defesa desta normatividade imprescindível (na visão deles) para o desenvolvimento. Do mesmo modo, ao inserirem a medicina como tema, talvez acreditassem poder recrutar entre alunos interessados nos estudos sobre saúde e, desta forma, aumentar um contingente de pesquisadores sociais dedicados ao tema.

Neste sentido, Mannheim, Freyre e Donnangelo propõem e definem parâmetros de uma reflexão sobre a construção dos saberes, sendo os dois últimos mais específicos no que concerne à uma sociologia da medicina como prática, enquanto que Mannheim fala do conhecimento de modo geral. Portanto, o trabalho aqui apresentado toma como base a metodologia de análise adotada por estes três autores, principalmente no que concerne às leituras de Freyre e Donnangelo que, de forma descritiva e, ao mesmo tempo, analítica, tecem uma explicação clara sobre a relação direta entre a medicina e sociedade. Deste modo, são autores que trazem luz sobre o objeto de estudo desta pesquisa, pois a presença de médicos entre o corpo docente da ELSP não parece ter sido um evento gratuito, casual, mas ao contrário. Tomando-se as explicações destes autores quanto à relação simbiótica entre medicina e sociedade, pode-se compreender que a presença de mais de vinte médicos na ELSP entre professores e signatários do manifesto de fundação (sem considerar aqueles entre os alunos) é resultado direto das transformações sociais pelas quais passavam São Paulo e o Brasil, o que trouxe consequências relevantes tanto ao pensamento sociológico quanto para a medicina, principalmente no que refere à promoção da medicina social.

Dessa forma, ainda que não fosse um grupo com um projeto minuciosamente arquitetado, ou minimamente esboçado, estariam unidos em torno deste propósito de contribuir como missionários do progresso (ANTUNES, 1999), porém, para tanto, era preciso legitimar o discurso e destacar a especificidade do lugar de onde era produzido. Neste sentido, é possível identificar uma busca pelo poder de natureza bifronte: científica e política. E no avançar por este caminho para alcançar tais objetivos, o que se viu foi a produção de leituras e interpretações sobre a sociedade elaboradas por estes médicos que, a despeito de marginais para o pensamento social brasileiro, devem ser consideradas como registro de um horizonte intelectual, isto é, de uma mentalidade ao mesmo tempo produto e produtora do Brasil moderno. A elaboração de uma medicina social brasileira de natureza desenvolvimentista seria o produto mais bem acabado resultante deste pensamento médico e daquele momento ímpar da história do país.

Parte II: Do sentido político da aproximação ao preâmbulo do sanitarismo desenvolvimentista: ações conscientes e contribuições indiretas

Em sua obra *Sociologia da Medicina,* Gilberto Freyre faz uma importante observação ao pontuar que "são sociais os processos por meio dos quais se verificam as relações de médicos com grupos e com instituições (FREYRE, 2009, p. 31), o que permite pensar que, não diferentemente, este foi o caso da aproximação de parte dos professores da Faculdade de Medicina e Cirurgia da Universidade de São Paulo ou da Escola Paulista de Medicina com a ELSP. Se tais processos são sociais, é preciso buscar explicações que transcendem o que poderia parecer como interesses mais imediatos daqueles médicos, à exemplo de interesses pessoais, privados, subjetivos, mas entender principalmente o contexto histórico no qual estavam inseridos.

Uma das possíveis conjecturas acerca da relação entre a Escola Livre de Sociologia e Política de São Paulo e este grupo de médicos seria admitir a existência de interesses políticos e corporativistas destes últimos enquanto categoria. O contexto histórico do início dos anos de 1930 sugere isso, uma vez os paulistas naquele momento se sentiam traídos por Getúlio Vargas e de fato derrotados com o desenrolar da Revolução de 32. Embora a tese de que a fundação da ELSP tenha sido uma reação à derrota da revolução já tenha mostrado sua fragilidade (o que foi apresentado no capítulo 02 deste trabalho), o fato é que o clima político em 1933 ainda refletia os acontecimentos recentes. Deste modo, a circunstância histórica da derrota paulista apenas colaborava, enquanto momento oportuno, para que nomes como Roberto Simonsen levassem a cabo um projeto progressista e de natureza conservadora: qualificar e formar quadros para a construção de um Brasil Moderno. Portanto, estava dado o ensejo para a oportunidade de participação deste projeto, uma vez que boa parte da intelectualidade paulistana naquele momento era formada por médicos com relações e trânsito social entre a elite.

Neste sentido, o interesse desta classe médica em se juntar ao projeto de fundação da ELSP estaria em corroborar o discurso dos demais signatários, os quais chamavam para si a responsabilidade de formar uma elite intelectual para conduzir o país. Isso não significa que os próprios médicos envolvidos nesta empreitada tivessem interesse de fato político, mais especificamente em termos de cargos eletivos. Ao se falar em possível interesse político por parte dos médicos, neste caso, talvez pudessem considerar a possibilidade do exercício de poder de uma perspectiva técnica, isto é, em termos da ocupação de funções de comando diante do Estado, o que ainda assim aqui fica apontado como mera especulação. A natureza política da aproximação fica mais evidente em termos de um posicionamento contrário ao modelo de gestão administrativa de Getúlio Vargas, o qual se definia por um alto grau de centralização, levando à um retrocesso às propostas descentralizadoras da medicina paulista, bem como à perda de autonomia da classe médica nos assuntos da saúde. Portanto, a Escola Livre de Sociologia e Política de São Paulo pode ter sido vista por estes médicos como uma instituição que, dada sua proposta de ensino e pesquisa, poderia contribuir no realinhamento e reorganização do Estado após a investida de Vargas.[18] Mais do que isso, a ELSP seria uma instituição que poderia contribuir, ao menos parcialmente, para a retomada do protagonismo naquele momento abalado, mas que a classe médica paulista sempre detivera, desde os primórdios da república. Aliás, por entre o pensamento médico paulista já se encontrava, desde longa data, algumas certezas quanto à sua importância ou primazia, certeza esta corroborada por uma outra que emanava de uma aristocracia paulista desde os tempos do café. O historiador André Mota em seu Livro *São Paulo 1932: Memória, Mito e Identidade* (2010) aponta alguns elementos que indicariam um pouco da mentalidade política predominante à época entre estes indivíduos como, por exemplo, a ideia de "sampaulizar o país" (MOTA, 2010, p. 120), pois a elite paulista, da qual faziam os médicos parte, alegava-se "apta para assumir o poder nacional" (Ibidem, p. 120). Assim, os médicos paulistas comungavam desta certeza da elite bandeirante, crentes de sua superioridade e liderança natos, certeza esta que teria lhes conferido, ao longo da construção da república, um trânsito assegurado pelo poder por serem homens que, além de paulistas – portanto também ilustrados por isso – eram homens da ciência. Como tais, como se viu nos capítulos anteriores, teriam colaborado com o processo de institucionalização do Estado, porém mais tarde, enfrentariam problemas ao longo dos anos de 1930. Com a chegada de Getúlio Vargas ao governo federal, não apenas parte importante da elite paulista seria alijada do poder ou sofreria sanções políticas que confrontariam o lugar privilegiado que reivindicavam na política nacional, mas a própria categoria médica paulista sofreria também consequências, como se vê na passagem a seguir.

> Esse "Estado paulista superior", construído, em grande medida, por práticas e representações médicas, foi abalado a partir de 1930 e São Paulo, alijado do poder político central, teve de encontrar novos caminhos para reafirmar seus símbolos em torno da existência de uma independência técnica, científica e, inclu-

18 Embora a proposta de fundação da ELSP, como já apontado no capítulo 02, não necessariamente tenha se dado como resposta à revolução.

> sive, de sua "natureza racial diferenciada". Sua resistência frente ao governo federal, que culminou na chamada "Revolução Constitucionalista de 1932", foi sentida pela corporação médica de maneira profunda, pois a política getulista centralizou o projeto sanitário nacional, retirando um dos pilares fundamentais do projeto sanitários vigente até então: sua independência tecnológica frente às ações consideradas primordiais para o bom andamento do Estado (MOTA, 2010, p. 123).

Logo, o que se percebe, é a forma como o este grupo de médicos tentou, a seu modo, alcançar um duplo objetivo dado o contexto desfavorável: garantir a legitimidade da medicina como saber de cunho científico, e reivindicar suas posições como atores importantes na formulação e implantação de políticas públicas voltadas à saúde através de suas participações diretas em governos, como homens do Estado. Mas para além deste interesse em demarcar seu lugar político, é possível dizer que a inserção destes médicos na composição da vida acadêmica da ELSP estava atrelada ao desejo de fortalecer a medicina como área do saber (embora este objetivo também possa ser tomado, de certo modo, como político). Preocupada com a necessidade da intervenção na sociedade, a classe médica perceberia no advento daquela instituição de ensino a possibilidade do aprimoramento de uma medicina social brasileira que já se encontrava em curso ao longo da própria institucionalização da medicina. Portanto, não se tratava apenas da formação de médicos como alunos ou mesmo do aperfeiçoamento, dado o contato com as ciências sociais, dos professores que na ELSP atuariam como professores. Além disso, tratava-se da possibilidade de inculcar o valor da medicina como instrumento e da saúde como objeto de pesquisa (e intervenção) por entre os estudantes de sociologia e política, fossem eles médicos ou não. Afinal, se estes seriam os futuros quadros técnicos da direção pública e privada do país,[19] seria de extrema conveniência, na ótica médica, que tivessem, portanto, uma formação que considerasse o papel da saúde.

---

19 Aliás, este era o desejo expressado pelos signatários do *Manifesto de Fundação* da ELSP (VER Anexos).

Segundo a ótica destes médicos, o papel da saúde deveria ser central, ou ao menos considerado entre os de maior importância, naquele momento no qual se almejava a modernização do país. Daí sua relevância como tema a ser considerado na formação destes quadros no momento em que se almejava não apenas fazer com que São Paulo resgatasse seu papel de destaque, mas também com que a medicina – representada por estes médicos – garantisse seu lugar de destaque no processo de construção do país e do Estado. Neste sentido, pode-se depreender que os interesses de aproximação diziam respeito também à legitimação do discurso médico. A busca por tal legitimidade transcendia o âmbito da ciência, mirando-se na política, no Estado, ao passo que se reiterava sistematicamente a ideia de que a saúde tinha uma natureza coletiva, portanto pública. Portanto, a aproximação com as ciências humanas e a sofisticação do pensamento médico acabava por ter como foco a promoção da saúde pública, logo, algo de interesse político e notório, em consonância com os anseios da época por um Brasil moderno. Assim, naquele momento, "propõe-se, portanto, para a Medicina, ao mesmo tempo que uma reestruturação de seus instrumentos e de seu objeto – pois elege-se como campo de seu exercício os limites amplos da vida coletiva – a realização de uma tarefa política" (DONNANGELO, 1976, p. 19). Imbuídos desta certeza de sua missão política, os médicos paulistas buscavam modernizar as formas de promoção à saúde pública e de enfrentamento dos problemas, contudo, conscientes da necessidade de apoio e sintonia do Estado, pois fora dele não há política de saúde. Do mesmo modo, o Estado por sua vez não poderia prescindir dos saberes médicos na formulação de suas ações para enfrentar os problemas da saúde, ainda que o peso da política e das disputas entre os grupos[20] políticos por quais modelos de atendimento fossem uma constante.

> Há, portanto, convergência espontânea e profundamente arraigada entre as exigências da ideologia, política e as da tecnologia médica. Com um só movimento, médicos e homens de Estado reclamam em um vocabulário diferente, porém por razões essen-

20 Estas disputas são muito tratadas e analisadas mais profundamente por Emerson E. Merhy (1992).

> cialmente idênticas, a supressão de tudo o que possa ser um obstáculo para a constituição deste novo espaço: os hospitais [...] a corporação de médicos [...] as Faculdades (DONNANGELO, 1976, p. 18).

Portanto, esta relação entre médicos e o poder público estava posta, em que pese a variação de momentos de maior ou menor proximidade a depender da influência de outros aspectos (não necessariamente ligados à saúde, mas comuns ao jogo político). A variação na intensidade destes laços seria tributária à uma disputa entre governantes (na maioria das vezes incautos com relação aos assuntos da medicina, e da saúde) e a categoria médica (que, embora chamada à participar do Estado, não necessariamente teria a mesma visão da conjuntura política como os políticos mais experientes), entre a política e a técnica. Abrindo-se aqui um parêntese, vale destacar que um dos complicadores desta relação entre o Estado e a corporação médica seria a chamada "ideologia do profissionalismo",

> [...] baseada na centralidade do mérito profissional e da expertise, defende uma organização do mundo do trabalho com base no princípio profissional: este contestaria a autoridade burocrática privada ou pública e o controle de mercado efetuado pelos consumidores, pretendendo que os resultados de seu trabalho não se contaminem negativamente pelos interesses da administração ou dos clientes, a fim de oferecer à sociedade e ao Estado serviços e produtos de qualidade sustentados por valores superiores (ALMEIDA, 2013, p. 71).

Assim, deve-se considerar que, embora esta relação seja posta como uma via de mão dupla – dadas as conveniências e os interesses recíprocos já apresentados, por outro lado também lhe é inerente um aspecto conflituoso. Mesmo sendo uma relação desigual, predominando o poder do Estado, os médicos não abririam mão daquilo que pudesse lhes garantir a demarcação e a legitimidade do território de ondem falam. De todo modo, querelas a parte, deve-se ponderar que era inegável para o Estado que "a política social destacava-se como um dos instrumentos para o sucesso do projeto de construção nacional" (SANTOS, 2013, p. 97), sendo a saúde uma das principais bandeiras. Do mesmo modo, estava claro para os médicos que, ao desejarem a promoção de uma saúde coletiva isso não seria possível sem o aparato estatal. Neste sentido, a medicina assumia um papel, como dito anteriormente, de uma ciência do Estado. Como tal, o auxiliaria na planificação das medidas necessárias à manutenção da saúde e, estando mais próxima das ciências sociais como no caso dos médicos docentes (e demais alunos) da ELSP, dominaria um conhecimento etiológico da doença do ponto de vista social, esquadrinhando seus determinantes sociais. Deste modo, os médicos tinham conhecimento desta função que lhes era pertinente como representantes da medicina, e por isso mesmo foram corresponsáveis em colocar a saúde pública na agenda nacional pelo desenvolvimento. Os médicos dos anos 1930 e 1940 teriam sido, desta forma, uma geração ideologicamente comprometida com a saúde pública, ao mesmo tempo em que participaram do processo de institucionalização das ciências sociais no Brasil. Neste sentido, ao se considerar as circunstâncias do contexto social e político em que estavam inseridos, bem como aqueles conhecimentos sobre os quais se apropriavam (para além daqueles de natureza médica, como os de cunho sociológico ou antropológico), tais médicos assumiriam um importante papel também como artífices do constante processo de remodelagem da medicina social brasileira.

Como se viu no Capítulo 1 deste trabalho, foi apresentada uma discussão sobre o pensamento médico, mais especificamente, sobre de que modo a partir dele brotaria uma preocupação com a medicina social enquanto meio de intervenção social e, desta forma, de exercício e reprodução de um poder almejado pelos médicos. Foi possível perceber como em qualquer uma daquelas três condições de surgimento da medicina social indicadas por Michel Foucault na Europa existem pelo menos dois pontos que são comuns entre elas e que se destacam: em primeiro lugar, há uma clara aceitação – pela consciência coletiva – da legitimidade do discurso médico (e assim, de seu poder enquanto verdade científica que se impõe e norteia a vida dos indivíduos); em segundo, tem-se a determinação dos propósitos da medicina social pelo contexto político e econômico de cada um daqueles países (Alemanha, França e Inglaterra), balizando o norte das ações médicas, as quais teriam um objetivo definido. Do mesmo modo, foi também no primeiro capítulo deste trabalho em que se destacou a especificidade da trajetória de uma medicina social brasileira, também determinada, evidentemente, pelo processo de formação da sociedade e do Estado brasileiro. A condição periférica do país em relação ao centro capitalista ao determinar a condição de subdesenvolvimento econômico, determinaria também o modelo de medicina social por aqui desenvolvido. Neste sentido, um aspecto importante e que deve ser ressaltado é o surgimento de uma medicina social peculiar, com método, objeto e objetivos específicos, e que pode ser classificada como uma medicina social periférica e de natureza desenvolvimentista. Tratar-se-ia de uma medicina social específica, típica de um país subdesenvolvido, erigida para o enfrentamento de problemas na área da saúde que seriam não apenas consequentes do desenvolvimento (tardio) do capitalismo que se implantava, mas também oriundos de questões pré-capitalistas, isto é, daquela realidade de miséria, pobreza e de um enorme fosso entre pobres e ricos, dada a desigualdade social agravada por séculos de escravidão, grandes latifúndios, e produção agrário-exportadora. Portanto no Brasil, nem os problemas, nem os desafios, eram os mesmos da Europa quando do desenvolvimento da medicina social. Sendo assim, ao se cunhar a expressão medicina social periférica de natureza desenvolvimentista, o que se pretende é imprimir à medicina social brasileira do segundo quartil do século XX algo que parece ser seu caráter, o qual estaria assentado neste binômio: periférica e desenvolvimentista. Ela é periférica porque também o era o capitalismo que aqui se constituía, híbrido e atrofiado, o qual não promovia uma ordem social competitiva como no centro capitalista, mas amalgamava os escombros da sociedade escravocrata com a sociedade de classes que aos poucos tentava se constituir. O enfrentamento das questões da saúde tinha um duplo desafio, afinal, era preciso dar cabo: das doenças tropicais que dizimavam o interior (afetando a mão de obra do trabalhador do campo) e o litoral, dadas as aglomerações urbanas alvo de projetos higienistas na virada do século; e daquelas doenças resultantes da vida urbana em situações de pouco ou nenhum saneamento, em cortiços por exemplo, bem consequentes das novas formas de trabalho nas fábricas. Era preciso adequar os indivíduos "à um estilo de visa completamente novo e estranho para um herdeiro do mundo rural: o horário fabril, o uso do instrumento de seu corpo, a destruição dos laços comunitários, os salários de subsistência" (FERLA, 2009, p. 36). Portanto, as características gerais de uma sociedade subdesenvolvida como a brasileira, naquele momento, não apenas apresentava problemas de outra ordem (em comparação ao contexto europeu), mas mesmo aqueles de certa similitude com os países ditos avançados ganhavam aqui outra tonalidade em suas cores.

Deste modo, o segundo adjetivo da medicina social brasileira – sua natureza desenvolvimentista – é consequência do primeiro. Afinal, a medicina social brasileira teria uma natureza desenvolvimentista ao compreender que a ao promover a saúde estaria, ao mesmo tempo, promovendo a capacidade de trabalho dos indivíduos e, assim, mantendo a capacidade produtiva que poderia trazer o desenvolvimento econômico. Assim, o trabalho e mais especificamente, a fisiologia do trabalho, eram temáticas sobre as quais se teria uma maior atenção por parte da medicina legal,[21] afinal, aqueles considerados vagabundos ou delinquentes na condição de não-trabalho eram um mal para a sociedade segundo aqueles médicos. As transformações do modo de produção faziam com que medicina olhasse de outro modo para o mundo fabril. Como bem descreve Ferla (2009, p. 245), mesmo na fábrica,

> [...] espaço teoricamente mais normalizado e lugar ideal de destino dos indivíduos disciplinados ou re-disciplinados, a medicina se fazia necessária enquanto saber especializado capaz de identificar desvios e trata-los devidamente. A fábrica também era lugar de desajuste e o acidente de trabalho era dos mas frequentes e preocupantes.

Isso significa que a medicina social não teria o mesmo foco sanitarista que outrora tivera na passagem do século XIX para o XX na luta contra doenças como a febre amarela. O contexto de modernização do país exigia uma nova postura diante de outros desafios. Mantinha-se, contudo, o caráter preventivo

---

21 Evidentemente, não se pode tomar a medicina legal como sinônimo da medicina social. Contudo, para a promoção desta última, a medicina legal teria contribuído enquanto especialização médica. Afinal, identificados os desvios e desviantes, era preciso intervir para combater aquele mal, combate este travado em nome da coletividade.

de suas ações, a preocupação com a educação sanitária (e eugênica) e a certeza da necessidade da intervenção social, ou seja, pontos que de modo geral sempre foram inerentes à essência da medicina social em qualquer momento de seu desenvolvimento. Ampliava-se o foco de seu objetivo ao incluir, dentre seus propósitos, a necessidade da promoção das condições para a industrialização, uma vez que, ao passo que esta levasse o país ao desenvolvimento econômico também se poderia garantir melhorias no padrão de vida das pessoas, diminuindo-se as doenças. Deste modo, o que se teria era um ciclo: o trabalhador saudável ajudaria a indústria, a indústria produzindo, ajudaria o trabalhador a manter-se saudável. Portanto, isso significava admitir que a doença não era, necessariamente, a origem da pobreza, mas consequência dela. Era preciso desenvolver o país e, no bojo deste desenvolvimento viria a saúde, ideia que serviria de lastro para o que ficou conhecido a partir do final da primeira metade do século XX como sanitarismo desenvolvimentista. Um dos principais defensores desta ideia foi Mário Magalhães da Silveira (1905-1986), sanitarista baiano que afirmava que a saúde do homem era "um problema de superestrutura. Assim, o planejamento de sua organização deve se basear na estrutura econômica da Nação" (MAGALHÃES apud CAMPOS, 2015, p. 428). Conforme aponta Campos (2015, p. 428), em seu artigo sobre Mário Magalhães e o sanitarismo desenvolvimentista por este defendido, o médico argumentava "que a industrialização e o desenvolvimento econômico ao melhorar o padrão de vida da população do Terceiro Mundo, eram os instrumentos mais eficazes para a promoção da saúde e longevidade da população brasileira". Esta melhora no padrão de vida estaria ligada, evidentemente, às condições de trabalho, mais especificamente pela modernização dos sistemas produtivos, o que aliviaria os esforços dos trabalhadores.

> Magalhães afirmava que a saúde de qualquer coletividade dependia da produtividade média de seus trabalhadores. O médico assinalava que, historicamente, as condições de saúde do homem e a duração média de vida haviam progredido conforme se substituía gradativamente a energia muscular na esfera da produção (CHOR; LOPES, 2012, p. 312).

Mas vale dizer que Magalhães não estava sozinho em sua leitura sobre os problemas estruturais do país e sua relação com a doença e a condição de vida dos brasileiros, mas alinhado a estas ideias estava também Josué de Castro, importante médico brasileiro que ficaria reconhecido internacionalmente por suas teses sobre a fome e sua geografia, estudos estes sobre alimentação e que contribuíram como base para a definição do salário mínimo.[22] Em seus trabalhos, a pobreza resultante da estrutura social e econômica do país é um aspecto determinante para os bolsões de concentração da fome, o que contribuía para cada vez mais fazer cair por terra outras leituras pautadas no racismo biológico. Portanto, em sintonia com aquilo que era apontado pelos defensores do sanitarismo desenvolvimentista, para Josué de Castro o homem brasileiro não era refém da raça, mas de sua condição social. Assim, "o objetivo de seu estudo foi realizar uma sondagem de natureza ecológica sobre o fenômeno da fome no Brasil, orientado pelos princípios geográficos da localização, extensão, causalidade, correlação e unidade terrestre" (VASCONCELOS, 2015, p. 483). Além de Josué de Castro e Mário Magalhaes, é preciso citar Samuel Pessoa, médico paulista, professor da Faculdade de Medicina de São Paulo em 1931 na área de parasitologia e diretor-geral do Departamento de Saúde do Estado de São Paulo entre 1942 e 1944.[23] Dada suas experiências práticas em sua formação profissional, estando sempre em campo, é possível dizer que Samuel Pessoa

> [...] se viu, desse modo, cedo defrontado pelo ambiente social econômico produtor de doenças no país. Esse ponto de partida, somado às condições políticas e ideológicas da sua época, não tardariam por encaminhá-lo – no decorrer dos anos 40 – para perspectivas que se poderiam identificar como mais 'politizadas' acerca da dura realidade social e das condições de saúde/doença do Brasil (PAIVA, 2015, p. 321).

---

22 Assim como aqueles desenvolvidos na mesma década pela ELSP acerca do padrão de vida.

23 Portanto, trabalhou na administração do governo Adhemar de Barros. Uma das marcas de sua atuação foi a defesa da descentralização administrativa do Estado na área da saúde, o que contradizia o modelo centralizador de Vargas no âmbito federal.

Segundo Paiva (2015), ao chegarem os anos 1950 e 1960, Samuel Pessoa se tornará um ferrenho defensor de uma saúde pública que não poderia esta descolada das discussões sobre rumos do país, muito menos de preocupações com o desenvolvimento brasileiro, mas ao contrário, deveria tê-lo como aspecto fundamental à saúde. Portanto, com esta perspectiva, alinhava-se também ao sanitarismo desenvolvimentista e, assim como outros médicos, defendia também a educação sanitária, a qual deveria ser aliada à mudanças estruturais na sociedade, à melhorias das condições materiais.

Deste modo, em linhas gerais, estes seriam os preceitos apresentados pelo chamado sanitarismo desenvolvimentista e seus adeptos, o qual defendia uma inflexão no sentido das políticas de saúde pública no segundo quartil do século XX, destacando-se a importância do combate não apenas as doenças, mas ao subdesenvolvimento econômico e social que às condicionava. A ideia de uma medicina social vinculada ao sanitarismo desenvolvimentista levaria, desta forma à "politização do fato médico" nas palavras de Maria Cecília Donnangelo. "Politizar o fato médico é encontrar aquilo que, na doença, apesar do brilho da medicina, protesta contra a ordem social e, por consequência, em sua consciência elaborada, a ameaça" (POLACK apud DONNANGELO, 1976, p. 22). Portanto, tratava-se de uma negação da condição de subdesenvolvimento do país em favor de sua superação, bem como do reconhecimento de que os indivíduos e suas condições sociais (e de saúde, evidentemente) são resultado de múltiplas influências, processos e circunstâncias que estão muito além apenas da dimensão biológica. Isto é, podem estar fora desta última, cabendo à medicina ampliar seu horizonte de conscientização da realidade onde atua.

> [...] a articulação da medicina com objetivos localizáveis – mediata ou imediatamente – em diferentes níveis da vida social ou, em outros termos, a busca, através da mobilização da prática médica, de efeitos sociais determinados, se efetiva primeiro e necessariamente através da designação dos sujeitos que se constituirão em objeto dessa prática (DONNANGELO, 1976, p. 28).

Isso deixa claro que os resultados da medicina, da prática médica, da medicina social propriamente dita, dependem da visão que se tem dos indivíduos tratados pelo médico. Portanto, no Brasil, o sucesso da intervenção dependeria da visão que estes últimos teriam dos mais pobres, o que significa que apenas depois da ressignificação deste olhar é que a medicina social ganharia ares desenvolvimentistas. Assim, foi apenas depois de uma espécie de revolução copernicana dada pela reorientação da visão sobre o processo saúde-doença é que teria sido possível pensar em uma perspectiva mais ampla na compreensão dos determinantes sociais da saúde. Este é, certamente, um dos principais veios de ligação[24] entre medicina e ciências sociais no momento de institucionalização desta última em São Paulo.

Neste sentido, ainda que de maneira embrionária, é possível admitir que a medicina social que despontaria nas obras e nas falas dos professores da ELSP seria o prelúdio daquilo que ficaria conhecido mais tarde, depois dos anos 40, como sanitarismo desenvolvimentista. Este, segundo Campos (2015, p. 438), "deve ser compreendido no contexto da industrialização e das disputas políticas do Brasil no período de 1946-1964", mas o fato é que algo similar já se fazia presente nas mentes dos médicos Geraldo de Paula Souza, Raul Briquet, Aristides Ricardo, Almeida Júnior, Rodolfo Mascarenhas, entre outros, em meados dos anos 1930 e 1940. Aliás, pode-se dizer que os escritos de Josué de Castros se coadunam, perfeitamente, com aqueles produzidos por médicos ligados à ELSP como Aristides Ricardo, o que fica muito evidente ao se pensar no conteúdo da obra *Ensaios de Sociologia* de autoria deste último. Do mesmo modo, a preocupação com a promoção da educação sanitária tão defendida pelo sanitarista Samuel Pessoa já se fazia presente na obra de Almeida Júnior desde a década de 1920 quando da publicação de sua tese *O Saneamento pela Educação*. Contudo, as evidências quanto a esta antecipação do sanitarismo desenvolvimentista no interior da ELSP não estão apenas em obras ou falas isoladas de alguns dos

---

24 Tal ligação também se daria pela valorização da própria biologia (leia-se, medicina) como área de interesse fundamental ao desenvolvimento e aperfeiçoamento da sociedade para os novos tempos de modernização, admitindo-se, para tanto, o papel das explicações biologizantes à exemplo da eugenia. A preocupação com os aspectos fisiológicos do trabalho como atividade humana é uma prova disso.

médicos elspianos. Estão na atuação de alguns deles enquanto intelectuais públicos, como Geraldo de Paula Souza e Rodolfo Mascarenhas, homens de importância fundamental para a compreensão da organização da administração da saúde em São Paulo na primeira metade do século XX, como já se apresentou no capítulo 03 deste trabalho. Portanto, ainda que não tenham alcançado a mesma projeção de nomes como Josué de Castro, o fato é que os médicos professores da ELSP já demonstravam sua tendência ao que seria, mais tarde, conhecido como sanitarismo desenvolvimentista. Afinal, desde a fundação de Escola Livre de Sociologia e Política de São Paulo em 1933, a preocupação com a promoção do desenvolvimento nacional e a promoção da modernização do país já se fazia presente entre os principais signatários do manifesto de fundação, dentre eles, Roberto Simonsen. Manifesto este que, aliás, também fora assinado por 17 médicos, todos ligados à importantes instituições médicas paulistas de ensino e pesquisa ou à outras vinculadas à administração da saúde pública. Portanto, a despeito das falas às vezes contraditórias, difusas, conservadoras, entre outros aspectos desabonadores à uma perspectiva progressista, deve-se destacar que os médicos ligados ao projeto da ELSP, principalmente aqueles com função enquanto docentes nesta instituição, teriam contribuído para este processo de formação do que aqui se chamou de uma medicina social periférica de natureza desenvolvimentista. Ao que parece, os debates que se acirrariam na segunda metade do século XX em torno da saúde e dos determinantes do processo saúde-doença, de certo modo, já se adiantavam na perspectiva de alguns dos médicos presentes na ELSP. Portanto, teriam se adiantado, ainda que de forma incipiente e pouco organizada, às discussões sobre saúde e desenvolvimento feitas por nomes como Mário Magalhães,[25] Josué de Castro, Samuel Pessoa, Almir de Castro, Pedro Borges e um dos principais intelectuais brasileiros dos anos 50: Alberto Guerreiro Ramos, o qual teria considerado a saúde como uma importante temática em suas elucubrações acerca da construção da nação e de suas idiossincrasias.

---

25 Segundo Maio (2012), Magalhães foi convidado a ministrar aulas, em meados dos anos 1950, nos cursos oferecidos pelo ISEB. Tal fato evidencia que a saúde, enquanto tema, fazia parte da agenda desenvolvimentista daquela instituição.

> Ao dar prosseguimento à sua reflexão sociológica na década de 1950, Guerreiro Ramos tratou igualmente de articular problemas sociais como a mortalidade infantil a uma perspectiva de desenvolvimento nacional segundo a qual a industrialização e o crescimento econômico alavancados pelo Estado constituíam as principais vias de transformação das condições sanitárias do país (MAIO, 2012, p. 293).

Ao que consta, este interesse de Guerreiro Ramos pela saúde teria sido consequência de seu contato com as abordagens sociológicas norte-americanas, mais especificamente da Universidade de Chicago, depois de ter lido manuais e artigos produzidos por Donald Pierson, docente na Escola Livre de Sociologia e Política. Compreendendo as linhas gerais daquela sociologia de natureza aplicada e se filiando intelectualmente a ela, Guerreiro Ramos encontraria na saúde um importante objeto de estudo no que dizia respeito à construção do país. Homem de carreira pública integrou o Departamento de Administração do Serviço Público e foi professor do curso de formação em puericultura do Departamento Nacional da Criança (DNCr), o que ajuda a compreender seu interesse pela mortalidade infantil, chegando a publicar no México em 1955 a obra *Sociologia de la Mortalidad Infantil*. Mas se a crítica às condições de pobreza dadas pelo subdesenvolvimento era um ponto de tangência entre a fala de Guerreiro Ramos e o pensamento médico[26] presente na ELSP entre 1933 e 1943 – além é claro, da filiação a uma sociologia de matiz norte-americana, por outro lado divergia quanto à característica do modelo de atenção à saúde proposto por alguns dos médicos elspianos como Geraldo de Paula Souza, Rodolfo Mascarenhas e Aristides Ricardo: a assistência e a intervenção diretas na saúde. Embora todos estes denunciassem os problemas de natureza social, pressupondo a necessidade da superação do atraso como assim também pregava Guerreiro Ramos, defendiam também o modelo americano de maior descentralização da saúde e de promoção da assistência social. Guerreiro Ramos apontava que "os

26 Embora não se possa tomar tal pensamento como bloco coeso, como já apontado anteriormente, predominando algumas características que aqui se procurou destacar.

organizadores de nosso sistema de assistência médico-sanitária não compreenderam que os modelos norte-americanos só teriam eficácia em nosso país se a sua estrutura econômica e social tivesse atingido uma fase mais adiantada de desenvolvimento" (GUERREIRO RAMOS apud CHOR; LOPES, 2012, p. 313). Sua crítica, portanto, era dirigida à adoção de um modelo que, em sua ótica, não era condizente com a realidade nacional. Porém, consensos e controvérsias a parte, o que se deve destacar é o fato de que a participação de médicos no processo de institucionalização das ciências sociais em São Paulo, mais especificamente na fundação da ELSP, pode ter iniciado uma reflexão que, assim como mais tarde se veria em Guerreiro Ramos, acionou a saúde como um tema fundamental, "tanto para a composição do retrato de uma nação subdesenvolvida, cindida entre a moderna mentalidade das elites urbanas e os hábitos sociais típicos de pobreza, quanto para a formulação de um projeto político capaz de modernizá-la." (CHOR; LOPES, 2012, p. 324).

Portanto, a elaboração desta medicina social periférica e de natureza desenvolvimentista tinha como pano de fundo os auspícios por um Brasil moderno. A produção dos médicos elspianos, bem como a projeção de alguns deles como homens públicos, podem ser tomadas como a expressão de uma fase de conformação desta medicina social, a qual teria no sanitarismo desenvolvimentista outro estágio, se não mais elaborado e organizado, pelo menos mais pragmático quanto ao protagonismo do desenvolvimento econômico como valor social a partir, principalmente, dos anos 1950. Assim, se a incorporação nos discursos médicos da defesa do desenvolvimento econômico do país poderia ser tomada como um diferencial (em comparação àquela visão sanitarista dos médicos pioneiros do século XIX) ou com outro momento da medicina social brasileira ao adentrar o século XX, é preciso avaliar o sentido e os desdobramentos deste mesmo desenvolvimento enquanto projeto da burguesia nacional. Portanto, algumas questões devem ser levantadas, seja pela especificidade daquele contexto histórico e político, seja pela natureza da produção teórica das Ciências Sociais naquela década. Seriam elas: a) afinal, até que ponto o desenvolvimento defendido pelos discursos médicos era o mesmo das elites dirigentes? b) o desenvolvimento econômico, como valor social e bandeira política do Estado a partir dos anos 30, foi de fato refletido e almejado como benefício para toda a sociedade? c) enquanto modelo ou proposta, de que modo este desenvolvimentismo era coerente com a realidade nacional periférica em relação ao centro capitalista? d) o que diziam as Ciências Sociais sobre o desenvolvimento brasileiro naquele momento?

Ao se começar a esboçar uma resposta para esta última questão é possível pavimentar um caminho que poderá conduzir as demais, dada a relação entre elas. Se até meados da década de 1940 predominavam leituras sobre o Brasil que se propunham em compreender e determinar a identidade nacional, é a partir dos anos 50 que o desenvolvimento econômico (e os temas à ele pertinentes) assumira o protagonismo nas produções das ciências sociais brasileiras. Dois fatos merecem destaque: o primeiro deles é a chegada de Florestan Fernandes à cadeira nº 1 de Sociologia da Faculdade de Filosofia, Ciências e Letras da Universidade de São Paulo; o segundo foi a organização do Instituto Superior de Estudos Brasileiros (ISEB),[27] vinculado ao Estado e formado por nomes como Guerreiro Ramos, Hélio Jaguaribe, Roland Corbisier, entre outros. O grupo em torno de Florestan e sob sua orientação formaria a chamada Escola paulista de sociologia, opondo-se ao grupo do ISEB, mais especificamente na figura de Guerreiro Ramos, acusando-o de ideólogo e defensor dos interesses do Estado, dada a vinculação do grupo fluminense com o governo de JK. De todo modo, debates a parte, Florestan Fernandes pode ser considerado vitorioso neste embate, pois na tradição da sociologia brasileira, foram suas leituras sobre o desenvolvimento que predominaram. Portanto, justificada a escolha por suas obras para se compreender o período, é preciso que se diga que mesmo em suas produções dos anos 50, Florestan se mostrava otimista quanto às possibilidades da realização do desenvolvimento econômico, embora fosse pragmático ao apontar os problemas consequentes dos obstáculos extraeconômicos a industrialização. De todo modo, é possível dizer que os caminhos para a promoção do salto do subdesenvolvimento para o desenvolvimento estavam no centro das discussões das ciências sociais brasileiras. Mais especificamente, Florestan apontava como alguns problemas ligados ao horizonte intelectual da sociedade brasileira eram entraves ao desenvolvimento, os quais poderiam ser superados por meio de instrumentos como a educação política ou pela aplicação de uma sociologia de na-

27 Um importante estudo sobre o ISEB foi desenvolvido por Toledo (1978).

tureza engajada, promotora de mudanças dirigidas (FERNANDES, 2008). Os problemas a serem enfrentados eram muitos, não apenas de natureza econômica, mas política, cultural e histórica. Estes entraves citados por Florestan eram complicadores no que diz respeito ao processo de consolidação da democracia e, em sua ótica como sociólogo, as condições reais da vida política brasileira eram incompatíveis com os modelos europeu e norte-americano, embora a elite insistisse em copiá-los. Mesmo assim, ainda nos anos 50 parecia acreditar na possiblidade das transformações sociais. Contudo, seu otimismo como cientista social se tornaria o mais nefasto dos pessimismos nos anos de chumbo a partir da década de 1960. Por meio de uma crítica mais dura e menos esperançosa quanto à possibilidade da mudança nos anos que se seguiram, apontaria o quão difícil se tornava a possiblidade da mudança. Era preciso que o empresariado nacional abandonasse a figura do pré-capitalista e internaliza-se outras ideias e comportamento necessários à nova situação histórico social do país, abrindo mão de seu caráter egoístico, o qual jogaria contra os interesses de fato nacionais. Dizia ele, ainda ao final dos anos 50, mais precisamente em 1959, quando proferia uma palestra na Federação da Indústria do Estado de São Paulo (FIESP), que seria "o horizonte intelectual do empreendedor que precisa ser alterado, como requisito para a formação de uma mentalidade econômica compatível com o grau de racionalização dos modos de pensar, de sentir e de agir inerentes à economia capitalista" (FERNANDES, 2008, p. 65). As dificuldades de adaptação aos novos tempos de industrialização seriam consequência de um passado de séculos de sociedade escravocrata, na qual predominavam valores absolutamente incoerentes com uma ordem social competitiva. Havia, portanto, uma enorme incoerência entre o projeto de desenvolvimento adotado pela elite e a realidade brasileira. Ainda que com tais dificuldades dizia Florestan que "a industrialização aparece, nitidamente, como padrão natural de desenvolvimento do tipo de ordem social implantado no Brasil como um capítulo da expansão europeia nos trópicos" (FERNANDES, 2008, p. 68), porém, apresentando duas diferenças fundamentais. Primeiro, um ponto de partida muito diferente do ponto de vista histórico, pois enquanto na Europa o capitalismo de desenvolveria com as revoluções burguesas, aqui nenhuma delas teria de fato ocorrido. Em segundo lugar, e consequência direta da primeira observação, o modelo industrialização foi uma cópia de uma realidade diversa da brasileira. Portanto, no Brasil, para Florestan o desenvolvimento cultural teria precedido o progresso do homem e da sociedade, dada a cópia das ideias de fora. Porém, como agravamento da situação, interesses e valores da nova ordem social teriam sido conciliados com os da ordem social desaparecida ou em colapso, inviabilizando o processo de desenvolvimento econômico. Portanto, ainda que defendido como valor social e envolto sobre um manto nacionalista, o desenvolvimentismo do Estado estava apenas travestido como algo de interesse nacional, pois, na prática, era motivado por interesses particularistas das elites responsáveis pela produção, as quais não apenas se mostravam egoístas, mas incautas quanto à necessidade de uma racionalização de suas práticas como capitalistas. Logo, por trás da retórica do projeto nacional-desenvolvimentista escondiam-se interesses particularistas, bem como a ignorância de um projeto que se mostrava míope quanto à real condição do país. Como aponta Fernandes (2006), ignorou-se que a expansão capitalista da parte dependente da periferia estava fadada a ser remodelada pelas economias do centro e, da mesma forma, não se levou em conta que a autonomização do desenvolvimento capitalista exigia, como pré-requisito, a ruptura com a dominação externa (fosse ela colonial ou imperialista). Assim, no Brasil, a dominação burguesa teve de ajustar-se a um tipo de transformação em que o desenvolvimento desigual e a dominação capitalista fossem requisitos para aumentar a acumulação primitiva. A dupla articulação (dependência econômica e subdesenvolvimento) teria criado um tipo de dominação burguesa adaptada ao desenvolvimento desigual e à dominação imperialista. Criava as condições para que na década de 1960 surgisse um despotismo burguês que levaria a separação entre a sociedade civil e a nação. A dominação burguesa promoveria, portanto, um capitalismo que imolava a sociedade brasileira e, seus terríveis mecanismos de repressão, seriam ao mesmo tempo conciliados com ideais igualitários. Assim, se o capitalismo aqui desenvolvido assim o foi sob a égide do tipo subdesenvolvido, da dependência e submissão imperialista, sabe-se como as questões sociais, mais especificamente aquelas ligadas à vulnerabilidade social, foram prejudicadas. Logo, a saúde pública e coletiva também sofreria as consequências, pois o Estado brasileiro ao se seguir uma agenda liberal e de compromisso com instituições como o Fundo Monetário Internacional não tinha o atendimento à saúde como meta, principalmente entre as décadas de 1960 e 1980.

Deste modo, é possível concluir que o desenvolvimento das elites nacionais, promovido pelo Estado, não necessariamente era aquele pelo qual ansiavam os médicos. O que se teve foi um desenvolvimento econômico desigual, concentrado em algumas regiões, e descolado da democracia e do desenvolvimento social. O que em tese deveria ser um direito social da população, à exemplo da saúde, não teria sido universalizado pelo menos até a criação do SUS entre os anos 1980 e 1990. O atendimento de qualidade à saúde se tornou (e ainda o é) um privilégio de poucos, a despeito dos níveis de desenvolvimento econômico do país no início do século XXI, o que indicaria a frustração daquelas ideias iniciais em torno do desenvolvimento presentes nas expectativas de muitos médicos entre as décadas de 1930 e 1950, seja entre os ligados à ELSP, sejam entre os sanitaristas desenvolvimentistas de fato. De todo modo, apesar deste quadro, é inegável que mesmo diante problemas das mais variáveis naturezas (política, orçamentária, tecnológica, etc.) o atendimento à saúde pública avançou nas últimas décadas, embora seja necessário ponderar os limites deste avanço, bem como considerar o histórico da assistência à saúde no Brasil *pari passu* a construção de contextos mais democráticos. Mas se as expectativas de muitos médicos quanto ao alcance de um desenvolvimento social à reboque do econômico foram frustradas, é preciso que se diga que o maior erro que possam ter cometido é terem acreditado na possibilidade de que as elites dirigentes poderiam manifestar estas mesmas preocupações de cunho social. Contudo, entre sucessos e insucessos, o que não se pode perder de vista é a contribuição dos médicos aqui citados como construtores do Brasil ao inserirem[28] a saúde como tema da agenda nacional ao longo do século XX a partir de uma perspectiva que iria além daquela defendida pelo sanitarismo do século XIX. Em especial, destaca-se o papel dos médicos

28 Em que pese a forma como esta inserção foi feita, isto é, nem sempre linear, mas por vezes contraditória. Deve-se apontar que muitas vezes reproduziu, evidentemente, visões mais conservadoras da realidade e do processo saúde-doença, ainda que a consideração dos determinantes sociais da saúde possa ser considerada uma nova perspectiva, acima de tudo menos conservadora quando comparada às explicações da virada do século XIX para o XX sobre o Brasil e saúde do homem mediano.

elspianos, afinal, ao serem uma ponte entre a medicina e as ciências sociais que se institucionalizava em São Paulo anteciparam os contornos de uma discussão mais sofisticada acerca do processo saúde-doença e seus determinantes sociais, trazendo a tona a necessidade das transformações sociais para amenização da pobreza, sendo ela causadora de insalubridade, de doenças, e não como produto destas. Como já dito, os defensores do sanitarismo desenvolvimentista estariam em outro momento à frente – não apenas no sentido histórico – de conformação de uma medicina social aqui classificada como periférica, mas que teve nas posições dos médicos professores da ELSP um importante preâmbulo.

Considerações finais

Ao final desta discussão desenvolvida em quatro capítulos, ainda que nem todas as hipóteses ou conjecturas tenham de fato sido comprovadas ou satisfatoriamente evidenciadas, ao menos parece ter ficado claro como a presença de médicos naquela que foi a primeira escola de sociologia do país não foi algo fortuito. Ao contrário. Trata-se de um evento com motivações tanto científicas como políticas, ao que tudo indica, muito bem demarcadas. Mas do mesmo modo, as consequências desta aproximação também merecem destaque. Como se viu, tanto as causas como as consequências da presença de médicos entre os professores da ELSP só puderam ser melhores compreendidas quando lidas sob a luz dos acontecimentos históricos daquele período entre os anos 1930 e 1940. Tratava-se do contexto em que os ideais de um Brasil moderno estavam em voga, ao mesmo tempo em que o passado ainda se fazia presente graças aos níveis de pobreza, desigualdade, autoritarismo, e os problemas de saúde, estes sempre presentes.

Embora na própria sistematização do texto aqui apresentado tenha se optado por uma divisão entre causas e consequências de natureza científica e política, vale dizer que assim se procedeu mais como critério metodológico ou como recurso de produção textual que por quaisquer outros motivos. Afinal, esta divisão, ainda que possível, possui linhas muito tênues, quando não invisíveis. A prova disso estaria, por exemplo, na discussão sobre o pensamento médico o qual, embora tenha sido analisado de certa perspectiva epistemológica, o que se viu é que por traz do processo de sua formulação o que havia eram interesses de natureza política, de um grupo que almejava se legitimar politica e cientificamente. Por isso, a presença de médicos na Escola de Sociologia e Política de São Paulo tinha como propósito não apenas uma maior legitimação do ponto de vista científico ao se ter a possibilidade de um maior aprimoramento e sofisticação do saber médico ao se apropriar de conhecimentos das ciências sociais. Havia, também, um sentido político ao se buscar um aprimoramento com vistas à ampliação das condições de uma maior intervenção social. Os médicos que iniciaram esta aproximação da ELSP não eram apenas curiosos ou diletantes. Eram nomes de vulto da medicina paulista e, por isso mesmo, eram atores sociais e políticos importantes, conscientes de seus objetivos mais imediatos, destacando-se por vezes como intelectuais públicos. Estes médicos construíram suas trajetórias profissionais e intelectuais nesta intersecção entre a prática docente na ELSP e, ao mesmo tempo, na Faculdade de Medicina e Cirurgia ou na Escola Paulista de Medicina, o que põe em evidência a construção de uma ponte que permitiria a conformação de interfaces muito significativas entre a medicina e a sociologia, entre a prática médica e o saber sociológico. Dentre elas, como dito, pode-se apontar a especialização – não necessariamente prática, mas ao menos teórica, em um primeiro momento – de natureza científica, ao passo que as ciências sociais viabilizariam formas mais sistematizadas de compreensão da realidade social. Naquele momento, era preciso conhecer de forma mais apurada os mecanismos sociais, as causas da pobreza, as características gerais da estrutura social, pois cada vez se tornava mais evidente a complexidade e a velocidade das mudanças sociais, as quais dificultavam, obviamente, as ações de enfrentamento da doença. Logo, ao passo que se tornassem cada vez mais habilitados para lidar com a realidade, mas legitimidade se teria, afinal, dominar o discurso científico seria sempre o melhor argumento, o mais legítimo, para o que o Estado pudesse demandar e consentir com a atuação dos médicos como colaboradores deste processo de construção do país. Deste modo, quanto mais sofisticado o discurso médico, mas se fortaleceria como paradigma para o desenvolvimento da reflexão social sobre a sociedade, a saúde e a doença. Uma das principais conclusões a que se pôde chegar quanto aos resultados da aproximação destes médicos da ELSP, é que se tratou, acima de tudo, da realização de mais uma fase do processo de conformação do pensamento médico, do qual também surgiria uma medicina social específica.

Ao todo, entre 1933 e 1943, estiveram entre o corpo docente da ELSP exatamente nove médicos, isso sem contar aqueles com cargos de direção ou ligados ao Conselho Superior, bem como os demais que participaram como signatários do Manifesto de Fundação. Mas considerando-se apenas aqueles que lecionaram, ainda que não possam ser tomados com um bloco coeso, alinhados no discurso e nas práticas, mesmo assim, suas similitudes estão muito além de apenas terem sido professores da mesma instituição e no mesmo período. Percebe-se, da leitura de suas obras ou do registro de suas falas, que comungavam desta certeza quanto à imprescindibilidade da medicina como saber para o alcance de múltiplos objetivos, como a construção do país, a normalização da sociedade, a luta contra o patológico e a promoção da saúde coletiva. Por isso, como se observou em outro momento, ainda que as análises tenham sido feitas em relação às obras individuais, bem como sobre os conteúdos específicos das disciplinas por estes lecionadas, devem ser pensados como grupo, com valores comuns, formuladores de um pensamento médico que, a despeito de suas contradições e idiossincrasias, possuía algo em comum, muito além da ideia de categoria profissional (embora esta fosse também muito importa). Um dos veios de ligação mais importantes entre seus posicionamentos é a valorização de uma visão biologizante da vida, do homem, da sociedade. Evidentemente, notam-se variações que vão desde explicações mais comprometidas com as teorias eugênicas ou com resquícios do racismo biológico ainda presentes das décadas de 1930 e 1940, até outras mais brandas que, embora não negassem o peso das explicações biológicas sobre o comportamento dos homens, admitiam os avanços da psicologia e da psicanálise. Não a toa foi possível constatar na grade de ensino a discussão, concomitantemente, de matérias como Biologia Social e Psicologia Social. O que pode parecer apenas uma contradição deve ser lido como um momento de transição do pensamento médico (e mesmo das bases das chaves explicativas sobre a sociedade brasileira), ainda que naquele momento a matriz conservadora fosse muito presente. De todo modo, as certezas do determinismo biológico e do meio, ainda que presentes, não eram mais um consenso. Este momento pode ser lido com uma fase transitória tanto do pensamento médico como social, mas talvez uma melhor leitura seja aquela que pressupõe não o abandono paulatino das explicações de cunho biológico, mas sim um ressignificação das mesmas. Em outras palavras, talvez seja possível falar em uma reorientação, principalmente ao se considerar avanços como a genética, tema que, aliás, era de interesse e de dedicação considerável de médicos elspianos como André Dreyfus e Almeida Junior. Portanto, não seria um abandono paulatino das visões biologizantes, mas uma reorientação destas, constrangidas não apenas pelos avanços na própria biologia, na medicina, mas principalmente nas ciências sociais, o que permitiria a desmistificação de muitas verdades outrora predominantes.

Isso significa que a sociologia "elspiana" ainda nascente teria em sua origem forte influência da visão médica. Mas por outro lado, não é menos significativo o fato de que também os médicos, ainda que na condição de docentes, tenham assimilado e considerado em suas falas preceitos da sociologia e da antropologia. Neste sentido, é possível dizer que, ao que parece, os médicos professores da ELSP não apenas inseriram a medicina e a biologia como tema a ser considerada no estudo das ciências sociais. Também delas se apropriariam, como já dito, para sofisticar sua capacidade intervencionista, principalmente com vistas à defesa daquela normatividade e de todos os preceitos necessários à boa ordem, em suas visões, para a promoção do desenvolvimento. Eis aqui um ponto que evidencia não apenas a proximidade, mas a imbricação de interesses científicos e políticos. Ao passo que as ciências biológicas e sociais se misturavam por entre a grande curricular, aqueles médicos poderiam atribuir um significado em suas aulas para além do acadêmico: haveria um sentido político, afinal, era o momento de contato com os alunos e de disseminação de uma visão engajada de defesa da saúde como pedra angular da sociedade. Portanto, talvez acreditassem poder recrutar interessados nos estudos sobre saúde, o que seria muito conveniente, pois a missão da ELSP era formar quadros dirigentes, que, depois de graduados, poderiam levar à frente o que teriam por lá aprendido com os médicos.

Assim, a própria formulação da grade de ensino, é outro fato que pode ser levado em consideração para se pensar a estreita relação entre ciência e política e que se deu em torno desta aproximação de alguns médicos com a ELSP. Como se constatou, tal formulação não teria se dado, necessariamente, apenas por questões de natureza teórica ou acadêmica. Tratava-se de médicos diretamente ligados à elite empresarial que havia concebido a Escola Livre de Sociologia e Política, o que ajuda a compreender não apenas a defesa da modernização – por ser um valor social compartilhado entre as elites, mas também o conservadorismo, o qual se revela a uma leitura a contrapelo dos discursos médicos. Ainda que muitas vezes apresentados em um invólucro progressista, tais discursos guardariam muito de um conservadorismo diante de mudanças e transformações, o que ajuda a explicar a manifestação de alguns posicionamentos moralistas e ortodoxos com relação a algumas opiniões quanto ao comportamento dos indivíduos.

Mas, a despeito destas contradições acerca do discurso médico, a presença de nomes como Geraldo de Paula Souza e Rodolfo Mascarenhas é significativa, no que se refere a uma projeção da ELSP em um processo mais amplo, ainda que de forma marginal, de modernização da saúde paulista. Ainda que os projetos e as reformas empreendidas pelo governo Vargas não tenham considerado de forma ampla aquele modelo de verniz norte-americana difundido por estes dois médicos ligados à ELSP, o fato é que a bibliografia especializada aponta como este modelo se consolidou, principalmente no que diz respeito ao espalhamento de unidades/centros de saúde pelo território nacional. Deste modo, ainda que não tenha sido o modelo adotado – literalmente, ao menos embasou as políticas das décadas seguintes em São Paulo e no Brasil. Mas isto estaria muito longe de ser o maior legado da ELSP em termos de uma possível contribuição à área da saúde. Contribuiu efetivamente como instituição de ensino e pesquisa, seja ao fornecer dados importantes sobre a realidade social por meio de suas pesquisas de padrão de vida, seja pelo tipo de ensino que reproduzia e que estava ao alcance daqueles mais interessados em conhecer os determinantes sociais da saúde. Não era apenas a promoção da sociologia aplicada ou aplicação de conhecimentos sociológicos com vistas à saúde. Era o reconhecimento da natureza coletiva desta última, portanto de cunho social, como tema que não deveria se encerrar no que dizia respeito ao atendimento individualizado (que, aliás, apenas décadas depois iria se universalizar e ser garantida como direito social de fato).

A produção científica da ELSP em termos de pesquisa aplicada, bem como sua proximidade não apenas com homens da saúde, mas pelo modo como internalizava em seu curso as temáticas de cunho biológico aqui já apontadas, colocava o Brasil, antes dos anos 1950, na dianteira em relação ao restante de toda a América Latina no que diz respeito a um aspecto considerado fundamental à saúde, segundo organizações internacionais, naquele momento: a experiência com pesquisa social aplicada para o enfrentamento das doenças. Neste sentido, a produção da ELSP, dada sua natureza aplicada, diferenciando-se da própria Universidade de São Paulo naquele contexto, poderia tanto contribuir na formação de quadros, como fomentar o Estado com dados e informações necessários para a formulação de políticas para áreas diversas e de interesse social como a saúde.

Os médicos elspianos, principalmente aqueles com funções de maior projeção junto ao Estado, conseguiriam, ainda que parcialmente, levar a frente uma visão de atenção à saúde em sintonia com os conhecimentos das dimensões teóricas e aplicadas das ciências sociais que por ora se institucionalizavam. A reprodução de discursos como a assistência social, a educação sanitária e a higiene mental, entre outros, ilustram muito bem a propulsão à de intervenção social em coerência com o ideário daqueles tempos de desenvolvimentismo nacional. Deste modo, teriam começado, ainda que de modo incipiente e muito aquém de outras figuras médicas dos anos 1950 e 1960, um esboço do que seria o sanitarismo desenvolvimentista. Este, por sua vez, dadas suas bandeiras e reivindicações, pode ser visto também como uma fase de um processo mais amplo e dinâmico de conformação constante da medicina social. Assim como em determinado momento ela estaria voltada para os problemas essencialmente da área rural, nos anos de industrialização e urbanização constantes seu foco de ação sofreria alteração, naturalmente. Aliás, os sanitaristas desenvolvimentistas faziam críticas nos anos 50 em relação às políticas do estado brasileiro, por considerarem que a medicina social promovida pelos governos estava descolada da nova realidade urbano-industrial do país. De todo modo, o que se concluiu é que no Brasil, na primeira metade do século XX, o que se tinha era uma espécie de confluência, em um único momento, daquelas três fases apontadas por Michel Foucault. Isto é, ter-se-ia uma medicina social que poderia ser caracterizada como resultado da sobreposição dos seguintes objetivos: fortalecimento do Estado (enquanto uma questão nacional), enfrentamento de problemas urbanos e preocupação como a trabalho. Ao se falar de uma medicina social brasileira presente entre as décadas de 1930 e 1940, deve-se considerá-la não como uma ideia acabada, mas em processo de constante reelaboração e que atravessou a história do país desde o início da construção do Estado nacional no século XIX. Assim, conclui-se que, dentre os adjetivos "periférica" e de "natureza desenvolvimentista", apenas o primeiro talvez a tenha acompanhado desde o início, pois periférico sempre teria sido o lugar do Brasil em relação ao centro capitalista. Já o segundo, apenas faz sentido ao se pensar nas transformações sociais e econômicas do país nos anos 30, das quais os médicos professores da ELSP foram testemunhas. Mas de modo geral, é possível pensar em alguns aspectos que asseguram a especificidade da medicina social no contexto em que predominava um ideário de busca por um Brasil moderno. Portanto, ela seria resultado de fatores como: a) da condição social do país dado o nível de subdesenvolvimento; b) do modelo de Estado brasileiro que, descolado da sociedade civil, valorizava temáticas como a saúde que pudessem, assim como o nacionalismo, criar uma ideia de nação, ainda que difusa, para legitimar sua modernização; c) da influência norte-americana, dada pela presença de instituições importantes como a Fundação Rockfeller que estiveram à frente de projetos juntos à classe médica. Mas como dito, considerando-se que os médicos elspianos foram testemunhas daquele contexto histórico, também contribuiriam de algum modo para o arranjo da medicina social a eles contemporânea, levando em consideração, principalmente, aspectos como: a) o uso da dimensão aplicada da sociologia para compreensão dos determinantes sociais do processo saúde-doença; b) a valorização da medicina social como tema de cunho político, seja com vistas à sociedade, de modo geral, seja com vistas à defesa do profissionalismo médico, em termos da defesa da imprescindibilidade da figura do médico para a construção da nação. À esta medicina social de natureza multifacetada, específica ao contexto brasileiro, chamou-se de periférica e de natureza desenvolvimentista, com a qual, direta ou indiretamente, os médicos professores da ELSP estariam sintonizados. Mas se o desejo pelo progresso e pelo desenvolvimento econômico era uma certeza, ao que parece consensual não apenas entre a elite, mas em toda a sociedade, por outro lado o sentido dos projetos para sua promoção e seus respectivos resultados não eram de todos nem para todos. O resultado, como se viu, foi a quebra das expectativas tantos dos médicos elspianos dos anos 1930 e 1940 como dos sanitaristas desenvolvimentistas da década de 1950, dada a realização de um desenvolvimento industrial com altos custos sociais e políticos, com o aumento da pobreza nas regiões urbanas e o solapamento da democracia século XX adentro.

Mas dentre os resultados mais significativos da empreitada desta pesquisa está a constatação de que a interpretação dos médicos elspianos talvez possa ser tomada como uma matriz *sui generis* do pensamento social no Brasil. A especificidade e originalidade que se destaca não seriam dados pela temática, pela metodologia, ou pelo recurso estilístico da escrita. Dá-se pelo contexto histórico, mais fundamentalmente pela filiação à Escola de Sociologia e Política de São Paulo. Compartilharam, em menor ou maior grau, de discussões e conhecimentos pertinentes à sociologia e à antropologia, os quais podem ter contribuído para a "amenização" do peso da visão biologizante em suas leituras sobre a realidade, o que de certo modo permite distanciá-los de outras interpretações produzidas por profissionais da medicina, ainda naquele momento, crentes das verdades do racismo biológico. Médicos intérpretes do Brasil já se faziam presentes por entre a intelectualidade há décadas, mas não com este trânsito, até então, nas ciências sociais. Mas o que se deve destacar não são apenas as estruturas e chaves explicativas que reproduziam em suas falas. Merece destaque a maneira como marcaram território na primeira escola de ciências sociais do país, não apenas ensinando, mas ao que parece, também aprendendo. As falas destes médicos eram não apenas descritivas, mas analíticas, pois ao passo que tinham em mente abordar a saúde em suas reflexões (publicadas em livros e artigos), analisavam a condição social do brasileiro por entre suas elucubrações e prescrições sobre a saúde e a doença.

Se não faziam sociologia de fato – afinal não eram sociólogos, não deixavam de analisar e se posicionar sobre a realidade social, defendendo a necessidade da intervenção, na maioria das vezes. Há trabalhos sobre a tradição sociológica brasileira que, ao considerar como marco da institucionalização das ciências sociais brasileiras não apena com a fundação da USP, mas, sobretudo, o início da carreira acadêmica de Florestan Fernandes frente à cadeira de Sociologia daquela universidade, acaba por cometer uma injustiça com toda a produção anterior aos anos 1950 (ou mesmo quando fora de São Paulo). Tais leituras desconsideram a importância de interpretações como as dos médicos elspianos, que, a despeito de destituídas de maiores rigores científicos em termos de produção sociológica, são produções que tinham no horizonte a preocupação com o país e, portanto, buscavam compreendê-lo. Logo, as críticas mais duras quanto a estas produções guardam em si um duro anacronismo. A despeito do caráter marginal destas obras, em um exercício de cotejamento com aquelas reconhecidamente clássicas do pensamento social brasileiro foi possível identificar algumas similitudes, embora isso não signifique, evidentemente, nenhuma influência direta ou filiação ideológica, em que pese a contemporaneidade entre eles.

Deste modo, as conclusões mais gerais que aqui se apresentam seriam resultado de reflexões sobre estas interfaces entre sociologia e medicina, em um momento ímpar do que se pode compreender como a gênese da modernidade brasileira. Por isso, ao mesmo tempo em que se procurou fazer uma sociologia do conhecimento (nos termos de Mannheim) ou uma sociologia da medicina (conforme se viu com Gilberto Freyre) para se compreender as nuances e o *modus operandi* do pensamento da prática médica mais "engajada" (no sentido em que Florestan Fernandes fala sobre o papel do sociólogo), foi imprescindível uma análise sociológica mais ampla sobre aquele momento em que a modernização do país fazia parte do imaginário social. Conclui-se que, embora tenham atuado como professores na ELSP e produzido algumas impressões que se mostram interessantes à história das ciências sociais brasileiras, foram relegados à marginalidade ou à invisibilidade na tradição do pensamento social. Nem mesmo os trabalhos mais conhecidos sobre a formação da Escola de Sociologia e Política de São Paulo e a institucionalização das ciências sociais no Brasil dedicaram maior atenção, salvo algumas menções mais ligeiras, mas nada sobre suas produções de fato. Neste sentido, o que esta pesquisa buscou não foi de forma pretenciosa esgotar o tema, mas ao contrário. Buscou-se apresentá-lo de forma a propor a ampliação do debate não apenas acerca das trajetórias, das falas e das produções destes médicos, mas sobre um contexto social, político e econômico no qual as ciências sociais se institucionalizavam *pari passu* importantes mudanças quanto à concepção da saúde como um direito social e um bem coletivo.

Referências

ALMEIDA, Fabio de Oliveira. *Profissionalismo médico paulista e reforma na saúde adhemarista*. São Carlos: EdUFSCAR, 2013.

ALMEIDA JR., A. F. A idade para casar. *Revista do Arquivo Municipal*, São Paulo, ano VI, v. LXVIII, p. 79-88, jul. 1940a.

_______. A ilegitimidade no estado de S. Paulo. *Revista do Arquivo Municipal*, São Paulo, ano IV, v. LXII, p. 153-162, nov./dez. 1939.

_______. Aspectos da nupcialidade paulista. *Revista do Arquivo Municipal*, São Paulo, ano VI, vol. LXVIII, p. 97-106, jul. 1940b.

_______. O saneamento pela educação. 1921. Tese (Doutor em Medicina) – Faculdade de Medicina de São Paulo, São Paulo, 1921 (Arquivo Cedoc/FESPSP).

_______. *Provas genéticas da filiação:* estudo médico legal. São Paulo: Empresa Gráfica da Revista dos Tribunais, 1941. (Arquivo Cedoc/FESPSP).

ANTUNES. José. L. F. *Medicina, leis e moral:* pensamento médico no Brasil (1870-1930). São Paulo: Editora Unesp, 1999.

ARAÚJO, O. E. Uma pesquisa de padrão de vida. Suplemento ao Vol. LXXX da Revista do Arquivo Municipal. 1941.

AUGUSTO, Maria Helena Oliva. Natural, racional, social: discussão de uma sociabilidade. *Tempo Social*, v. 1, n. 1, p. 247-257, 1° sem. 1989.

BASTIDE, R. *Sociologia e psicanálise*. São Paulo: Ipê, 1948 (Coleção Minerva: Sociologia).

BASTOS, Élide Rugai. *As criaturas de Prometeu:* Gilberto Freyre e a formação da sociedade brasileira. São Paulo: Global, 2006.

BARIANI, Edison; SEGATTO, José A. A fundação das ciências sociais no Brasil: trajetória histórica e institucionalização. In: *CONGRESSO BRASILEIRO DE SOCIOLOGIA*, 14, 2009, Rio de Janeiro. *Anais...*

BERLINCK, Cyro. *Roberto Simonsen:* a indústria, as ciências sociais e a realidade brasileira. São Paulo: Escola Livre de Sociologia e Política de São Paulo, 1948.

BONFIM, J. R. A. (Org.). *Walter Sidney Pereira Leser:* das análises clínicas à medicina preventiva e à saúde pública. São Paulo: Aderaldo & Rothschild, 2009.

BOMFIM, Manuel. *A América latina:* males de origem. Rio de Janeiro: Topbooks, 1993.

BOURDIEU, Pierre. *Economia das trocas simbólicas.* São Paulo: Perspectiva, 2013.

BRASIL. Decreto nº 39, de 3 de setembro de 1934. Aprova os estatutos da Universidade de São Paulo. *Diário Oficial da União,* Rio de Janeiro, 3 de setembro de 1934, p. 10. Disponível em: <http://www.leginf.usp.br/?historica=decreto-no-39-de-3-de-setembro-de-1934>. Acesso em: 9 fev. 2016.

BRINGEL, Breno; LYNCH, Christian E. C.; MAIO, Marcos Chor. Sociologia periférica e questão racial: revisitando Guerreiro Ramos. *Caderno CRH,* Salvador, v. 28, n. 73, p. 9-13, Jan./Abr. 2015.

BRIQUET JR., R. *Crendices biológicas à luz da genética.* Rio de Janeiro: Ministério da Agricultura, 1955 (Série Estudos Técnicos, 7).

_______. *Tendências da sociologia contemporânea:* aula inaugural da Escola Livre de Sociologia e Política de São Paulo. São Paulo, Tipografia Comercial, 1933.

_______. *Palestras e conferências.* São Paulo: Ed. Atlas, 1944.

CAMPOS, André Luiz Vieira de. Mario Magalhães da Silveira e o sanitarismo desenvolvimentista. In: HOCHMAN, Gilberto; LIMA, Nísia T. *Médicos Intérpretes do Brasil.* São Paulo: Hucitec, 2015.

CÂNDIDO, Antônio. Prefácio. In: HOLANDA, Sérgio Buarque. *Raízes do Brasil.* 26. ed. São Paulo: Companhia das Letras, 1995.

_______. A sociologia no Brasil. *Tempo Social.* São Paulo, Departamento de Sociologia da Faculdade de Filosofia, Letras e Ciências Humanas da Universidade de São Paulo, v. 18, nº 1, p. 271-301, jun. 2006.

CARONE, Edgar. *A República Velha:* instituições e classes sociais. 2. ed. Vol. 1. São Paulo: Difusão Europeia do Livro, 1970.

CARVALHO, José M. *A formação das almas:* o imaginário da República no Brasil. São Paulo: Companhia das Letras, 2006.

CASSIRER, Ernst. *Ensaio sobre o homem:* introdução a uma filosofia da cultura humana. São Paulo: Martins Fontes, 1994.

CEDOC/FESPSP – Centro de Documentação da Fundação Escola de Sociologia e Política de São Paulo. Prontuário de Rodolfo dos Santos Mascarenhas. Arquivos de 1952.

CEPÊDA, Vera Alves. O problema do moderno no pensamento de Roberto Simonsen: crítica ao liberalismo e a questão nacional, In: CONGRESSO BRASILEIRO DE SOCIOLOGIA, XV, 26-29 jul. 2011, Curitiba. *Anais...* Porto Alegre: Sociedade Brasileira de Sociologia, 2011 Disponível em: <http://www.sbsociologia.com.br/home/index.php?formulario=congressos&metodo=0&&id=5>. Acesso em: 2 dez. 15.

CHADWICK, Edwin. *Report on the Sanitary Condition of the Labouring Population of Gt. Britain.* Edinburgh: Edinburgh University, 1842 (reprinted Edinburgh: Edinburgh University Press, 1965).

CHALOUB, Sidney (Org.). *Artes de curar no Brasil:* capítulos de história social. Campinas: Editora da Unicamp, 2003.

CORREA, Mariza. *As ilusões da liberdade:* a escola Nina Rodrigues e a antropologia no Brasil. Rio de Janeiro: Editora Fiocruz, 2013.

COSTA, Jurandir Freire. *Ordem médica e norma familiar.* Rio de Janeiro: Graal, 1979.

COSTA, J. C. C. Nação, estado e raça em Manoel Bomfim: a impertinência bomfiniana em torno da identidade nacional. *Cronos,* v. 9, p. 417-438, 2008.

CUNHA, Euclides da. *Os sertões:* campanha de Canudos. São Paulo: Imprensa Oficial do Estado, 2001.

DANTES, M. A. M. Um centro de ciência e tecnologia. In: SZMRECSÁNYI, T. (Org.). *História econômica da cidade de São Paulo*. Vol. 1. São Paulo: Editora Globo, 2004. p. 378-405.

DIÁRIO DA NOITE. Notícia sobre a aula inaugural da Escola de Sociologia e Política de São Paulo. Impresso de 17 de julho de 1933.

DOMINGUES, I. O intelectual público, a ética republicana e a fratura do éthos da ciência. *Scientiae Studia*, São Paulo, v. 9, n. 3, p. 463-85, 2011.

DONNANGELO, Maria Cecília F.; PEREIRA, Luiz. *Saúde e Sociedade*. São Paulo: Duas Cidades, 1976.

DREYFUS, A. *Discurso na aula inaugural da Faculdade de Filosofia, Ciências e Letras da Universidade de São Paulo*. São Paulo: Cedoc/FESPSP, 1942. (Documento avulso).

DUARTE, Nestor. *A ordem privada e a organização política nacional*. São Paulo/Rio de Janeiro/Porto Alegre: Ed. Companhia Nacional, 1966.

ENGELS, Friedrich. *Die Lage der Arbeitenden Klasse in England*. Leipzig: Otto Wigand Verlag, 1845 (tradução para o português: ENGELS, Friedrich. *A situação da classe trabalhadora na Inglaterra*. São Paulo: Boitempo, 2008).

ESCOLA LIVRE DE SOCIOLOGIA E POLÍTICA DE SÃO PAULO. *Manifesto de Fundação*. São Paulo, 27 de maio de 1933. Disponível em: <http://www.fespsp.org.br/inst_institucional/10/institucional/manifesto>. Acesso em: 15 ago. 2015.

FAORO, Raymundo. *Os donos do poder:* formação do patronato político brasileiro. 3. ed. Porto Alegre: Globo, 2007.

FARIA, Lina. *Saúde Pública:* a Fundação Rockefeller e seus parceiros em São Paulo. Rio de Janeiro: Editora Fiocruz, 2007 (Coleção História e Saúde).

FERLA, L. *Feios, sujos e malvados sob medida:* a utopia médica do biodeterminismo, São Paulo (1920-1945). São Paulo: Alameda, 2009.

FERNANDES, Florestan. *A integração do negro na sociedade de classes*. São Paulo: Ática, 1978.

_______. Obstáculos extraeconômicos à industrialização. In: FERNANDES, Florestan. *Mudanças sociais no Brasil*. 4 edição. São Paulo: Global, 2008.

______. *A revolução burguesa no Brasil*. São Paulo: Globo, 2006.

FERRARI, Alfonso Trujillo (1958), *Pesquisas e publicações nas ciências sociais sob a influência da Escola de Sociologia e Política – 1933-1958*. São Paulo. ELSP, 1958.

FONSECA, C. M. O. *Saúde no governo Vargas (1930-1945):* dualidade institucional de um bem público. Rio de Janeiro: Editora Fiocruz, 2007 (Coleção História e Saúde).

FORMIGA, D. O. *A escola de genética Dreyfus-Dobzhansky:* a institucionalização da genética na Faculdade de Filosofia, Ciências e Letras da Universidade de São Paulo (1934-1956). 2007. 115f. Dissertação (Mestrado em História) – Faculdade de Filosofia, Ciências e Letras, Universidade de São Paulo, São Paulo, 2007.

FOUCAULT, Michel. *A arqueologia do saber*. Petrópolis: Vozes; Lisboa: Centro do Livro, 1972.

______. *Microfísica do poder*. Rio de Janeiro: Edições Graal, 1979.

______. *O nascimento da clínica*. Rio de Janeiro: Forense-Universitária, 1980.

FREYRE, Gilberto. *Casa-grande & senzala:* formação da família brasileira sob o regime da economia patriarcal. Rio de Janeiro: Record, 1998.

______. *Sociologia da medicina*. São Paulo: É Realizações, 2009.

FURTADO, Celso (Coord.). *Brasil:* tempos modernos. 2. ed. Rio de Janeiro: Paz e Terra, 1977.

GARCIA, Juan César. Ciências sociais em saúde na América Latina. In: NUNES, Everardo D. (Org.). *Pensamento social na América Latina*. São Paulo: 1989. p. 148-158.

GOFFMAN, Erving. *Manicômios, prisões e conventos*. São Paulo: Perspectiva, 2008.

HERSCHMANN, Micael et al. *Missionários do progresso:* médicos, engenheiros e educadores no Rio de Janeiro (1870-1937). Rio de Janeiro: Diadorim, 1996.

HOCHMAN, Gilberto; LIMA, Nísia T. *Médicos intérpretes do Brasil:* uma introdução. In: *Médico intérpretes do Brasil*. São Paulo: Hucitec, 2015.

_______. Condenado pela raça, absolvido pela medicina: o Brasil descoberto pelo movimento sanitarista da primeira República. In: MAIO, Marcos Chor; SANTOS, Ricardo V. *Raça, ciência e sociedade.* Rio de Janeiro: Fiocruz, 1998. p. 23-40.

HOLANDA, Sérgio Buarque. *Raízes do Brasil.* 26. ed. São Paulo: Companhia das Letras, 1995.

HORKHEIMER, Marx. Teoria Tradicional e Teoria Crítica. In: BENJAMIN, Walter; HORKHEIMER, Max; ADORNO Theodor W.; HABERMAS, Jurgen. *Textos escolhidos.* São Paulo: Abril Cultural, 1975 (Coleção Os pensadores).

_______. *Teoria crítica:* uma documentação. São Paulo: Perspectiva, 2006.

JACKSON, L. C. Gerações pioneiras na sociologia paulista (1934-1969). *Tempo Social,* v. 19, n. 1, p. 115-130, jun. 2007.

KANTOR, Iris; MACIEL, Débora A.; SIMÕES, Júlio A.(Orgs.). *A Escola Livre de Sociologia e Política de São Paulo:* anos de formação (1933-1953). São Paulo: Ed. Sociologia e Política, 2009.

KOSELLECK, R. *Crítica e crise:* uma contribuição à patogênese do mundo burguês. Rio de Janeiro: Contraponto, 1999.

LEITE, Dante M. *O caráter nacional brasileiro:* história de uma ideologia. São Paulo: Pioneira, 1976.

LIMA, Maria Regina S. de. Prefácio. In: FONSECA, C. M. O. *Saúde no Governo Vargas (1930-1945):* dualidade institucional de um bem público. Rio de Janeiro: Editora Fiocruz, 2007 (Coleção História e Saúde).

LIMONGI, Fernando. A Escola Livre de Sociologia e Política em São Paulo. In: MICELI, Sergio (Org.). *História das Ciências Sociais no Brasil.* Vol. 1. São Paulo: Editora Sumaré, 2001. p. 135-221.

LOBATO, Monteiro. *O problema vital.* 2. ed. São Paulo: Brasiliense, 1948.

LUZ, Madel T. *Medicina e ordem política brasileira:* políticas e instituições de saúde (1850-1930). Rio de Janeiro: Edições Graal, 1982.

_______. *Natural, racional, social:* razão médica e racionalidade científica moderna. Rio de Janeiro: Campus, 1988.

MACHADO, Roberto et al. *Danação da norma:* a medicina social e constituição da psiquiatria no Brasil. Rio de Janeiro: Graal, 1978.

MAIO, Marcos Chor; LIMA, Nísia Trindade de. Tradutores, intérpretes ou promotores de mudança? Cientistas sociais, educação sanitária rural e resistências culturais (1940-1960). *Sociedade e Estado,* v. 24, n. 2, p. 529-561, maio/ago. 2009.

MAIO, Marcos Chor; LOPES, Thiago da Costa. Da Escola de Chicago ao Nacional-desenvolvimentismo: Saúde e Nação no pensamento de Alberto Guerreiro Ramos (1940-1950). *Sociologias,* ano 14, n. 30, p. 290-329, 2012.

MANNHEIM, Karl. *Ideologia e utopia.* Rio de Janeiro: Zahar, 1968.

MARINHO, Maria Gabriela S. M. C. *Elites em negociação:* uma breve história dos acordos entre a Fundação Rockefeller e a Faculdade de Medicina. São Paulo: Edusf, 2003.

_______. *Norte-americanos no Brasil:* uma história da Fundação Rockefeller na Universidade de São Paulo, 1934-1952. São Paulo: Edusc, 2001.

_______. *Trajetória da Faculdade de Medicina da Universidade de São Paulo:* aspectos históricos da "Casa de Arnaldo". São Paulo: FMUSP, 2006.

MARSHALL, T. H. *Cidadania, classe social e status.* Rio de Janeiro: Zahar, 1967.

MASCARENHAS, R. S. *Contribuição para o estudo da administração sanitária estadual em São Paulo.* 1949. 565f. Tese (Livre-Docência para a cadeira de Técnica de saúde pública) – Faculdade de Higiene e Saúde Pública, Universidade de São Paulo. São Paulo, 1949 (Arquivo Cedoc/FESPSP).

MELLO, Guilherme Arantes. *Pensamento clássico da saúde pública paulista na era dos centros de saúde e educação sanitária.* Revista Saúde Pública, v. 46, n. 4, p. 751-758, 2012,

MERHY, Emerson. E. *A saúde pública como política:* um estudo de formuladores de políticas. São Paulo: Hucitec, 1992.

MICELI, Sergio. Introdução: A força do sentido. In: BOURDIEU, Pierre. *A economia das trocas simbólicas.* São Paulo: Perspectiva, 2013.

MORAES FILHO, E. *Ideias sociais de Jorge Street.* Brasília: Senado Federal; Rio de Janeiro: Fundação Casa de Rui Barbosa, 1980.

MOTA, André. *Quem é bom já nasce feito:* sanitarismo e eugenia no Brasil. Rio de Janeiro: DP&A, 2003.

_______. *Tropeços da medicina bandeirante:* medicina paulista, 1892-1920. São Paulo: Edusp, 2005.

MOTA, André; SANTOS, Marco C. dos. *São Paulo, 1932:* memória, mito e identidade. São Paulo: Alameda, 2010.

MOTA, André; MARINHO, Maria Gabriela S. M. C. (Orgs.). *Arnaldo Vieira de Carvalho e a Faculdade de Medicina:* práticas médicas em São Paulo (1888-1938). Museu da Faculdade de Medicina da USP, 2009.

_______. *Da Faculdade de Medicina e Cirurgia de São Paulo à Faculdade de Medicina da Universidade de São Paulo:* conjunturas e contextos. São Paulo: CDG Casa de Soluções Editora, 2012. Vol, 1 (Coleção Centenário da Faculdade de Medicina da Universidade de São Paulo).

NADAI, Elza. *Ideologia do progresso e ensino superior (São Paulo, 1891-1934).* São Paulo: Loyola, 1987.

NAGLE, Jorge. *Educação e sociedade na Primeira República.* Rio de Janeiro: DP&A, 2001.

NUNES, Edon. *A gramática política do Brasil:* clientelismo e insulamento burocrático. Rio de Janeiro: Jorge Zahar; Brasília: Enap, 1997.

NUNES, Everardo D. As ciências sociais em saúde: reflexões sobre as origens e a construção de um campo de conhecimento. *Saúde e Sociedade,* v. 1, n. 1, p. 59-84, 1992.

NUNES, Everardo D. (Org.). *Pensamento social na América Latina.* São Paulo: 1989.

OLIVEIRA, Lúcia Lippi de (Coord.). *Elite intelectual e debate político nos anos 30:* uma bibliografia comentada da Revolução de 1930. Rio de Janeiro: Editora da Fundação Getúlio Vargas; Brasília: INL/MEC, 1980.

ORTIZ, Renato. *Cultura brasileira & identidade nacional.* São Paulo: Brasiliense, 2012.

PAIVA, Carlos Henrique Assunção. Parasitologia engajada: ciência e ensino em Samuel Pessoa. In: HOCHMAN, Gilberto; LIMA, Nísia T. *Médicos intérpretes do Brasil.* São Paulo: Hucitec, 2015.

PEIXOTO, Afrânio. *Medicina legal*. Rio de Janeiro: Livraria Alves, 1914.

PEIXOTO, Fernanda Arêas. Franceses e norte-americanos nas ciências sociais brasileiras. In: MICELI, Sergio (Org.). História das ciências sociais no Brasil. Vol.1. São Paulo: Editora Sumaré, 2001. p. 477-532.

PONTES. Heloisa. *Destinos mistos:* os críticos do Grupo Clima em São Paulo (1940-1968). São Paulo: Companhia das Letras, 1998.

PRADO JR., Caio. O sentido da colonização. In: PRADO JR., Caio. *Formação do Brasil contemporâneo*. São Paulo: Companhia das Letras, 2011. p. 13-29.

RAMOS, Arthur. O espírito associativo do negro brasileiro. *Revista do Arquivo Municipal*, n. XLVII, p. 105-126, 1938.

_______. *A aculturação negra no Brasil*. São Paulo, Companhia Editora Nacional, 1942.

_______. Afrânio Peixoto e a Escola Nina Rodrigues. In: Arquivos de Medicina Legal e Identificação. Rio de Janeiro, 1934.

RASIA, José Miguel. Prefácio. In: FREYRE, Gilberto. *Sociologia da medicina*. São Paulo: É Realizações, 2009.

RIBEIRO, Maria Alice R. *História sem fim*... Inventário da saúde pública, São Paulo – 1889-1930. São Paulo: Ed. UNESP, 1993.

RIBEIRO, Paulo S. *"Prescrições médicas" contra os males da nação:* diálogos de Franco da Rocha na construção das ciências sociais no Brasil. 2010. 156f. Dissertação (Mestrado em Sociologia) – Faculdade de Ciências e Letras de Araraquara, Universidade Estadual Paulista, Araraquara, 2010.

RICARDO, A. *Como educar as crianças*. São Paulo: José Olympio Editora, 1946.

_______. *Noções de epidemiologia*. São Paulo: Diretoria do Serviço de Saúde Escolar de São Paulo, 1947 (Arquivo Cedoc/FESPSP).

_______. *Ensaios de sociologia aplicada*. São Paulo: Livraria Martins, 1941.

RICUPERO, Bernardo. *Sete lições sobre as interpretações do Brasil*. São Paulo: Alameda, 2007.

RODRIGUES, Raimundo Nina. *As collectividades anormaes*. Rio de Janeiro: Civilização Brasileira. 1939.

RODRIGUES, Raimundo Nina. *As raças humanas e a responsabilidade penal no Brasil*. Rio de Janeiro: Ed. Guanabara, s/d.

ROSEN, George. *Da polícia médica à medicina social*. Rio de Janeiro: Graal, 1980.

SANTOS, Luiz A. C. (Org.). *Contrapontos:* ensaios sobre saúde e sociedade. Rio de Janeiro: EdUERJ, 2013.

SCHWARCZ, Lilia M. *O espetáculo das raças:* cientistas, instituições e questão racial no Brasil – 1870-1930. São Paulo: Companhia das Letras, 1993.

_______. *Retrato em branco e preto:* jornais, escravos e cidadãos em São Paulo no final do século XIX. São Paulo: Companhia das Letras, 1987.

SCHWARZ, Roberto. *Ao vencedor as batatas*. São Paulo: Duas Cidades, 1988.

SILVA, A. C. P. *Direito à saúde: documentos de atividade parlamentar*. São Paulo: Assembleia Nacional Constituinte. 1934 (Arquivo CEDOC/FESPSP).

_______. *Transcrição das aulas da disciplina de Serviço Social*. Acervo Histórico da Fundação Escola de Sociologia e Política de São Paulo. São Paulo, 1936 (Documento avulso).

SILVA, Márcia R. B. *Estratégias da ciência:* a história da Escola Paulista de Medicina (1933-1956). Bragança Paulista: EDUSF, 2003a.

_______. *O laboratório e a República:* saúde pública, ensino médico e produção de conhecimento em São Paulo (1891-1933). Rio de Janeiro: Editora Fiocruz, 2014.

_______. *O mundo transformado em laboratório:* ensino médico e produção de conhecimento em São Paulo de 1891 a 1933. 2003. 262f. Tese (Doutorado em História Social) – Faculdade de Filosofia, Letras e Ciências Humanas, Universidade de São Paulo, São Paulo, 2003b.

SILVA, Marina Correia Vaz. *Da Maria-Fumaça à fumaça das fábricas:* a ELSP de São Paulo (1922-1940). 1994. 218f. Tese (Doutorado em Educação) – Faculdade de Educação, Universidade de São Paulo, São Paulo, 1994.

SIMONSEN, Roberto. *Ordem econômica, padrão de vida e algumas realidades brasileiras*. São Paulo: São Paulo Editora, 1934.

_______. *Rumo à verdade*. São Paulo: São Paulo Editora, 1933.

SOLA, Lourdes. O golpe de 1937 e o Estado Novo. In: MOTA, Carlos Guilherme (Org.). *Brasil em perspectiva.* 20. ed. Rio de Janeiro: Bertrand Brasil, 1995.

STEPAN, N. *A hora da eugenia:* raça, gênero e nação na América Latina. Rio de Janeiro: Editora Fiocruz, 2005.

TEIXEIRA, Luiz A. *Rodolfo dos Santos Mascarenhas:* pioneiro da história da saúde. Ciência & Saúde Coletiva, v. 20, n. 4, p. 1.135-1.141, 2015.

TEIXEIRA, P. P. *A fábrica do sonho:* trajetória do industrial Jorge Street. Rio de Janeiro: Paz e Terra, 1990.

TARELOW, Gustavo Q. *Entre febres, comas e convulsões: as terapias biológicas no Hospital do Juquery administrado por Pacheco e Silva (1923-1937).* Dissertação (Mestrado em História) – Faculdade de Filosofia, Ciências e Letras, Universidade de São Paulo, São Paulo, 2012.

TELAROLLI JR, Rodolpho. *Poder e saúde:* as epidemias e a formação dos serviços de saúde em São Paulo. São Paulo: Ed. UNESP, 1996.

TOLEDO, Caio Navarro. *ISEB:* fábrica de ideologias. São Paulo: Ática, 1978.

VASCONCELOS, Francisco de Assis Guedes de. Pão ou aço: conflitos e contradições do desenvolvimento econômico brasileiro na obra de Josué de Castro. In: HOCHMAN, Gilberto; LIMA, Nísia T. *Médicos intérpretes do Brasil.* São Paulo: Hucitec, 2015.

VAZ, Z. André Dreyfus: o homem que ensinou aos brasileiros a genética e as modernas doutrinas evolucionistas. In: PAVAN, C; CUNHA, A. B. *Elementos de genética.* São Paulo: Companhia Editora Nacional, 1966. p. 1-17.

VENTURA, Roberto. *Estilo tropical:* história cultural e polêmicas literárias no Brasil. São Paulo: Companhia das Letras, 1991.

VIANNA, Luiz Werneck. A institucionalização das Ciências Sociais e a reforma social: do pensamento social à agenda americana de pesquisa. In: VIANNA, Luiz Werneck. *A revolução passiva:* iberismo e americanismo no Brasil. 2. ed. rev. e amp. Rio de Janeiro: Editora Revan, 2004. p. 173-222.

VIANNA, Oliveira. *Evolução do povo brasileiro.* 4. ed. Rio de Janeiro: José Olympio, 1956 [1923].

_______. *Populações meridionais do Brasil.* Vol. 1 e 2. Belo Horizonte: Itatiaia; Niterói: Editora Universidade Federal Fluminense, 1987.

VIVIANI, Luciana M. *A biologia necessária:* formação de professores e escola norma. Belo Horizonte: Argvmentvm; São Paulo: Fapesp, 2007.

WEFFORT, Francisco. *O populismo na política brasileira.* 4. ed. Rio de Janeiro: Paz e Terra, 1989.

Apêndice

REFERÊNCIAS BIBLIOGRÁFICAS – PRODUÇÕES COM TEMÁTICAS LIGADAS À DISCUSSSÕES DE NATUREZA BIOLÓGICA PRODUZIDAS POR AUTORES LIGADOS À ESCOLA LIVRE DE SOCIOLOGIA E POLÍTICA DE SÃO PAULO

Artigos

ARAUJO, Oscar Egídio de. A alimentação da classe obreira de São Paulo. *Rev. Arq. Mun.*. s.l., v. 69, p. 91-116, 1940.

_______. O setor da saúde no Plano SALTE. *Medicina Social*. s.l., v. 2, n. 4, p. 139-150, 1948.

BALDUS, Herbert. A alimentação dos índios do Brasil. *Soc.*. s.l., v. 12, n. 1, p. 44-58, 1950.

BICUDO, Virginia Leone. A visitadora social psiquiátrica e seu papel na higiene mental da criança. *Rev. Neur. Psiq.*. s.l., v. 7, n. 6, s.p., 1941.

_______. Importância da higiene mental para a infância. *Bol. Serv. Soc. Men.*. s.l., v. 2, n. 2, p. 41-47, 1942.

_______. Higiene mental das crianças em tempo de guerra. *Arq. Bras. Hig. Men.*. s.l., v. 15, n. 2, s.p., 1944.

_______. A contribuição da higiene mental para a solução dos problemas das relações humanas. *Educação*. s.l., s.v., s.p., 1951.

_______. Contribuição para a história do desenvolvimento da psicanálise em São Paulo. *Arq. Neur. Psiq.*. s.l., v. 6, n. 1, p. 69-72, 1948.

_______. Serviços sociais psiquiátricos. *Bol. Serv. Soc. Men.*. s.l., v. 2, n. 3, p. 21-26, 1942.

_______. Organização de um serviço social psiquiátrico para escolares. *Arq. Ser. Nac. Doen. Ment.*. s.l., s.v., s.p., 1945.

KATZENSTEIN, Betti. A colaboração da família na assistência aos excepcionais. *Folha da Manhã*. 3 de julho de 1955.

_______. Arquitetura e psicologia em hospitais infantis. *Hospital de Hoje*. s.l., v. 6, s.p., 1957.

LENHARD, Rodolfo; SAMPAIO, Olinda; BICUDO, Virginia Leone. Análise e interpretação dos problemas do mestre de indústria sob o pronto de vista da Higiene Mental. *Soc.*. s.l., v. 11, n. 2, p. 223-252, 1949.

LOWRIE, Samuel Harman. Racial and national intermarriage in a Brazilian city. *Amer. Jour. Soc.*. s.l., v. 44, n. 5, p. 684-707, 1939.

NOGUEIRA, Oracy. Relações entre médicos e doentes. *Soc.*. s.l., v. 8, n. 3, p. 161-171, 1946.

PIERSON, Donald. Casamento inter-racial na Bahia. *Rev. Arq. Mun.*. s.l., v. 91, p. 15-20, 1943.

SILVA, Cecilia de Castro. A mancha pigmentária congênita na cidade de São Paulo. *Rev. Arq. Mun.*. s.l., v. 36, p. 47-70, 1937.

WILLEMS, Emílio. Alguns estudos recentes de antropologia física. *Bol. Bib.* s.l., v. 6, p. 23-45, 1945.

Livros

BICUDO, Virginia Leone. *Papel do lar na higiene mental da criança: influência das condições de organização da família e dos distúrbios das relações intra-familiares.* Noções de higiene mental da criança. São Paulo: Livraria Martins Editora, 1946.

BIOCCA, Ettore; WILLEMS, Emílio. *Contribuição para o estudo antropométrico dos índios Tukan, Tanana e Makú da região do Alto Rio Negro (Amazonas).* São Paulo: Universidade de São Paulo, 1947.

BRIQUET, Raul. *Psicologia social.* São Paulo: Livraria Francisco Alves, 1935.

SOUZA, Cícero Christiano de. *Uma nova prova perceptiva, auxiliar do psicólogo clínico.* Est. Psic. Teor. Aplic.. São Paulo: Escola de Sociologia e Política, 1955.

VIEGAS, Maria de Lourdes Campos. *Medidas antropométricas e índices de robustez.* São Paulo: C.F.E.S.P., 1942.

Anexos

ANEXO A. Cópia da capa da Aula Inaugural da Escola Livre de Sociologia e Política de São Paulo realizada em 17 de julho de 1933 apresentada por Raul Briquet

Dr. RAUL BRIQUET

Tendencias da Sociologia Contemporânea

Aula Inaugural

da

Escola Livre de Sociologia e Politica de São Paulo

17 de julho de 1933.

1933

SÃO PAULO

ANEXO B. Cópia da capa e contracapa do livro *Palestras de Conferências* de Raul Briquet, com assinatura do autor

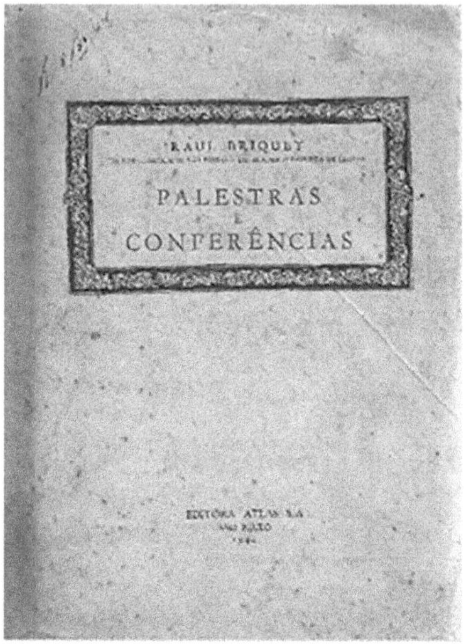

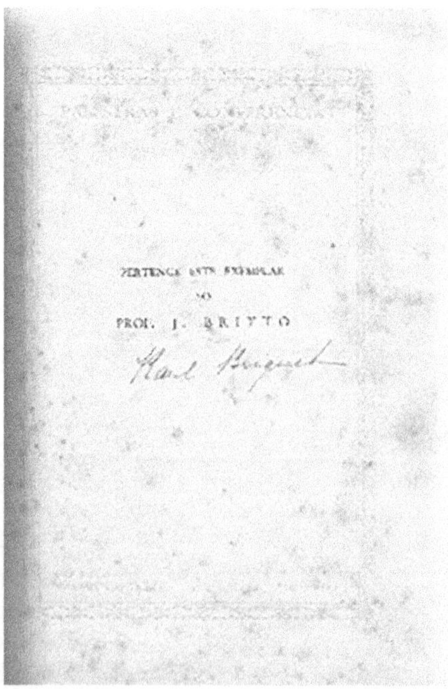

ANEXO C. Cópia da capa do livro *História da Educação* de Raul Briquet

ANEXO D. Cópia da capa do livro *Psicologia Social* de Raul Briquet

PSICOLOGIA
SOCIAL

PELO

PROFESSOR RAUL BRIQUET

CATEDRÁTICO DA FACULDADE DE
MEDICINA DA UNIVERSIDADE DE
SÃO PAULO E PROFESSOR DE
PSICOLOGIA SOCIAL DA ESCOLA
LIVRE DE SOCIOLOGIA
E POLÍTICA DE SÃO PAULO

1.ª EDIÇÃO

LIVRARIA FRANCISCO ALVES
PAULO DE AZEVEDO & CIA.
166 - RUA DO OUVIDOR - 166 — RIO DE JANEIRO
SÃO PAULO - RUA LIBERO BADARÓ [illegible]
BELLO HORIZONTE - RUA DA BAHIA [illegible]
193[illegible]

ANEXO E. Cópia da capa do livro *Crendices biológicas à luz da genética* de Raul Briquet

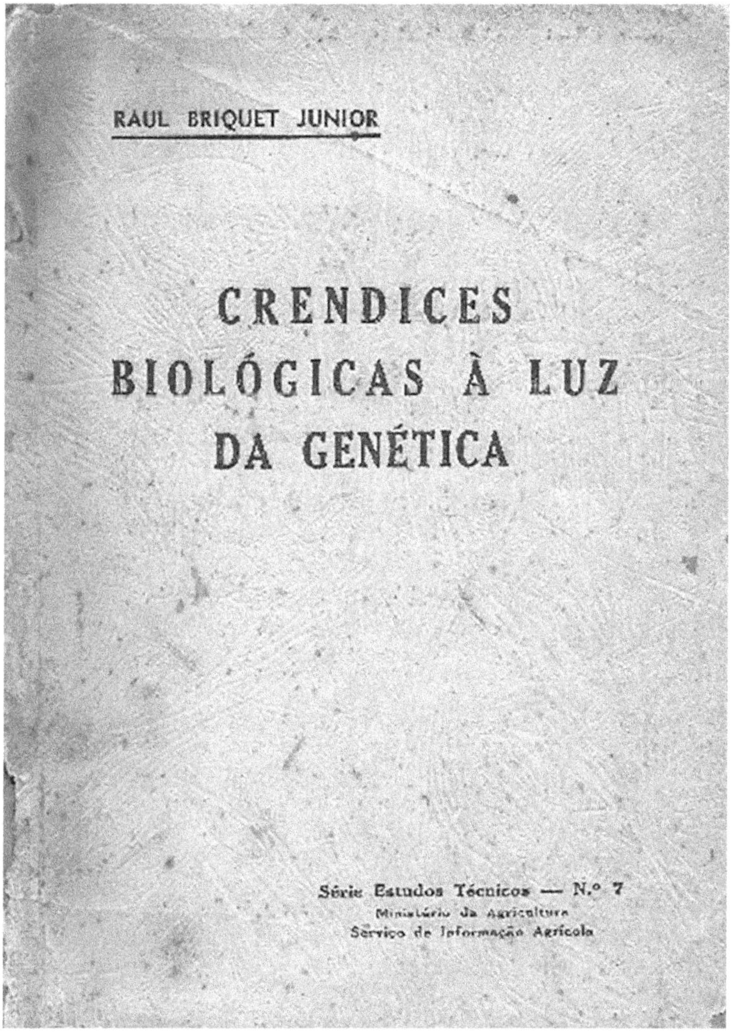

ANEXO F. Cópia da capa do livro *Ensaios de Sociologia Aplicada* de Aristides Ricardo, com dedicatória do autor

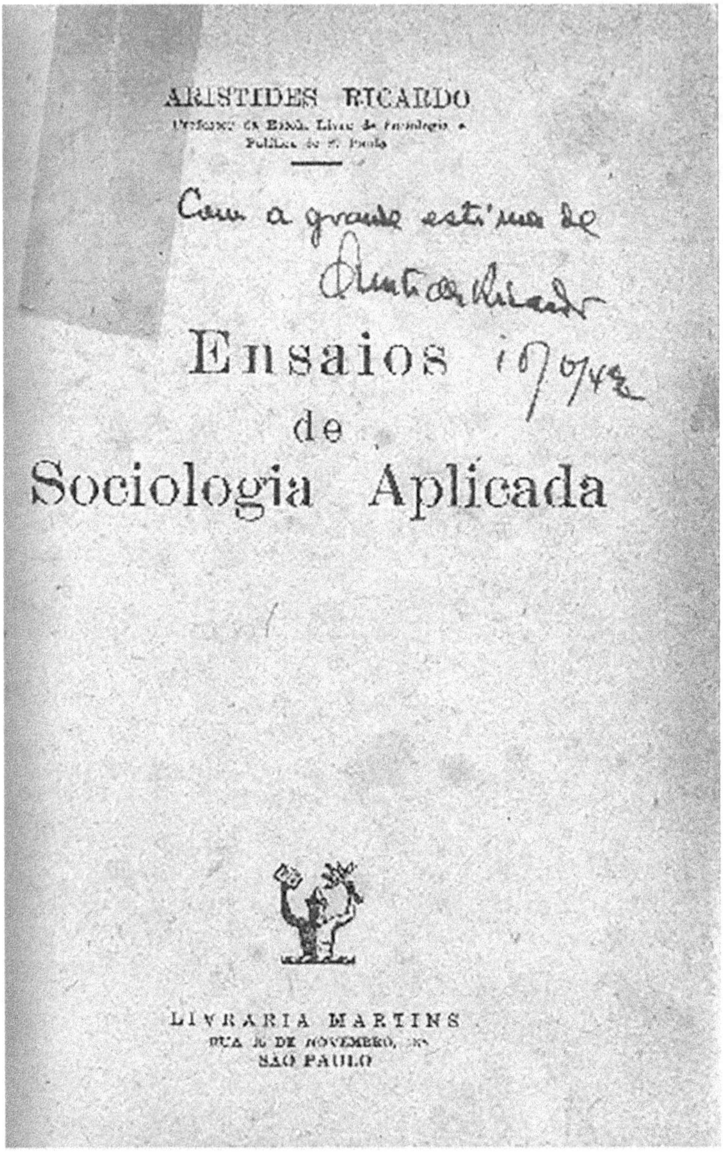
ARISTIDES RICARDO

Com a grande estima de

Ensaios
de
Sociologia Aplicada

LIVRARIA MARTINS
SÃO PAULO

ANEXO G. Cópia da capa do livro *Como educar as crianças* de Aristides Ricardo

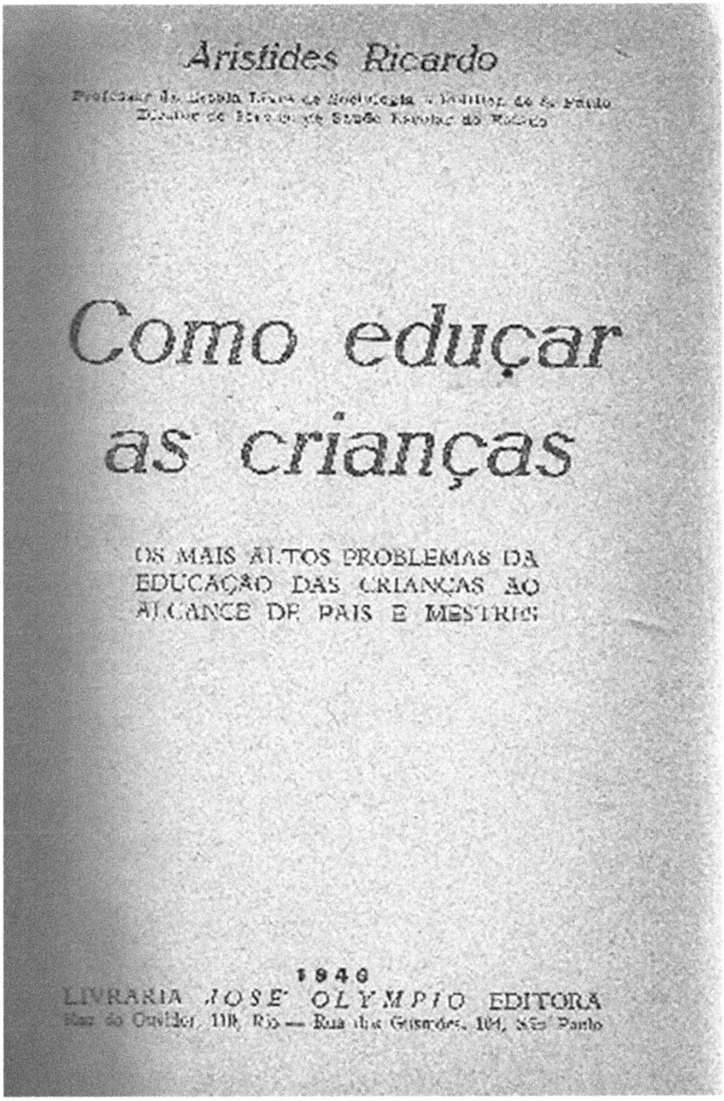

ANEXO H. Cópia da capa do livro *Noções de Epidemiologia* de Aristides Ricardo

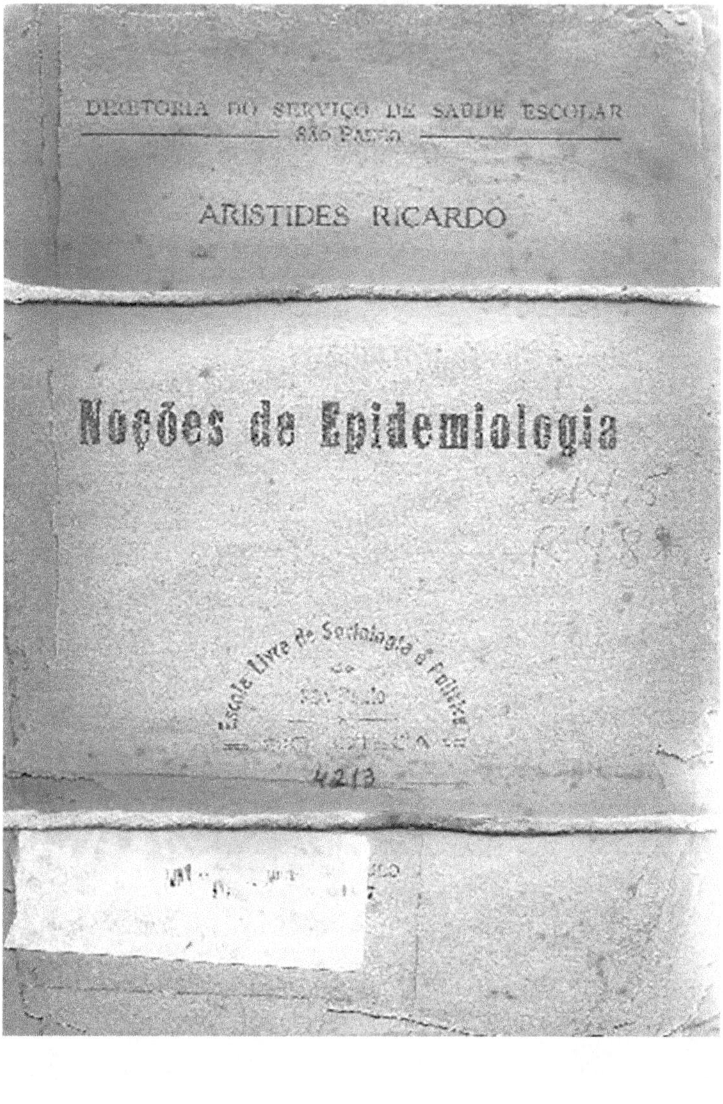

ANEXO I. Cópia da capa do livro *O saneamento pela educação* de Almeida Junior

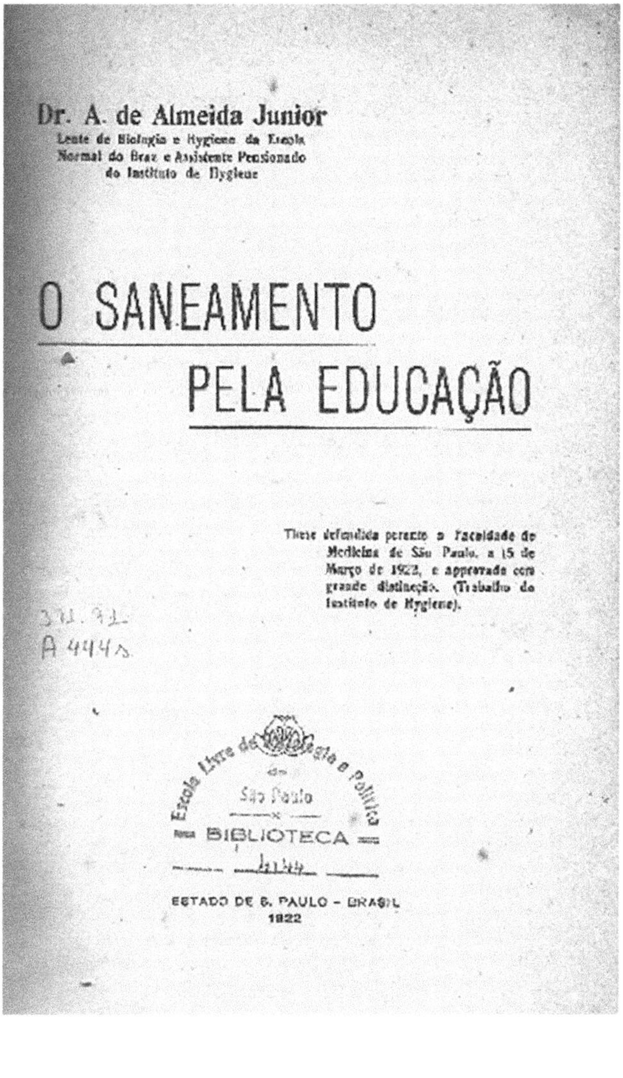

Dr. A. de Almeida Junior

Lente de Biologia e Hygiene da Escola Normal do Braz e Assistente Pensionado do Instituto de Hygiene

O SANEAMENTO PELA EDUCAÇÃO

These defendida perante a Faculdade de Medicina de São Paulo, a 15 de Março de 1922, e approvada com grande distinção. (Trabalho do Instituto de Hygiene).

ESTADO DE S. PAULO – BRASIL
1922

ANEXO J. Cópia da capa do livro *As provas genéticas da filiação* de Almeida Junior

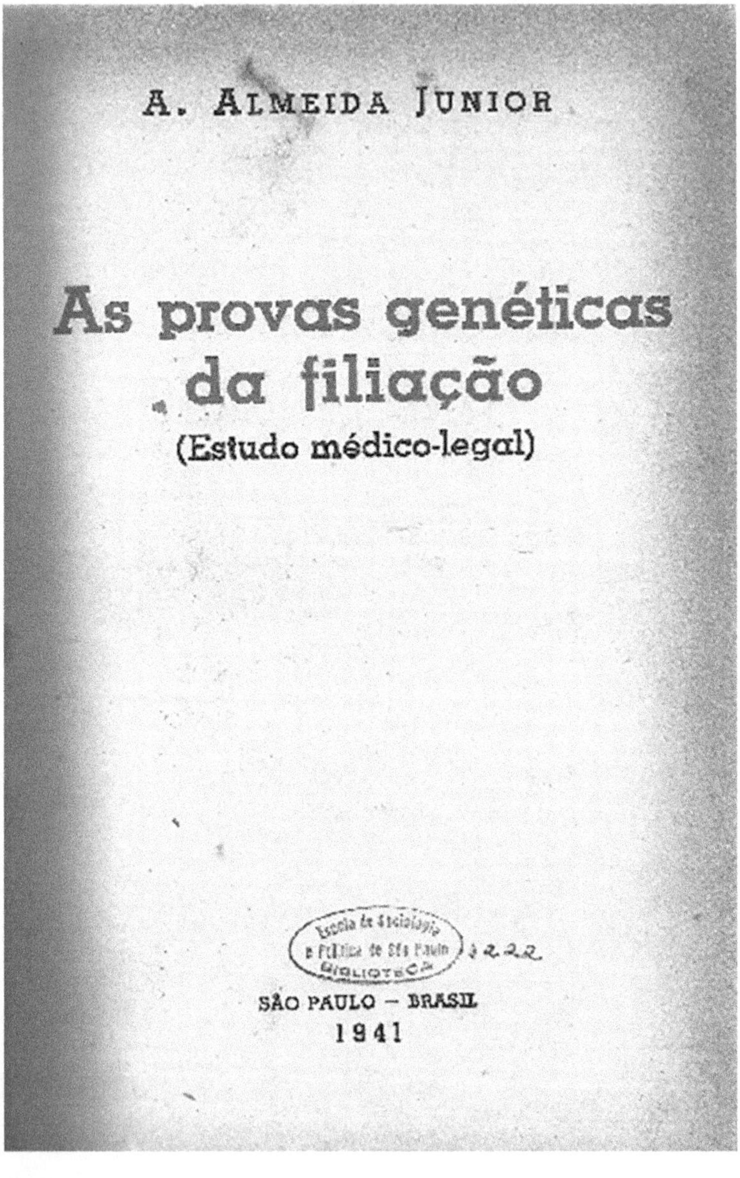

A. ALMEIDA JUNIOR

As provas genéticas da filiação

(Estudo médico-legal)

SÃO PAULO — BRASIL

1941

ANEXO K. Cópia da capa do livro *Direito à Saúde* de A. C. Pacheco e Silva

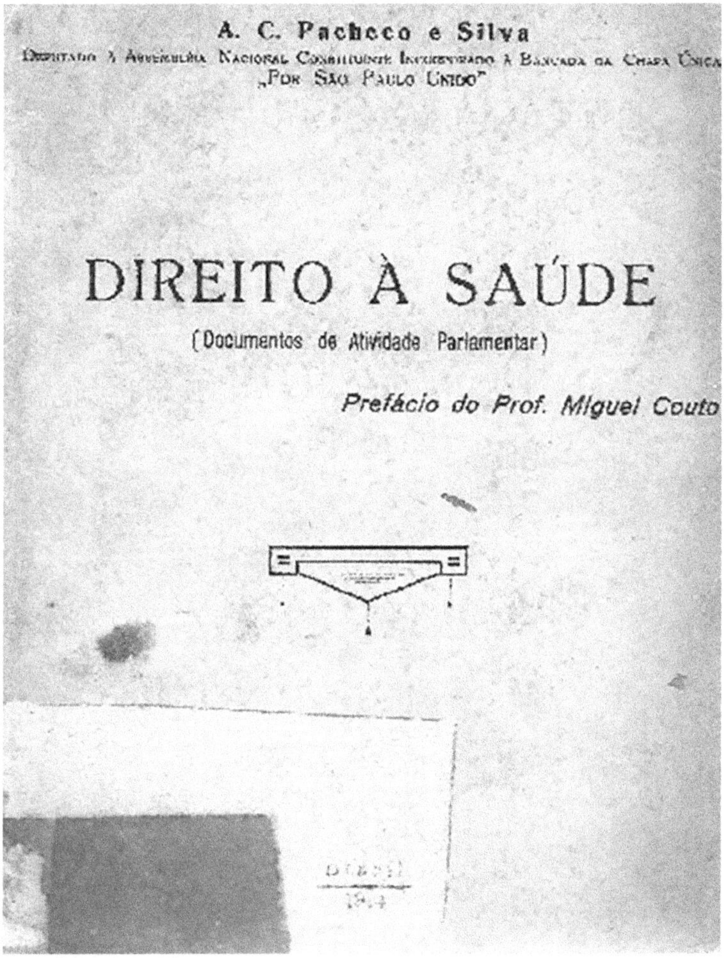

ANEXO L. Cópia da capa do livro *Contribuição para o estudo da administração sanitária estadual em São Paulo* de Rodolfo dos Santos Mascarenhas

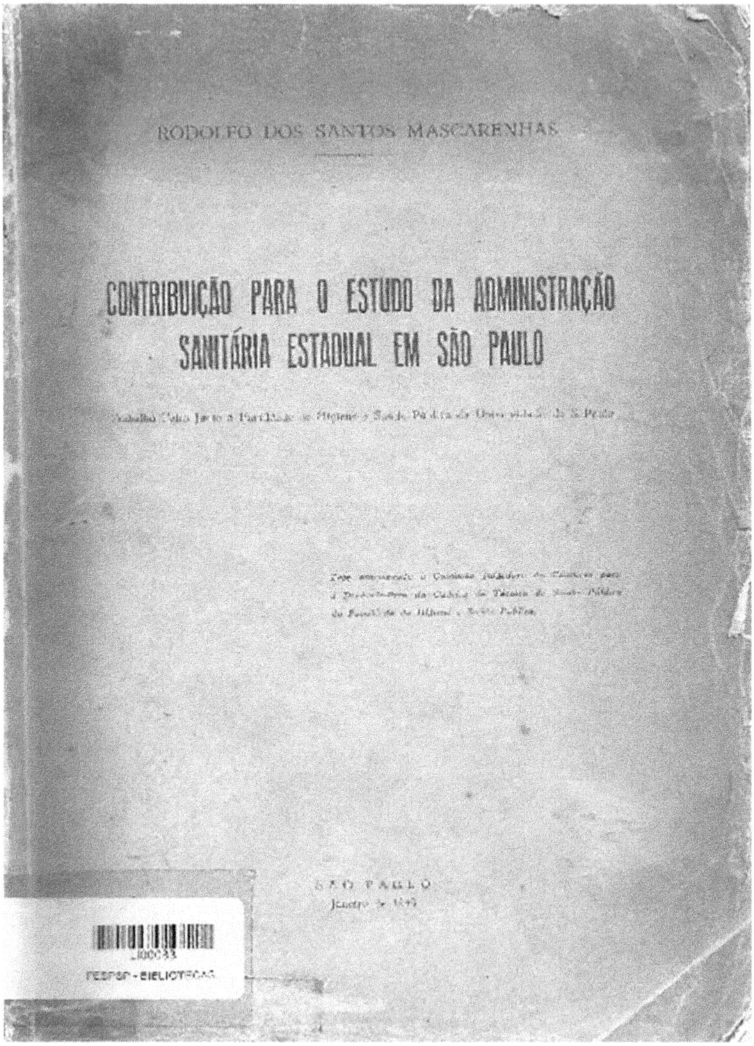

Agradecimentos

Os agradecimentos não são mera parte pré-textual, como apontam as normas técnicas. É o momento no qual devemos reconhecer que não há mérito individual sem que haja muitas pessoas apoiando a gente. Por isso, aqui agradeço a Dona Cláurea e ao Sr. Silvino, meus pais, que, mais que apoiadores, são os meus eternos amores, nesta e em outra vida, se houver.

Agradeço ao meu orientador, o Prof. Dr. Rubem Murilo Leão Rego, de quem tenho o orgulho de ter sido aluno e orientando e a quem muito devo nestas minhas empreitadas acadêmicas, pois sempre pude contar com sua amizade e sua generosidade.

Mas amizade e generosidade são palavras que me fazem lembrar outras duas pessoas muito queridas: Paulo Miadaira e Cecília de Almeida Gomes, a quem também agradeço e, por através deles, estendo meus agradecimentos aos amigos e colegas com quem trabalho na Fundação Escola de Sociologia e Política de São Paulo. Contudo, entre aqueles que fazem parte da FESPSP, agradeço em especial à minha querida colega Marina, que com sua competência e sua alegria de sempre me permitiu o acesso aos documentos mais importantes analisados neste trabalho. Do mesmo modo, agradeço a minha amiga Rosa Maria, que estando a frente do CEDOC e, em conjunto com a Marina, também me ajudou.

Se o assunto é arquivo e biblioteca, desde o meu mestrado há uma figura imprescindível para todos estes trabalhos: minha querida Graça, do Museu Histórico da FMUSP, pessoa graciosa até no nome, a quem agradeço hoje e sempre. Do mesmo modo, agradeço à Gildete, também da USP, prestativa e atenciosa como sempre. Agradeço também ao meu amigo e ex-aluno Pedro

Camargo, quem muito me ajudou com uma das partes mais difíceis no levantamento de dados.

Mas não posso deixar de fazer aqui agradecimentos que considero mais do que necessários. Agradeço a Márcia Regina Barros da Silva pelo interesse em meu tema e pelas dicas quando eu ainda iniciava o trabalho. Ao professor Angelo Del Vecchio, meu amigo e ex-professor, sempre interessando em saber a quantas andava minha pesquisa. Ao professor André Mota, pessoa querida e generosa, a quem admiro pelo intelectual que é.

Jamais poderia deixar de agradecer ao querido Frank Ferreira, não apenas por toda a leitura, crítica e formatação do texto, mas também pela paciência com meus milhões de e-mails e ligações. Agradeço a todos os professores que aceitaram o convite para me honrar com suas presenças na banca examinadora.

E agradeço a Deus, afinal, embora eu não esteja entre os seus melhores filhos, ele tem me ajudado – por generosidade, talvez.

Alameda nas redes sociais:
Site: www.alamedaeditorial.com.br
Facebook.com/alamedaeditorial/
Twitter.com/editoraalameda
Instagram.com/editora_alameda/

Esta obra foi impressa em São Paulo no inverno de 2019. No texto foi utilizada a fonte Arno Pro em corpo 11 e entrelinha de 16 pontos.